Jakob Anderhandt • Die Alpen West–Ost

Jakob Anderhandt schreibt nicht nur Erzählungen, Essays und Romane, er wandert auch gerne. Im Sommer 2003 erfüllte er sich einen Traum und durchquerte die Alpen von West nach Ost: ganz zu Fuß – ohne Lift, ohne Bus, ohne per Anhalter –, wie das schon vor hundert Jahren möglich war. Im Frühjahr 2004 berichtete das Hauptmagazin des Österreichischen Alpenvereins über die Reise. Bald nach ersten Berichten im Internet entschloß sich das Ehepaar Langensiepen aus Dresden, die gesamte Strecke in drei aufeinanderfolgenden Sommern nachzugehen. Zeitgleich erschien im Verlag von fernwege.de, dem größten deutschsprachigen Portal für Fernwanderungen, ein Führer zum Schweizer Teil des Weges. Die Neuausgabe (2008) ist um Fotos und zahlreiche Anregungen erweitert. Sie hat einen Service-Teil und beschreibt erstmals vollständig den Weg, wie er vom Autor selbst recherchiert wurde.

Jakob Anderhandt

Die Alpen
West–Ost

*Von Montreux am Genfer See
bis auf den Hochschneeberg vor Wien*

FERNWANDERFÜHRER

Mit zahlreichen Fotos
in Schwarzweiß

Bibliographische Information Der Deutschen Bibliothek

Die Deutsche Bibliothek verzeichnet diese Publikation in der Deutschen Nationalbibliographie; detaillierte bibliographische Daten sind im Internet über <http://dnb.ddb.de> abrufbar.

Alle Angaben des Werkes wurden vom Autor sorgfältig recherchiert. Für die Richtigkeit der Angaben wird jedoch keinerlei Haftung übernommen. Alle Angaben erfolgen ohne Gewähr. Zur sicheren Orientierung ist die Wegbeschreibung durch die im Text genannten topographischen Karten zu ergänzen. Internetadressen innerhalb der Wegbeschreibung sind ohne »www.« angegeben.

Februar 2017
Zweite, durchgesehene Auflage der Neuausgabe von 2008
© 2008 und 2017 : Jakob Anderhandt, Sydney, Australien
Sämtliche Rechte vorbehalten
© für diese Ausgabe: Books on Demand, Norderstedt
Umschlag, Layout und Satz: Pauline Smith, Sydney, Australien
Bildnachweise: Gerd Langensiepen, Jakob Anderhandt
Herstellung und Verlag: BoD - Books on Demand, Norderstedt
Printed in Germany
ISBN 978-3-7431-8127-4

Inhalt

Warum West–Ost? ... 7

Teil 1 – Schweiz
1 Von Montreux nach Grandvillard ... 13
2 Von Grandvillard nach Zweisimmen ... 18
3 Von Zweisimmen nach Adelboden ... 25
4 Von Adelboden nach Kandersteg ... 30
5 Von Kandersteg nach Mürren/Lauterbrunnen ... 33
6 Von Lauterbrunnen nach Meiringen ... 40
7 Von Meiringen nach Engelberg ... 48
8 Von Engelberg nach Seedorf/Altdorf ... 54
9 Von Altdorf nach Muotathal ... 60
10 Von Muotathal nach Glarus ... 65
11 Von Glarus nach Flums/Sargans ... 72
12 Von Sargans nach Tschagguns/Schruns ... 79

Teil 2 – Österreich
13 Von Tschagguns/Schruns bis Ischgl ... 91
14 Von Ischgl nach Landeck ... 101
15 Von Landeck nach Oetz ... 106
16 Von Oetz über Kühtai nach Zirl ... 113
17 Von Zirl nach Schwaz (Karwendel-Südtour) ... 121
18 Von Schwaz nach Ried im Zillertal ... 130
19 Von Ried im Zillertal nach Aschau ... 134
20 Von Aschau nach Zell am See ... 142
21 Von Zell a. S. über den Hochkönig nach Pfarrwerfen ... 150
22 Von Pfarrwerfen nach Lungötz ... 162
23 Von Lungötz nach Gröbming (Dachstein-Tour) ... 165
24 Von Gröbming nach Treglwang ... 174
25 Von Treglwang nach Eisenerz ... 187
26 Von Eisenerz nach Neuberg an der Mürz ... 193
27 Von Neuberg/Mürz auf den Hochschneeberg ... 201

Teil 3 – Service
Vorbereitung & Durchführung
Ausrüstung – Checkliste 211
Verhalten in den Bergen 216
»Wildes Campieren« in der Schweiz 218
Freies Zelten in Österreich 220
Unterkünfte
... außerhalb geschlossener Ortschaften 223
... innerhalb geschlossener Ortschaften 233
Alpines Notsignal 268

Warum West-Ost?

Im Gegensatz zu anderen Fernwanderwegen ist *Die Alpen West-Ost* keine Übersteigung, sondern eine Traverse. In einem einzigartigen Querschnitt führt sie durch die ganze Vielfalt der Alpenregionen der Schweiz und Österreichs. Im Unterschied zur weit längeren Via Alpina ist die Strecke genau so bemessen, daß man sie bei gutem Wetter in einem einzigen Sommer durchwandern kann. Am besten geht das in der Zeit vom 15. Juni bis zum 15. September.

In der Schweiz gelangen Sie dabei durch fast alle Stätten, die für die Frühgeschichte des Schweizer Alpinismus von Bedeutung waren. Touristisch ausgetretene Pfade werden trotzdem so weit wie möglich gemieden. Zu den eindrucksvollsten Talstationen zählen außer Montreux mit seinen palastartigen Hotelbauten auch Lauterbrunnen mit seiner aufsehenerregenden Jungfraubahn und das Muotatal mit dem Hölloch, das zeitweilig als die größte Naturhöhle der Welt galt. Höhepunkte im buchstäblichen Sinn sind das stille und romantische Grenzgebiet zwischen der französisch- und der deutschsprachigen Schweiz, die weltbekannte Blümlisalp mit ihrer gleichnamigen Hütte – bei 2.834 m.ü.M. zugleich der Gipfel der Schweizer Strecke –, die wilde und einsame Spilau oberhalb von Altdorf und der Murgsee, ein kleines Paradies für Gebirgsforellenfischer, einst der Forellen-Hauptlieferant für die tafelnde High-Society in Bad Ragaz.

Einsame Höhenwege, bizarre Kalksteinformationen und unverbaute Karstgebiete: Abgesehen von diesem Panorama bietet Österreich dem Fernwanderer besonders eines – Weitläufigkeit. Hier führt Sie *Die Alpen West-Ost* durch eine der letzten geschlossenen Naturlandschaften im Verwall. Nachdem Sie Landeck über die Samnaungruppe erreicht haben, gelangen Sie im Venet über einen Kammweg mit herrlichen Aussichten nach Oetz. Über einen technisch anspruchsvollen Abstecher durch das Karwendelgebirge betreten Sie die Silberregion um Schwaz. Nach dem berühmten Pinzgauer Spaziergang und Zell am See begleitet Sie der Fernwanderführer in die Kalkalpen: das Hochkönig- und Dachsteingebiet, die Seckauer und Rottenmanner Tauern, die Eisenerzer Alpen, den Hochschwab

Start: Montreux Fähranleger

und die Wiener Hausberge. Ihr Fernziel, der Gipfel des Hochschneebergs, ist gerade noch 80 km Luftlinie vom Wiener Stephansdom entfernt.

Die Strecke jedes Wegabschnittes ist in einzelnen Kapiteln Schritt für Schritt beschrieben. Vorweg aufgeführt sind eine kurze Zusammenfassung des Abschnittes, Informationen über das Kartenmaterial, Übernachtungsmöglichkeiten, Bahnanschlüsse und Vorschläge, wie Sie den Abschnitt in einzelne Tagesetappen aufteilen.

Start- und Endpunkte der Wegabschnitte bilden immer Ortschaften, in denen Sie all dasjenige finden, was Sie für eine genußreiche Fortsetzung Ihrer Höhentour brauchen: Einkaufsmöglichkeiten, um Ihre Vorräte aufzufrischen, Informationsbüros, Restaurants und Cafés, nicht zuletzt aber auch eine Auswahl an Unterkünften, passend zum Portemonnaie: von imposanten Hotels über urige Gasthöfe bis zu preiswerten Pensionen oder Zeltplätzen. Die Nächte im Gebirge verbringen Sie auf Hütten des Schweizer Alpen Clubs, des Österreichischen oder Deutschen Alpenvereins, auf Almen, in Berghotels oder ganz und gar unabhängig im eigenen Zelt. Das »wilde Campieren« ist nämlich zumindest in der Schweiz problemlos möglich, sofern Sie sich an ein paar einfache Grundregeln halten.

Im Teil »Service« finden Sie außer den rechtlichen Bestimmungen zum »wilden Campieren« (Schweiz) und zum »freien Zelten« (Österreich) auch ein Verzeichnis sämtlicher Übernachtungsmöglichkeiten entlang der Strecke, einschließlich aller Hütten, Berghotels und anderer Unterkünfte außerhalb der Ortschaften, die die Start- und Endpunkte der Wegabschnitte bilden.

Warum West-Ost?

Abgesehen von einem Stück durch das Grenzgebiet zwischen der Schweiz und Österreich sowie einigen kürzeren Auf- oder Abstiegen ist Ihr Weg immer gut markiert. Zu allen Kletterpassagen, die weniger als fünf Prozent der Gesamtstrecke ausmachen, gibt es Alternativen, die entweder in den Kapiteln kurz beschrieben sind, oder zu denen Sie vor Ort leicht zusätzliche Informationen finden. Für die Bewältigung der Kletterpassagen ist außer Schwindelfreiheit

Ziel: Hochschneeberg

und einem sicheren Tritt keinerlei zusätzliche Ausrüstung nötig.

Die Landeskarten der Schweiz und die Österreichischen Karten im Maßstab 1:25.000/50.000, die am Anfang der Kapitel zu den Wegabschnitten genannt werden, zeichnen sich durch extreme Präzision und Zuverlässigkeit aus. Es sind die besten Karten, die es derzeit für diese Länder gibt. Eine vollständige Liste aller Karten, die Sie für die Wanderung brauchen, finden Sie in der »Checkliste« im Teil »Service«. Dort ist auch alles übrige aufgeführt, mit dem Sie sich für Ihre Fußreise optimal ausrüsten.

Falls Sie große Teile oder sogar die gesamte Strecke wandern möchten, sind eine gewisse Fitneß und Grundkenntnisse im Umgang mit Kompaß und Höhenmesser unbedingt erforderlich. Alles, was Sie in diesem Zusammenhang berücksichtigen sollten, finden Sie ebenfalls im Teil »Service« in den »11 Regeln für Alpen-Fernwanderer« zusammengefaßt.

Neben der reinen Information zur Strecke bieten die Beschreibungen zu den Wegabschnitten auch Interessantes, Wissenswertes und Amüsantes zu den Regionen, die Sie durchwandern. Hinzu kommen Hinweise auf Museen oder auf Ausflugsziele, die Sie von den Start- oder Endpunkten der Wegabschnitte aus erreichen können. Dazu gehören das Heididorf oberhalb von Maienfeld, Umhausen mit dem Freilichtpark Ötzidorf und die Eisriesenwelt in der Nähe von Pfarrwerfen.

Die gesamte Strecke ist individuell recherchiert. Je nach Gestaltung der Tagesetappen lassen sich die insgesamt knapp 1.300 km in 65 bis 80 Tagen zurücklegen.

Teil 1
Schweiz

1 Von Montreux nach Grandvillard

Von Montreux, der Perle der schweizerischen Riviera, steigen Sie nach einer Durchquerung der Altstadt über Treppen nach Glion, das Sie mit seinen prachtvollen Hotelbauten aus der Blütezeit des Alpentourismus und einer romantischen Station der Rochers de Naye-Bahn in der Nähe des Stadtparks erwartet. Auf gut markierten Wegen gehen Sie weiter nach Caux, um an dessen Ausgang auf die nächste Station der Rochers de Naye-Bahn zu treffen, deren Linie bis zum Fuß des Dent de Jaman Ihr Begleiter sein wird. Ab der Alp am Col de Jaman erwartet Sie ein sanfter Abstieg nach Montbovon. In angenehmer Entfernung zur Landstraße und östlich der Sarine führt Sie Ihr Weg via Lessoc durch eine Wiesenlandschaft nach Grandvillard mit seiner sandfarbenen Pfarrkirche und dem Hotel du Vanil Noir.

Markierungen: innerhalb der Ortschaften meistens gelbe Schilder mit schwarzer Schrift, außerhalb zusätzlich Farbmarkierungen entlang der Wege, manchmal Holzschilder. **Karten**: Carte nationale de la Suisse 1:25.000 »Montreux« (Nr. 1264) und Carte nationale de la Suisse 1:25.000 »Château d'Oex« (Nr. 1245). **Unterkünfte**: Montreux, Glion, Caux, Les Echets, Grandvillard. **Bahnen** mit Anschluß an das Netz der SBB: Montreux, Montbovon und Villars-sous-Mont (letzteres 2 km westlich von Grandvillard). **Tagesetappen**: 1 Tag: M.-G. (10 Std.), 2 Tage: M.-Caux (3 Std.), Caux-G. (7 Std.).

Vom Fähranleger in Montreux bis nach Glion

Montreux, ursprünglich ein Pfarrdorf, verdankt seinen touristischen Aufschwung der Eisenbahn. Ab 1901 fuhren hier Züge der Simplonlinie und der Ort wurde per Schiene an das Berner Oberland angeschlossen. 1906 eröffnete die Linie Montreux-Glion-Rochers de Naye (heute Privatbahn), welche parallel zu den ersten Teilen dieses Wegabschnittes verläuft. Aus dem Schatten des benachbarten Clarens ist Montreux trotzdem lange nicht herausgetreten, was vor allem auf Jean-Jacques Rousseaus weltberühmten Roman *Julie ou la Nouvelle Héloise* zurückzuführen ist, der in Clarens spielt und es zum Pilgerziel des romantischen Bildungsbürgertums machte. Eingeweihte haben Montreux aber auch schon früher den Vorzug gegeben. Laut *Murray's Foreign Handbook*, dem ersten systematischen Alpenführer in englischer Sprache, ist Montreux »sowohl für sich

Ort	m.ü.M.	Std.	km	km ges.
Montreux, Fähranleger	375	0	0,0	0,0
Stn. Rochers de Naye-Bahn	410	1/2	1,5	1,5
Glion, Stadtpark	682	1	1,3	2,8
Caux Palace	1.040	1 1/4	1,5	4,3
B & B, Les Echets	1.170	1/4	0,9	5,2
Chamossale	1.600	1 1/2	1,8	7,0
Col de Jaman	1.512	3/4	3,0	10,0
La Joux	1.345	3/4	2,0	12,0
Montbovon	779	2	6,0	18,0
Lessoc	812	3/4	3,0	21,0
Grandvillard	755	1 1/4	5,0	26,0

genommen als auch aufgrund seiner Lage weit hübscher« als sein mächtiger Konkurrent im Nordwesten (1886). Neben der Aussicht auf Mont Blanc, Matterhorn und eine stattliche Zahl anderer 4.000er imponiert der Kurort mit seinem monumentalen Hotelbau Le Montreux Palace und der Strawinski-Konzerthalle, sowie einem reizvollen Kontrast aus Kultur, Sport und Natur, der im jährlichen Jazz-Festival, internationalen Volleyballtournieren und einem Berg-Marathon am Rochers de Naye seine teilweise weltbekannten Exponenten findet.

Vom Fähranleger in unmittelbarer Nähe des Bahnhofs gehen Sie die Promenade südwärts bis zur Mündung des Baches Baye de Montreux. Mit ihm als »blauem Faden« steigen Sie durch das Zentrum bis kurz vor die hiesige Station der Rochers de Naye-Bahn, an deren Nordostseite sich tiefer gelegen ein altes Fabrikgebäude befindet. Zwischen ihm und der Bahnlinie setzen die Treppen nach Glion ein, auf denen Sie die nächsten 200 Höhenmeter überwinden. Nach ungefähr der Hälfte übersteigen Sie die Autobahn, die zwischen dem Baye und Glion in einen Tunnel mündet. Am Ende der Treppen gehen Sie auf der Straße aufwärts und halten sich an der nächsten Kreuzung rechts in Richtung Stadtpark bzw. Kirche. Vor dem Park befindet sich ein Brunnen mit Trinkwasser, der zur Rast einlädt und von dem es in den Park bloß ein paar Schritte sind bis zu einer kleineren Aussicht auf Montreux und den Genfer See. Die beiden schloßartigen Hotels Righi Vaudois und Victoria liegen minutenweit entfernt.

Montreux Nordwestufer

Von Glion bis nach Caux

Ab dem Brunnen gehen Sie die Straße weiter westlich, passieren die Kirche auf der linken Seite und schneiden die Serpentinen am Ortsausgang ab, indem Sie der Beschilderung nach Caux (schwarze Schrift auf gelbem Grund) folgen. Nach einem Waldstück von ca. 750 m kreuzen Sie die Straße noch zweimal kurz hintereinander, bevor Sie an die ersten Häuser von Caux gelangen. Hier schneiden Sie bloß die erste Nordnordost-Straßenkehre ab, um dann der Einfahrtstraße entlang dem eindrucksvollen Caux Palace zu folgen, der 1902 als das größte und luxuriöseste Hotel der Schweiz eröffnet wurde und heute als Konferenzzentrum im Besitz der Schweizer Volksbank ist. An der anschließenden Kreuzung (fünfarmig) setzen Sie Ihren Weg halblinks in die Zweikirchenstraße fort, wo Sie auf einer der Bänke vor der Kirche noch einmal Kraft für den steilen Aufstieg auf den Crét d' y Bau sammeln können.

Von Caux bis nach Montbovon

Von der Kirche folgen Sie dem Verbindungsweg genau östlich und setzen auf der Straße in dieser Richtung bis zur nächsten Bahnstation in Les Echets fort. Vor den nächsten 250 Höhenmetern und Ihrem Einstieg in die Bergwelt erwartet Sie hier ein weiterer Brunnen mit Trinkwasser und auch ein Schweizer B&B. Zur danach folgenden Station gehen Sie den Wirtschaftsweg links der Gleise und steigen dahinter den steilen Wiesenhang mit seinen bilderbuchartigen Chalets hinauf. Bis zum Almhof hinter dem Sattel (Chamossale, 1.600 m.ü.M.) halten Sie sich bei Abzweigungen generell rechts, wobei sich auf den letzten zweihundert Metern ein Abstecher nach links zum Aussichtspunkt auf dem Sattelkamm lohnt (50 m zurück, nicht markiert), um dort mit einem Panoramablick Abschied vom bisher durchwanderten Gebiet zu nehmen. Bei gutem Wetter reicht die Sicht bis Lausanne.

Erst durch Hangwald, dann durch offene Almwiesen gehen Sie nun auf nahezu gleichbleibender Höhe entlang der Westseite des Dent de Jaman bis zum Joch (Col de Jaman, 1.512 m.ü.M.). Hier wenden Sie sich südlich und beginnen links der bewirtschafteten Almhütte Ihren Abstieg auf einem Wirtschaftsweg. Nach einer halben Rechtskehre um ein Feuchtgebiet halten Sie sich bei der folgenden Abzweigung links und wandern in langen Serpentinen weiter abwärts durch die mit Nadelwald durchsetzten Wiesen bis zur Alm (La Joux, 1.345 m.ü.M.). Ab da gehen Sie nordöstlich, münden rechts in den Fahrweg und passieren die Bahnstation von Les Cases auf der rechten Seite, um 750 m weiter auf die Fahrstraße nach Montbovon zu kommen (Einmündung bei ca. 1.000 m.ü.M.). Nach einer losen Reihe von Chalets queren Sie bei 886 m.ü.M. den Bach L' Hongrin und verlassen die Straße erst für die letzten 500 m unmittelbar nach einer kleinen Kapelle. Ein Wiesenpfad führt Sie dort links ab. An einem Chalet mit badewannengroßen Blumenkästen vorbei geht es bis an das nordwestliche Ende von Montbovon.

Von Montbovon bis Grandvillard

Laut *Murray's Foreign Handbook* wohnen in Montbovon nur »saubere und zivilisierte Leute«; auch einige Pferde werden zur Vermietung gehalten. Lieblichkeit und Majestät in der Art von Montreux hat das

Dorf aber kaum zu bieten, heute schon gar nicht, da es von einer vielbefahrenen Straße in zwei Hälften zerschnitten wird. Während man durch den Ort geht, erinnert man sich wohl am besten daran, daß er auch früher nur Ausgangspunkt für die Abkürzung auf den Dent de Jaman war, wobei der Dichter Lord Byron seinen »Aufstieg« (größtenteils zu Pferd) so schön fand »wie einen Traum.«

Pfarrkirche Grandvillard

Queren Sie die Durchgangsstraße bei den letzten Häusern und lassen Sie Kirche und Friedhof rechts liegen. Auf der Straße linker Hand überqueren Sie die Sarine und gehen weiter bis zum Kraftwerk, das Sie architektonisch an eines jener Prachthotels erinnern wird, die Sie auf Ihrem ersten Aufstieg gesehen haben. Links des Kraftwerks beginnt ein Fußweg, der Sie rechts der angestauten Sarine und in nordöstlicher Richtung bis nach Lessoc bringen wird. Ab da setzen Sie die Route für ca. 4 km in derselben Richtung auf einem Wirtschaftsweg fort, der Sie links vom Friedhof nach Grandvillard hinein führt. Die sandfarbene Pfarrkirche St. Jakob und Bartholomäus als Zentrum können Sie nicht verfehlen. In Sichtweite befindet sich das Hotel du Vanil Noir.

2 Von Grandvillard nach Zweisimmen

Nach einem mehrstündigen Aufstieg gelangen Sie in das romantisch-einsame Grenzgebiet zwischen der französisch- und der deutschsprachigen Schweiz. Sie begegnen grasüberzogenen Steilhängen und idyllisch gelegenen Hochalmen. Am Vormittag des zweiten Tages passieren Sie das pittoreske Feuchtgebiet von Gros Mont. Bei der schroffen Corne Aubert überschreiten Sie die Sprachgrenze. Nach einer privaten Übernachtung auf der Alm La Forcla steigen Sie auf den belebteren Hundsrügg auf, wo Sie bei gutem Wetter erstmals Aussicht auf die alpinen Hochgipfel im Osten haben.

Markierungen: bis Bounavaux Holzschilder mit weißem Grund, danach gelbe Schilder mit schwarzer Schrift, nicht durchgängig. **Karten**: Carte nationale de la Suisse 1:25.000 »Château d' Oex« (Nr. 1245) und Landeskarte der Schweiz 1:25.000 »Zweisimmen« (Nr. 1246). **Unterkünfte**: Grandvillard, Bounavaux, Les Marindes, La Forcla, Zweisimmen. **Bahnen** mit Anschluß an das Netz der SBB: Villars-sous-Mont (2 km westlich von Grandvillard) und Zweisimmen. **Tagesetappen**: **Kurzroute** über den Tête de l' Herbette: 2 Tage: G.-La Forcla (9 Std.), La Forcla-Z. (7 Std.); **Hauptroute**: 3 Tage: G.-Bounavaux (3,5 Std.), Bounavaux-La Forcla (11 Std.), La Forcla-Z. (7 Std.), 3 Tage: G.-Bounavaux (3,5 Std.), Bounavaux-Les Marindes (10 Std.), Les Marindes-Z. (10 Std.).

Von Grandvillard bis zur Alp Bounavaux

Von der sandfarbenen Kirche St. Jakob und Bartholomäus im Zentrum gehen Sie ein paar Minuten südwestlich in Richtung Friedhof, bis Sie vor das Ufer des Dorfbaches Tana kommen. Sie bleiben auf Ihrer Seite und gehen die erste Straße parallel zum Ufer stromauf bis zur Kreuzung vor dem Berg. Dort schwenken Sie für einige Meter nach links, um gleich an der nächsten Kreuzung nach rechts fortzusetzen. Die neue Straße knickt bald um 90° nach Nordosten ab und führt Sie sanft ansteigend in den Hangwald. Der parallel zu ihr laufende Wanderweg bedeutet keine nennenswerte Abkürzung, weshalb Sie besser der Straße folgen. Nach einer Spitzkehre bewegen Sie sich wieder auf die Tana zu. Nach zwei engeren Serpentinen folgt ein erster Straßenabzweig; auch hier setzen Sie rechts entlang der Tana fort. Erst hinter der Brücke über einen kleineren Bach (R.

des Marais), der unterhalb der Brücke in die Tana mündet, gehen Sie links ab. Entlang dieses Baches steigen Sie weiter bis zur nächsten Straßenkehre auf (1.205 m.ü.M.). Beim ersten Steg bleiben Sie dabei auf Ihrer Seite, den zweiten und dritten Steg überqueren Sie. Auf der

Col de Bounavalette

anderen Seite der Straßenkehre gelangen Sie östlich in ein kleines Kesseltal, an dessen Hängen die Felsen fleckenartig zwischen Nadelwald und dicht überwachsenem Schutt herausschauen. Nachdem Sie den Hof Les Baudes linker Hand liegengelassen haben, steigen Sie am zweiten Abzweig links zur Alp Coudre auf. (Achtung: Ausgeschildert ist nach rechts der See »Coudre«, trotzdem links gehen!) Ab der Alp wird der Aufstieg steinig, ist aber bis Bounavaux (1.620 m.ü.M.), das aus einem Hauptgebäude und einer abgesonderten Scheune besteht, tadellos ausgeschildert.

Von Bounavaux bis nach Les Planeys Dessous

Falls Sie über den Tête de l' Herbette abkürzen wollen (s.u.), erkundigen Sie sich auf Bounavaux am besten nach den aktuellen Wetter- und Wegverhältnissen. Ihr nächster Abschnitt zum Col de Bounavalette beginnt unmittelbar hinter dem Hauptgebäude. In einer Kehre wandern Sie die Almwiese nach Südosten hinauf. Nach der Umsteigung des Grats treffen Sie bei 1.766 m.ü.M. auf eine alleinstehende Hütte Bounavalette. Dort schwenken Sie nach Nordost und können bald oberhalb der Steilwiese, über die Sie nun steigen, den Col erkennen.

Bei entsprechenden Kletterfähigkeiten und nicht allzuviel Gepäck haben Sie am Col die Möglichkeit, über den Tête de l' Herbette

Ort	m.ü.M.	Std.	km	km ges.
Grandvillard	755	0	0,0	0,0
Abz. R. des Marais	962	3/4	2,3	2,3
Les Baudes	1.290	1 1/4	2,4	4,7
Bounavaux	1.620	1 1/4	2,1	6,8
Bounavalette	1.766	1/4	0,7	7,5
Col de Bounavalette	1.996	1/4	0,8	8,3
Porcheresse d' en Haut	1.765	1/2	1,2	9,5
Abzweig Tissiniva	1.400	1	2,0	11,5
Tissiniva	1.632	1 1/4	1,9	13,4
Joch Tissiniva	1.751	1/2	0,9	14,3
Abzw. Grande Oudèche	1.465	1/2	1,2	15,5
Pâquier à Chevaux	1.359	1/2	0,9	16,4
Les Planeys Dessous	1.053	3/4	1,6	18,0
Eingang Gros Mont	1.365	1 1/4	3,1	21,1
Le Sori	1.394	3/4	2,2	23,3
Chalet du Pertet/Sprachgr.	1.820	1 1/2	3,0	26,3
Combette	1.827	1/4	0,5	26,8
La Forcla	1.683	3/4	1,8	28,6
R. des Rosseys	1.400	3/4	2,1	30,7
Hütte beim Bitzegg	1.379	3/4	1,2	31,9
Hinderi Schneit	1.721	3/4	1,8	33,7
Luegle	1.838	1 1/2	5,9	39,6
Erbetlaub	1.772	1/4	1,0	40,6
Tolmoos	1.670	3/4	3,6	44,2
Heimchuerweid	1.361	1/2	2,2	46,4
Obegg	978	3/4	3,0	49,4
Zweisimmen	941	1/2	1,2	50,6

(2.261 m.ü.M.) abzukürzen. In diesem Fall folgen Sie im Anschlußtal dem Bach Riau des Morteys abwärts, können in diesem Tal auf der Hütte Les Marindes übernachten und knüpfen jedenfalls bei der dahinterliegenden Alm Le Sori (1.394 m.ü.M.) wieder an die Hauptroute an.

Für die Hauptroute überqueren Sie stattdessen den Col im rechten Winkel und halten bei Ihrem Abstieg schräg links auf die Alp Porcheresse d'en Haut (1.765 m.ü.M.) zu. Während Sie in das Tal eintauchen, sehen Sie am Schutthang rechts zunehmend stärkeren Grasbewuchs. In fortgesetzter Richtung des Kammes können Sie am Horizont eine kugelige Matte, die Alp Tissiniva, erkennen, zu der Sie der

Blick auf Tissiniva

nächste Aufstieg führt. Zuvor setzen Sie bei Porcheresse in nordöstlicher Richtung fort und passieren oberhalb eines kleineren Sees, der rechts von Ihnen liegt, die Talkante. Gegenüber im Norden sehen Sie nun schon den schnurgeraden Fahrweg hinauf nach Tissiniva. Nehmen Sie für den Abstieg den Bergweg in dieser Richtung, queren Sie am Ende der Serpentinen den Bach mit der Brücke und setzen Sie an der Kreuzung dahinter nach rechts fort.

Tissiniva (1.632 m.ü.M.) erreichen Sie, indem Sie den Fahrweg bis zum Ende ausgehen. Auf der Alp können Sie frischen Gruyère kaufen. Gehen Sie danach in südlicher Richtung weiter, um eventuell die letzte Wegkehre hinauf zum Kamm durch die Wiese hindurch abzuschneiden. Das namenlose Joch befindet sich genau östlich der Alm auf 1.751 m.ü.M. Die Viehtränken (Emaillebadewannen) lassen Sie links liegen und orientieren sich an den Wegweisern oben auf dem Hochwiesensattel.

Ihr Abstieg führt Sie nordöstlich, wobei Sie ca. 200 m vor der nächsten Alp Grande Oudèche (1.465 m.ü.M.) von der linken auf die rechte Seite des Baches wechseln. Bald danach kommen Sie an das jagdhüttenartige Pâquier à Chevaux (1.359 m.ü.M.). Ab dort wandern Sie auf dem Sattel und folgen dem Schilift abwärts. Im letzten Drittel des Liftes schneiden Sie die Siedlung Les Planeys Dessous rechts mit dem Hangweg auf 1.188 m.ü.M. ab. Der Hangweg mündet schließlich in die Asphaltstraße hinauf nach Gros Mont.

Von Les Planeys Dessous bis zur Alp La Forcla

Auf der Asphaltstraße steigen Sie die Serpentinen bis zur Schranke und zum Parkplatz hinauf. Im letzten Drittel überwinden Sie dabei einen Wasserfall. Auf einem ebenen Wirtschaftsweg setzen Sie durch das pittoreske Feuchtgebiet von Gros Mont mit seinen weitverstreuten Höfen nach Süden fort. Dabei kommen Sie bald an einen Trinkwasserbrunnen. Danach halten Sie immer auf den Almhof Le Sori zu. Aus dem geradeaus vor Ihnen liegenden Tal mündet hier die Kurzroute über den Tête de l' Herbette ein, an deren Verlauf sich die Hütte Les Marindes mit einer Übernachtungsgelegenheit befindet (von hier ca. 70 Minuten). Von Le Sori zum links benachbarten Hof La Verda (1.385 m.ü.M.) sind es nur wenige Meter. Unmittelbar südlich von diesem gehen Sie links die Wiesen hinauf und halten sich auf dem anfangs leicht überwachsenen Pfad südöstlich Richtung Waldrand. Ab hier folgen Sie den Farbmarkierungen via La Porsogne durch eine abwechslungsreiche Wald-Wiesen-Mischlandschaft bis zum Chalet du Pertet (unbewohnt, 1.700 m.ü.M.), das inmitten einer Blumenwiese rechts unterhalb der schroffen Corne Aubert liegt. Zwischen der Corne und dem Chalet gehen Sie an einem Bach entlang auf die Kerbe in der Felskette zu. Durch die Felsbrocken windet sich der Weg zum oberhalb gelegenen Feuchtgebiet Pertet à Bovets (einer Hochwiese), an dessen Südende Sie der erste deutschsprachige Wegweiser erwartet. Hier schwenken Sie rechts zur Alp Combette (1.827 m.ü.M.) und wandern dann links über den Fahrweg via Grosse Combe (1.814 m.ü.M.) herunter nach La Forcla auf 1.683 m.ü.M., wo Sie privat übernachten können.

Von La Forcla nach Zweisimmen

Auf einem weitgehend ebenen Feldweg wandern Sie nordöstlich bis zur nächsten Alp La Rouna und steigen an der letzten Kreuzung davor endgültig rechts ins Bachtal (R. des Rosseys) ab. Nach der Überquerung des Baches setzen Sie auf der Südseite bis zur Landstraße fort. Diese überqueren Sie, gehen rechts und verlassen die Straße über eine Brücke. Den anschließenden Serpentinen durch den Wald folgen

Blick zurück v.d. Corne Aubert

Sie bis zu einer oberhalb gelegenen Hütte (namenlos, 1.379 m.ü.M.). Hier ist die Farbmarkierung auf den Steinen irreführend, weshalb Sie sich strikt an die Himmelsrichtung halten: Ihr nächstes Ziel, die Hinderi Schneit (1.721 m.ü.M.), liegt nun genau nordöstlich. Zunächst halten Sie in dieser Himmelsrichtung auf einen Steilwiesensattel zu, der auf ca. 1.520 m.ü.M. beginnt und vom Wald keilförmig zu beiden Seiten, nach oben hin öffnend, umschlossen wird. Dieser Sattel ist landschaftlich nicht zu verfehlen; die Schneit liegt am Ende des Sattels schräg links. Außer Gruyère können Sie auf der Alm auch luftgetrocknete Wurst kaufen.

Von der Hinderi Schneit folgen Sie auf gutem Weg den Markierungen zur Mittleri Schneit (1.762 m.ü.M.) und gehen dort via Kaltläger zur Vorderi Schneit und zum Bire weiter.

Bis Zweisimmen sind nun alle weiteren Wegpunkte ausgeschildert, immer mit schwarzer Schrift auf gelbem Grund.

Vom Bire steigen Sie schräg am östlich gelegenen Hang aufs Luegle (1.838 m.ü.M.), von wo aus Sie bei gutem Wetter einen Abstecher auf den Hundsrügg machen können. In diesem Fall gehen Sie bis auf die Mitte des Kamms (2.047 m.ü.M.) und steigen dort südöstlich zum Schiltenegg ab, um unmittelbar dahinter auf 1.783 m.ü.M. wieder an die Hauptroute anzuknüpfen.

Für die Hauptroute steigen Sie gleich am Luegle zur Alp Erbetlaub (1.772 m.ü.M.) ab und setzen dahinter auf dem oberen Weg

Ortskern Zweisimmen

zum Schiltenegg fort. Besonders mit Gepäck ist die einsetzende Fahrstraße eine willkommene Erleichterung, wobei sich an markierten Abschneidern – auch landschaftlich – nur derjenige durch die Wiese über Tolmoos (1.670 m.ü.M.) nach Sparemoos lohnt. Nehmen Sie ab hier wieder die Fahrstraße bis vor den nächsten Alphof Heimchuerweid. In der zweiten Kurve hinter dem Hof (1.361 m.ü.M.), einer V-Kehre, geht dann rechts ein Wirtschaftsweg in den Wald, der Sie in einer langgestreckten Süd-Nord-Serpentine herunter und schließlich auf die Fahrstraße nach Obegg bringt. Der Fahrstraße folgen Sie nach rechts. An der Kreuzung bei den ersten Häusern setzen Sie zum Zentrum von Zweisimmen fort, das Sie von hier aus bereits sehen können.

3 Von Zweisimmen nach Adelboden

Nach einer gemütlichen Einstimmung parallel zur Simme und einer Aussicht auf das Schloß Blankenburg steigen Sie durch wechselnde Panoramen zu den Alpen von Fromatt und der gleichnamigen Hütte auf. Auf markierten Bergwegen wandern Sie über die Scheidegg in zunehmend einsamere Alptäler mit den naturbelassenen Rauhwiesen am hinteren Färmelberg als Endpunkt. Über das Furggeli betreten Sie Ihren ersten alpinen Höhenweg, der Sie am zerklüfteten Gsür zum Schwandfälspitz oberhalb Adelbodens führt. Dort erwartet Sie ein entspannender Abstieg auf einem neu angelegten Wanderweg.

Markierungen: meist gelbe Schilder mit schwarzer Schrift, Farbmarkierungen auf Steinen, i.d.R. weiß-rot-weiß, in den Geröllgebieten Steintürmchen.
Karten: Landeskarte der Schweiz 1:25.000 »Zweisimmen« (Nr. 1246) und Landeskarte der Schweiz 1:25.000 »Adelboden« (Nr. 1247).
Unterkünfte: Zweisimmen, Fromatthütte (Selbstversorger, Schlüssel!), Egg, Grimmi-Hütte, Adelboden. **Bahnen** mit Anschluß an das Netz der SBB: Zweisimmen. **Tagesetappen**: 2 Tage: Z.-Grimmi-Hütte (8,5 Std.), Grimmi-Hütte-A. (10 Std.), 3 Tage: Z.-Fromatthütte (4 Std.), Fromatthütte-Grimmi-Hütte (4,5 Std.), Grimmi-Hütte-A. (10 Std.), 4 Tage: Z.-Fromatthütte (4 Std.), Fromatthütte-Egg (3,5 Std.), Egg-Grimmi-Hütte (2,5 Std.), Grimmi-Hütte-A. (10 Std.).

Von Zweisimmen bis zur Fromatthütte

Zweisimmen, einst gelegen im »grünsten Tal Europas« (Felix Mendelssohn-Bartholdy), war aufgrund seiner großen Laub- und Nadelholzwaldungen, der saftigen Wiesen und Weiden schon frühzeitig ein beliebter Ausflugs- und Erholungsort für den Sommer. »Der Tüchtige hält gewöhnlich hier, um zu speisen«, schreibt *Murray's Foreign Handbook*. Der »Bären« auf der Hauptstraße war sogar schon vierzig Jahre früher dem *Begleiter auf der Reise durch die Schweiz – Ein Hülfsbuch für den Reisenden* von I. I. Leuthy ein Begriff (1840). Noch einmal hundert Jahre früher wurde der alte Talweg in ein viereinhalb Meter breites Sträßchen ausgebaut, um den Zugang mit Postkutschen zu ermöglichen. Der Anschluß an die elektrifizierte Bahnstrecke nach Montreux erfolgte 1905. Das modellhafte Alpenpanorama hat Zweisimmen zuletzt auch in Indien bekannt gemacht:

Hotel »Bären«, Zweisimmen

Um sich ewige Verbundenheit zu schwören, tanzen Liebespaare indischer Soaps auf den Hochwiesen Zweisimmens feenartige Tänze, was an der Talstation der Rinderbergbahn mit Transparenten angezeigt wird: »Bollywood im Alpenrausch!«

Umgehen Sie das Nordende des Bahnhofs und durchqueren Sie das Simmental am linken Ende des Flugplatzes. In Stalden, dem Ortsteil am gegenüberliegenden Hang, biegen Sie nach rechts auf den Asphaltweg ein, der Sie bis zur übernächsten Häuseransammlung Zälg führt. Hier steigen Sie die Serpentine nach Schlatt auf (für ca. 750 m) und biegen dann rechts auf den Wanderweg in den Wald zum Aussichtspunkt Lusflue ein. An ihm können Sie einen Blick auf das mittelalterliche Schloß Blankenburg werfen, das nach einem Brand im Jahr 1767 als barocker Flügelbau wiederaufgebaut wurde und bis heute Sitz des Regierungsstatthalters ist.

Durch den Sitenwald setzen Sie Ihren Aufstieg in östlicher Richtung fort und gehen dabei am ersten Abzweig links und am zweiten geradeaus durch. Nach ca. 700 m treffen Sie auf die wenig befahrene Forststraße aus Blankenburg. Diese Straße können Sie nun entweder ausgehen, oder mit Abschneidern kombinieren, die markiert und in unregelmäßigen Abständen zur Fromatthütte (1.799 m.ü.M.) ausgeschildert sind. Besonders der obere Teil der Fahrstraße bietet aber lohnenswerte Aussichten auf verschiedene Alphöfe: Mit ca. 1,5 km Umweg gelangen Sie hier zu den drei Alpen der Fromatt auf 1.856 m.ü.M. Von dort zur Hütte, wo Sie als Selbstversorger übernachten können, gehen Sie auf dem Bergweg für ca. 10 Minuten östlich und halten sich bei Abzweigungen immer rechts.

Ort	m.ü.M.	Std.	km	km ges.
Zweisimmen	941	0	0,0	0,0
Abz. Lusflue (bei Schlatt)	1.030	3/4	2,2	2,2
Lusflue	1.160	1/4	0,9	3,1
Fromatthütte	1.799	2 3/4	5,0	8,1
Scheidegg	1.991	3/4	1,5	9,6
Würzi	1.335	2	6,4	16,0
Alphütte Grimmi	1.740	1 3/4	2,4	18,4
Grimmifurggi	2.023	1	2,0	20,4
Abz. in Muri	1.875	1 1/4	2,7	23,1
Rauhwiese Färmel-Tal	1.840	1	1,8	24,9
Furggeli	2.387	2	2,8	27,7
Einstieg Höhenweg Gsür	2.153	3/4	1,5	29,2
Schwandfälspitz	2.025	1 1/4	4,2	33,4
Höreli	1.524	3/4	2,7	36,1
Adelboden-Schlegeli	1.390	1/2	1,4	37,5
Adelboden, Ortskern	1.350	1/4	0,8	38,3

Von der Fromatthütte bis zum Furggeli

Verlassen Sie die Hütte nördlich und gehen Sie beim ersten Abzweig den Bergweg rechts zur Scheidegg (1.991 m.ü.M.). Danach steigen Sie durch das einsame Alpetlital ab bis zum Würzi, das durch einen Wegweiser rechts neben der Waldstraße von Egg als Landschaftspunkt bei 1.335 m.ü.M. markiert ist (kurz vorher können Sie links durch den Wald ein paar Häuser von Egg erkennen). Auf der Straße gehen Sie aufwärts und weiter östlich, folgen dann dem Bogen nach Süden und halten sich nach dem Ende der Straße an den rechten Weg, der weiterhin fahrzeugtauglich und ca. 1,5 m breit ist. Hinter der Brücke über den Bach haben Sie freie Auswahl: Alle aufsteigenden Wege führen nun zur Hütte bei der Grimmi (1.740 m.ü.M.), wo Sie auch privat übernachten können. (Achtung: Namentlich nicht zu verwechseln mit der Grimmialp bei Egg!)

Von der Hütte gehen Sie auf dem Bergweg in südlicher Richtung zum Grimmifurggi (2.023 m.ü.M.) und schwenken dahinter auf dem Weg durch die weite Hochwiese in südöstliche Richtung ab. Ca. 2 km später, bei Muri, einer Ansammlung von Höfen, steigen Sie bloß zwei Kehren weit hinunter – d.h. keinesfalls bis zum Wegweiser unten beim Bach –, um bei 1.875 m.ü.M. wieder südöstlich und auf gleichbleibender Höhe fortzusetzen. Über den letzten unteren Hof, den Sie erst sehen können, wenn Sie die anderen Höfe schon hinter sich haben, gehen Sie das Färmel-Tal ganz aus. Auf einem zunehmend überwachsenen Weg gelangen Sie nun bis ca. 500 m vor den Wasserfall. Den Wegspuren durch die Rauhwiese folgen Sie dort südlich (rechts abknickend) und überqueren dabei den Abfluß des Wasserfalls. Nach der Überquerung eines nächsten Bachbettes (ca. 350 m weiter), das nicht unbedingt Wasser führen muß, stoßen Sie an dessen anderem Ufer auf einen befestigten Weg und frische Markierungen.

Steigen Sie die Schutthalde nach oben und am Ende von ihr entlang weiteren Markierungen bis zum Furggeli (2.387 m.ü.M.), das durch einen Steinturm auf dem Kamm gekennzeichnet ist. Bei guter Trittsicherheit können Sie durch das davorliegende Geröllfeld (mannsgroße Gesteinsbrocken) abkürzen, indem Sie den Turm als Orientierungspunkt nehmen.

Vom Furggeli bis nach Adelboden

Gehen Sie schräg zu den engen Windungen auf der linken Seite des kleinen Baches, und nehmen Sie danach beim ersten Abzweig den Bergweg links. Die in seiner Richtung liegende Grasnase umqueren Sie horizontal; auch nach ihr bleiben Sie auf gleicher Höhe. Weit hinten im Osten können Sie bereits den Ausgang Ihres »alpinen Höhenweges« (weiß-blau-weiß markiert) erkennen, den quergezogenen Wiesensattel zum Schwandfälspitz (2.025 m.ü.M.). Ein Stück hinter dem nächsten Wasserlauf beginnt dieser Höhenweg um das Gsür, der Ihnen erhöhte Trittsicherheit und Schwindelfreiheit abverlangt. Zum Ausgleich finden Sie hier eine einwandfreie Markierung, bizarre Felsformationen und grandiose Talblicke. Die körperlich anstrengenden Teile dieses Wegabschnittes liegen nun hinter Ihnen.

Der sanfteste Abstieg hinter dem Schwandfälspitz ist derjenige über das Höreli (1.524 m.ü.M.). Für ihn wandern Sie Richtung Osten die Liftstation Tschentenalp sowie die Almhöfe auf Kammhöhe ab und setzen dann weiter auf dem Kamm durch einen Waldstreif fort. Einige unwegsame Windungen erwarten Sie bei ca. 1.620 m.ü.M., doch kurz nach dem Ausgang aus dem Wald (nach insgesamt ca. 2,2 km) treffen Sie am Höreli auf den neu angelegten Wanderweg, der Sie bequem in den Ortsteil Schlegeli führt. (Der alte Wanderweg ist jetzt ein Mountainbiketrail.) Die Fußgängerzone von Adelboden liegt ca. 1 km entfernt und ist direkt über den Hörnliweg erreichbar.

4 Von Adelboden nach Kandersteg

Durch das sonnige Bunderle-Tal mit seinen Ferienalmen steigen Sie in die Hochlandschaft beim Allmengrat. Nach dem letzten Teil des Aufstiegs durch eine karge Moräne bietet sich vom Paß eine großartige Aussicht auf die Gletscherlandschaft der Blümlisalp mit dem Oeschinensee als Smaragd im Vordergrund. Bei der Usser Üschene erwartet Sie ein romantisches Schweizer Wiesental, bevor Sie entlang des strudelnden Alpbaches in das Zentrum von Kandersteg gelangen.

Markierungen: gelbe Schilder mit schwarzer Schrift, Farbmarkierungen auf Steinen weiß-rot-weiß. **Karten**: Landeskarte der Schweiz 1:25.000 »Adelboden« (Nr. 1247). **Unterkünfte**: Adelboden, Kandersteg. Tagesetappen: 1 Tag: A.-K. (7,5 Std.).

Von Adelboden bis zum Paß beim Bunderspitz

Adelboden, seit Beginn des 20. Jahrhunderts eine »Beliebtheit als vielbesuchte internationale Alpenstation und bevorzugter Wintersportplatz« (*Bürgis Sommer in der Schweiz*, 1914), wurde bekannt durch den beeindruckenden Engstligenfall, der sich in mehreren Sektionen über insgesamt 600 m zu Tal stürzt. Spaziergänge und Exkursionen von Adelboden aus galten 1914 als »überraschend mannigfaltig«, und die Besteigung des Wildstrubels (3.243 m.ü.M.) war sowohl »ungefährlich« als auch ein »unvergleichlicher Genuß.« Während Leuthys *Hülfsbuch* von 1840 im Hochtal noch 2.000 Kühe zählt und es auf acht Stunden Länge zu Fuß bemißt, geben heute mit dem Schwerpunkt Wintersport andere Zahlen den Ausschlag: Der Gemeindeverbund Adelboden-Frutigen-Lenk verfügt über insgesamt 56 Transportanlagen und mehr als 180 km Pistennetz.

Nehmen Sie ab der Dorfstraße das Schulgässli, welches links neben der Touristinfo beginnt, und folgen Sie ihm in verschiedenen Windungen bis zur Landstraße. Nachdem Sie diese überquert haben, gehen Sie in die gegenüberliegende Bodenstraße und danach gleich links in die Bonderlenstraße. Auf ihr spazieren Sie leicht ansteigend in einer Rechtskehre ins Bunderle und lassen dabei den ersten Straßenabzweig rechts liegen. Ihr Wanderweg beginnt, nachdem Sie das Bunderlebächli in einer U-Kehre überquert haben, d.h. rechts der Straße bei 1.409 m.ü.M. Zunehmend steiler steigen Sie nun entlang der Farbmarkierungen und mehrerer Almhöfe zur Ausflugshütte am Vordere Bunder auf, die Sie ab dem letzten Wiesenhang, durch den bloß noch ein Steig führt, oberhalb links sehen können (1.755 m.ü.M.). Auf einem brei-

Paß beim Bunderspitz

teren Weg setzen Sie zum Hof Vordere Bunder fort, wo Sie hinter dem Haus den Bergweg zum Bunderchumi (2.098 m.ü.M.) nehmen. Erst in einer Kehre durch eine Blumenwiese, die hinter dieser Hütte liegt, dann links auf einer weitgezogenen Schutthalde gelangen Sie zum Paßloch in der Felskette (Paßhöhe 2.456 m.ü.M., markiert durch ein Steintürmchen ca. 250 m Luftlinie südlich vom Gipfel des Bunderspitz).

Vom Paß beim Bunderspitz bis nach Kandersteg

Vom Steintürmchen aus beginnen Sie Ihren Abstieg über den Wiesenrücken zur vierhundert Höhenmeter tiefer liegenden Obere Allme, wo Sie im Vorübergehen Käse kaufen können oder im Gastzimmer die Möglichkeit zu einer längeren Rast haben. Ab hier gehen Sie weiter in generell östlicher Richtung und nach dem nächsten Hof zweimal rechts in Richtung Hellhore (d.i. ein Felsgrat, 1.792 m.ü.M.) bzw. Ryharts. Die beiden Abzweige folgen innerhalb von 500 m aufeinander. Hinter der Hellhore wird Ihr Weg breiter und mündet bald nach einem idyllisch an einem Steilhang gelegenen Gehöft in dessen Fahrweg. Diesen wandern Sie gemüt-

Ort	m.ü.M.	Std.	km	km ges.
Adelboden, Ortskern	1.350	0	0,0	0,0
Adelboden, Landstraße	1.238	1/2	1,8	1,8
Abz. Bunderlebächli	1.409	3/4	2,9	4,7
Ausflugshütte Vordere Bunder	1.755	3/4	2,7	7,4
Bunderchumi	2.098	3/4	1,4	8,8
Paß beim Bunderspitz	2.456	3/4	1,1	9,9
Obere Allme	2.017	1	1,2	11,1
Ryharts	1.740	3/4	2,5	13,6
Abzweig Usser Üschene	1.630	1/2	1,2	14,8
Eggeschwand	1.194	1	2,4	17,2
Kandersteg	1.174	3/4	2,5	19,7

lich abwärts bis ca. 100 m hinter den nächsten Wasserlauf und schneiden hier die Wegkehre zur Usser Üschene entlang der Steinmarkierungen links durch die Wiese ab.

Am Ende des Abschneiders, d.h. beim Fahrweg, den Sie unten nochmals treffen, beginnt ein stufenreicher Abstieg entlang des Alpbaches, welcher Sie bis vor den Ortsteil Eggeschwand führt. Die letzten rund 2 km Asphaltstraße nach Kandersteg lassen sich leider nicht umgehen, doch können Sie für kürzere Abschnitte links auf die Spazierwege in der Kander-Au ausweichen.

5 Von Kandersteg nach Mürren/Lauterbrunnen

Auf schattigen und gut markierten Wegen steigen Sie bis zu einem urigen Hotel vor dem Oeschinensee auf. Entlang des Seeufers gelangen Sie zum Bergweg in die weltbekannte Blümlisalp. Hinter den Höfen des Oberbärgli unternehmen Sie entlang der Zunge des Blümlisalpgletschers eine Gratwanderung auf einer Moräne. Danach klimmen Sie über die Schutthalde zur Blümlisalphütte neben dem Hohtürli. Vor dem nächsten Aufstieg auf die Sefinenfurgge erwarten Sie mannigfaltige Aussichten auf den ostseitigen Gamchigletscher, sowie die Gletscherpassage auf einem markierten Bergweg. Beim Abstieg Richtung Lauterbrunnental wandern Sie durch satte Hochwiesen und passieren entlang des Hundsbaches zwei winzige Bergseen. Am Bryndli haben Sie erstmals Aussicht auf Mürren mit seinen teilweise historischen Bergbahnen, die Sie beim Abstieg nach Lauterbrunnen passieren.

Markierungen: Gelbe Schilder mit schwarzer Schrift, auf den Bergwegen zusätzlich Farbmarkierungen weiß-rot-weiß, auf dem Gletscher rot markierte Stäbe. **Karten**: Landeskarte der Schweiz 1:25.000 »Adelboden« (Nr. 1247), Landeskarte der Schweiz 1:25.000 »Mürren« (Nr. 1248) und Landeskarte der Schweiz 1:25.000 »Lauterbrunnen« (Nr. 1228). **Unterkünfte**: Kandersteg, Oeschinensee, Blümlisalphütte, Gspaltenhornhütte, Rotstockhütte, Mürren, Lauterbrunnen. **Tagesetappen**: 3 Tage: K.-Blümlisalphütte (6 Std.), Blümlisalphütte-Rotstockhütte (8 Std.), Rotstockhütte-M./L. (2,5/5 Std.), 4 Tage: K.-Blümlisalphütte (6 Std.), Blümlisalphütte-Gspaltenhornhütte (6 Std.), Gspaltenhornhütte-Rotstockhütte (5,5 Std.), Rotstockhütte-M./L. (2,5/5 Std.).

Von Kandersteg bis zur Blümlisalphütte

Zusammen mit dem benachbarten Kandergrund wurde Kandersteg im Jahr 1850 zur selbständigen Gemeinde erklärt. Das Aufkommen des Fremdenverkehrs führte aber zu einem bizarren Streit in der Bevölkerung, der allein mit der Abspaltung Kanderstegs beigelegt werden konnte. Den Kandergrundern, deren Haupteinnahmequelle nach wie vor die Landwirtschaft war, mißfiel der wachsende Erfolg der Kandersteger im Tourismusgewerbe, weshalb sie auf einer öffentlichen Versammlung den Bau eines Elektrizitätswerkes, einer Telegraphenstation und einer öffentlichen Wasserversorgung

Kandersteg

verweigerten. Daraufhin beschloß eine Gruppe Kandersteger während einer Versammlung im heutigen Hotel Eden, sich von den Kandergrundern loszusagen. Die betreffende Eingabe an die Kantonsdirektion in Bern wurde von 130 der 150 Kandersteger unterschrieben, doch die daraufhin angeordnete Abstimmung der gesamten Gemeinde fiel bei »165 ausgeteilten und 164 wieder eingegangenen Stimmzetteln, wovon 2 leeren« mit 81 zu 81 Stimmen genau unentschieden aus. Bern muß trotzdem ein Einsehen mit den fortschrittlichen Bürgern unter den Kanderstegern gehabt haben, denn ungeachtet dieser Pattsituation wurde der Trennungsbeschluß ein dreiviertel Jahr nach der Abstimmung, im Dezember 1908, verabschiedet.

Zwischen der Kirche in der Dorfmitte und dem Hotel Victoria gehen Sie in die Seitengasse und verlassen auf ihr den Ort. Ab dem Ende der Weide folgen Sie den Markierungen durch den schattigen Öschiwald hinauf zum Oeschinensee, wobei Sie je nach Gepäck immer auf den weniger steilen Fahrweg ausweichen können. Der Oeschinensee (1.578 m.ü.M.) entstand durch einen Felssturz vom südlich liegenden Doldenhorn, dessen Schutt am Westende einen natürlichen Damm bildet. Der Abfluß des Sees ist unterirdisch und tritt auf ca. 1.560 m.ü.M. mit dem Öschibach zutage.

Vom Hotel an der Westseite des Sees (das als Spezialität frische Forellen anbietet) setzen Sie Ihren Weg entlang des Ufers und in nördlicher Richtung bis vor den Läger fort. Bald sehen Sie die »KiK« – Kunst in Kandersteg: Gesichter von Almöhis, die in gekappte Tannen geteilt sind, oder senkrecht wachsende Äste, bemalt wie ein Mast für die Krone eines Dorffestes.

Von Kandersteg nach Mürren/Lauterbrunnen 35

Etwa 750 m hinter der KiK beginnt bei der Holzbalme der Anstieg, welcher Sie ab dem Underbärgli (1.724 m.ü.M.) in wilder Schönheit zum Oberbärgli (1.978 m.ü.M.) und in die Region des Blümlisalpgletschers führt.

Blick zurück auf den Oeschinensee

Wo hier die Blümlis geblieben sind, weiß eine Sage: Früher einmal waren in dieser Gegend Weiden, so reich an Gras, daß die Kühe dreimal täglich gemolken werden mußten. Die Alp gehörte damals einem jungen Senn, der sich aber eine Frau genommen hatte, die faul war und ihn zu allem Schlechten verführte. Damit sie nicht auf den harten Steinen gehen mußte, hatte der Senn von der Alphütte bis zum Speicher eine Treppe aus gelben Käsen gebaut und sie mit Butter gepflastert. Jeden Tag wusch er sie nun mit Sahne sauber ab. Das hörte seine Mutter im Tal und machte sich auf, um den Sohn zu warnen. Erschöpft und durstig kam sie zur Alp und bat ihn um einen Becher Milch. Doch unter dem Gelächter seiner Frau gab der Sohn ihr stattdessen nur ein Becken voll Molke, in das er heimlich Mist gestreut hatte. Erzürnt erhob sich daraufhin die Mutter und sprach ihren Fluch aus: »Der Berg soll sich mit Eis bedecken und du, deine Kathrin und deine Herde sollen darunter begraben werden!« Kaum hatte sie die Alp verlassen, da löste sich vom Gipfel schon ein großer Teil des Gletschers, stürzte über die Driften und bedeckte die beiden, das Vieh und die Hütten mit seinen Eismassen. Noch heute soll man das Gejohle des Senners und das Brüllen seiner schönsten Leitkuh hier auf der Blümlisalp hören können.

Über den schmalen Steig entlang der Seitenmoräne des Gletschers gelangen Sie zu einer Serie enger Serpentinen, auf denen Sie nach oben zum Schafläger (2.411 m.ü.M.) steigen. Bei gutem Wetter

Ort	m.ü.M.	Std.	km	km ges.
Kandersteg	1.174	0	0,0	0,0
Oeschinensee	1.578	1 1/2	4,2	4,2
Underbärgli	1.724	1	2,4	6,6
Oberbärgli	1.978	3/4	0,9	7,5
Schafläger	2.411	1 1/2	2,8	10,3
Blümlisalphütte	2.834	1	1,3	11,5
Hohtürli	2.778	1/4	0,3	11,8
Abz. Oberl./Gsp.hornhütte	2.061	1 3/4	2,2	14,0
Gamchigletscher (Fuß)	2.000	3/4	2,5	16,5
Abz. Sefinenfurgge	2.331	1 1/2	2,3	18,8
Sefinenfurgge	2.612	2 1/4	3,6	22,4
Rotstockhütte	2.039	1 3/4	3,4	25,8
Bryndli	2.132	1	3,3	29,1
Spilbodenalp	1.793	3/4	0,9	30,0
Mürren	1.638	3/4	2,8	32,8
Stn. Winteregg	1.582	3/4	3,6	36,4
Abz. Alpweg	1.074	1 1/4	4,0	40,4
Lauterbrunnen	799	1/2	1,0	41,4

können Sie bereits jetzt das Ziel dieses Abschnitts erkennen: die Blümlisalphütte, die wie ein Mahnmal der Zivilisation rechts neben dem kerbenartigen Hohtürli (2.778 m.ü.M.) auf einem kargen Joch thront.

Die restliche, technisch einfache, doch konditionell herausfordernde Strecke überwinden Sie ausschließlich auf Schutt. Besonders die Kehre am Südhang des Schwarzhorns hat es in sich, da Sie der Pfad hier statt in Serpentinen in einer durchgezogenen Diagonale hinauf zum Paß führt.

Von der Blümlisalphütte zur Rotstockhütte

Aufgrund ihrer extravaganten Lage wird die Blümlisalphütte mit dem Hubschrauber versorgt. Außer Übernachtungsmöglichkeiten werden auf ihr lediglich einfache Speisen angeboten, abends z.B. ein einziges Bergsteigermenü. Bei den Getränken hat man sich das gastronomische Muß allerdings nicht nehmen lassen: Selbst hier auf 2.834 m.ü.M. wird Bier vom Faß ausgeschenkt; und seine Trinkschuld kann man am nächsten Morgen mit Kreditkarte bezahlen.

Am Hohtürli setzen Sie Ihren Weg nach Osten fort und steigen die teilweise verseilten Treppen und Felsgrate nach Uf der Wart (2.508 m.ü.M.) hinunter. Nach dem Grat geht es zuletzt durch spärlichen Grasbewuchs den Hohtürlihang herab. Beim nächsten Wegweiser auf 2.061 m.ü.M. verlassen Sie den Hang nach rechts Richtung Oberloch und Gspaltenhornhütte. Nachdem Sie einen kleineren Wiesensattel überwunden haben, halten Sie sich entlang des nächsten Hanges auf gleichbleibender Höhe (ca. 1.900 m.ü.M.) und gehen so entlang verschiedener Wegreste erst östlich, dann abknickend südlich, bis Sie über eine Schuttzunge auf den Fuß des Gamchigletschers stoßen.

Entlang der markierten Stäbe ist dessen Überquerung gefahrlos möglich. Nutzen Sie die Fußstapfen Ihrer Vorgänger, um sicher Tritt zu finden. Queren Sie konzentriert, aber rasch, um sich keiner Gefahr eines (unwahrscheinlichen) Abbruchs auszusetzen.

Auf der jenseitigen Moräne steigen Sie in Richtung Gspaltenhornhütte bis zum oberen Wegweiser auf 2.331 m.ü.M. und setzen dort links Richtung Sefinenfurgge fort. (Bei Inkaufnahme eines kleinen Umweges können Sie auf der Gespaltenhornhütte auch übernachten.) In Richtung Sefinenfurgge sieht es zeitweilig so aus, als sei eine Umwanderung des steilen Trogegg nicht möglich, aber lassen Sie sich davon nicht täuschen. Dieser Bergweg ist sogar um einiges einfacher als derjenige vom Hohtürli, und die Aussichten in das sich öffnende Augstchummi und auf den saftig grünen Schafberg sind hinreißend. Nach dem Trogegg sehen Sie genau vor sich den Stufenhang zum Kamm bei der Sefinenfurgge. Nach ca. 1 km überqueren Sie noch ein kleineres Schneefeld – auch hier nutzen Sie am besten die Spuren der Vorgänger – und finden dann im unteren Teil des Aufstieges eine Leiter als Steighilfe. Generell in nördlicher Richtung, aber mit

Gamchigletscher

einem Ost-Knick zum Ende, gelangen Sie über die Schutthalde auf den Kamm (2.628 m.ü.M.). Die Furgge liegt auf der gegenüberliegenden Seite links; der U-förmige Weg rechts durch die Felspassage ist eindeutig markiert.

Von der Sefinenfurgge (2.612 m.ü.M.) sehen Sie nordöstlich das Schilthorn (2.970 m.ü.M.) mit seinem Gipfelrestaurant, rechts unterhalb das mützenartige, grasüberzogene Horn, an dem Ihr Abstieg links vorbeiführt. Nach den ersten, etwas rutschigen Serpentinen folgen Sie dem Talweg entlang der Markierungen, um im letzten Viertel rechtwinklig abzuknicken, bis Sie beim Poganggen die Rotstockhütte (2.039 m.ü.M.) mit ihren rot-weißen Schlagläden auf einem Buckel in den Wiesen vor sich sehen.

Von der Rotstockhütte nach Mürren und Lauterbrunnen

Unmittelbar nördlich der Hütte nehmen Sie den linken (oberen) Abzweig, d.h. Sie lassen den Weg zum Gehöft Oberberg rechts liegen. Beim nächsten Abzweig setzen Sie geradeaus und auf gleichbleibender Höhe fort. Das felsige und vielgestaltige Bryndli umwandern Sie auf dieser Seite bis zur Aussichtsbank oberhalb des Spilbodens, um hier – da in der Orientierung einfacher – den Abstieg im Zickzack über den Sattel zu beginnen. Nordwestlich hinter den Höfen von Gimmela können Sie einige Häuser von Mürren erkennen.

Vor einem Hof mit Terrassenrestauration (Spilbodenalp) gehen Sie zur Brücke über den Schiltbach und danach durch die Wiese auf den Fahrweg. Diesem Güterstraßchen folgen Sie durch Gimmela, um entlang einiger Brunnen und durch eine kleine Talkehre auf die Hauptstraße von Mürren zu kommen.

Durch die verkehrsberuhigte Zone im oberen Teil des Dorfes gehen Sie nördlich bis zur Endstation der Grütschalpbahn und promenieren dann parallel der Bahnstrecke bis zur Station Winteregg. Am Ende des Bahnhofs überqueren Sie die Gleise und wandern auf der stillen Stra-

Rotstockhütte

ße bis zu einem Tunnel für die an Seilen gezogene Steilbahn zur Grütschalp. Wenige Meter danach geht rechts ein Pfad ab, mit dem Sie in Steilwindungen die nächsten Kehren der Straße bis zum Alpweg abschneiden. Ungefähr nach dem ersten Drittel treffen Sie dabei auf eine kleine Terrasse bei der Ausweiche der Bahn, wo Berg- und Talwaggons die Streckenabschnitte tauschen. In den Alpweg hinein gehen Sie erst ganz am Ende des Pfades, d.h. bei der unteren, zweiten Straßenkehre (ca. 970 m.ü.M.), auf die Sie nach einer nächsten Unterquerung der Steilbahn stoßen. Nach ca. 200 m verlassen Sie den Alpweg wieder rechts auf einen Fußweg, der Sie noch einmal unter der Steilbahn hindurch und dann links am Gryfenbach entlang zum Ortseingang von Lauterbrunnen führt.

6 Von Lauterbrunnen nach Meiringen

Der folgende Wegabschnitt bietet Ihnen ein Spektrum von Altschweizer Sehenswürdigkeiten, das an Dichte und Breite kaum zu überbieten ist: Mit der Wengernalp- und der Jungfraubahn kommen Sie zum Eigertrail unterhalb der berüchtigten Eigernordwand. Unter Felsvorsprüngen und durch stille Waldabschnitte gelangen Sie durch die Gletscherschlucht zum Gasthof Marmorbruch, wo Ihr Aufstieg auf die Große Scheidegg beginnt. Entlang des edelsteinblauen Rychenbaches und auf den Spuren eines alten Säumerweges kommen Sie zum Hotel Rosenlaui und dem Eingang in die Schlucht zum Rosenlaui-Gletscher. Vor dem Abstieg ins Tal von Meiringen besuchen Sie jene Stelle beim Reichenbachfall, wo Meisterdetektiv Sherlock Holmes seinen Sieg über Professor Moriarty errang.

Markierungen: Gelbe Schilder mit schwarzer Schrift, manchmal Farbmarkierungen weiß-rot-weiß. **Karten**: Landeskarte der Schweiz 1:25.000 »Lauterbrunnen« (Nr. 1228), Landeskarte der Schweiz 1:25.000 »Grindelwald« (Nr. 1229) und Landeskarte der Schweiz 1:25.000 »Innertkirchen« (Nr. 1210). **Unterkünfte**: Lauterbrunnen, Halten, Brand, Große Scheidegg, Hotel Rosenlaui, Meiringen. **Bahnen**: Willigen (Endpunkt des Wegabschnitts, kurz vor Meiringen). **Tagesetappen**: 2 Tage: L.-Halten/Brand (5,5 Std.), Halten/Brand-M. (8 Std.), 2 Tage: L.-Große Scheidegg (9 Std.), Große Scheidegg-M. (4,5 Std.), 3 Tage: L.-Halten/Brand (5,5 Std.), Halten/Brand-Hotel Rosenlaui (6,5 Std.), Hotel Rosenlaui-M. (2,5 Std.).

Von Lauterbrunnen auf die Große Scheidegg

Mehr als siebzig Wasserfälle gibt es im Lauterbrunnental, unter ihnen das Wahrzeichen des Dorfes, den Staubbach, über den Lord Byron schrieb: »Er ist wie der Schweif eines Pferdes im Wind«. Dem Wasserreichtum des Tals verdankt Lauterbrunnen auch seinen Namen. Erstmals erwähnt wird das Dorf in einem Brief von 1240 mit der Bezeichnung »in claro fonte«. In Anlehnung daran verweist der deutsche Name auf einen Ort »lauter Brunnen«. Die Aufenthalte von Rousseau, Goethe und Mendelssohn-Bartholdy prägten Lauterbrunnens touristische Entwicklung genauso wie die Besuche der ansonsten meist britischen Feriengäste. Als Bergbahnprojekt war neben der Wengernalpbahn (1893) besonders der Bau der Jungfrau-

Von Lauterbrunnen nach Meiringen

Ort	m.ü.M.	Std.	km	km ges.
Lauterbrunnen	799	0	0,0	0,0
Stn. Eigergletscher	2.320	(per Bahn)	0,0	0,0
Abz. Alpiglen/Grund	1.758	2	5,5	5,5
Lägerli (Gletscherschlucht)	1.508	1 1/4	4,2	9,7
Obere Brücke Weiße Lütschine	1.099	1 1/4	2,8	12,5
Berggasthaus Marmorbruch	1.107	1/4	0,6	13,1
Brücke Schwarze Lütschine	1.076	3/4	2,3	15,4
Brücke Horbach	1.200	3/4	1,6	17,0
Einmündung Schürli	1.342	3/4	1,1	18,1
Große Scheidegg (Paß)	1.962	1 3/4	5,0	23,1
Broch	1.431	1 1/2	5,5	28,6
Hotel Rosenlaui	1.360	1	1,3	29,9
Sherlock-Holmes-Gedenktafel	850	1 3/4	5,1	35,0
Willigen	621	1	2,4	37,4

bahn (1896) spektakulär, deren Linie ursprünglich bis direkt unter den Gipfel des Viertausenders geplant war. Nach dem Modell eines der ersten Wolkenkratzer hätte ein Lift im Inneren des Berges die restlichen Höhenmeter bis zu einem künstlichen Plateau mit Aussichtsterrasse neben dem Gipfel überwunden.

Der Tod des Initiators Adolf Guyer-Zeller im Jahr 1899 setzte dem eitlen Vorhaben jedoch ein Ende. Das Vermögen des Züricher Industriellen war zu diesem Zeitpunkt nahezu aufgebraucht, und mit ihm als Person schied auch die ideell treibende Kraft des Projekts. Eine Explosion des Sprengstofflagers hatte zuvor 30 Todesopfer unter den Arbeitern gefordert, und die Druckwelle war so heftig gewesen, daß in Lauterbrunnen sämtliche Fensterscheiben zu Bruch gegangen waren. Den Knall, das erzählen Bahnangestellte noch heute, hat man bis Bern hinein hören können.

Nach einer Bauzeit von insgesamt sechzehn Jahren und zahlreichen Streiks erfolgte 1912 endlich der Durchschlag am Jungfraujoch (3.454 m.ü.M.). Bis heute liegt nun hier – und nicht unterhalb des Gipfels – die höchste Bahnstation Europas.

Am Bahnhof Lauterbrunnen lösen Sie für ca. 40,- SFr einen Einzelfahrschein zur Station Eigergletscher. Dieses Ticket ermöglicht es Ihnen, überall einen Zwischenstop einzulegen. Bei der Wengernalp haben Sie eine Frontalsicht auf den Eiger von der Gletscherseite aus, und auf der Kleinen Scheidegg lohnt sich ein Rundgang zu den imposanten Gasthöfen, zumal Sie hier ohnehin auf den Anschlußzug der Jungfraubahn warten müssen.

Nachdem Sie am Bahnhof Eigergletscher ausgestiegen sind, folgen Sie den Wegweisern zum Eigertrail. Im Unterschied zu der bisherigen Strecke – und damit auch im Gegensatz zu den Faltblattinformationen der Gemeinde Lauterbrunnen – ist der Trail eher anspruchslos und wegen der starken Nutzung bis zum Abzweig nach Alpiglen/Grund auch hervorragend markiert. Nutzen Sie den Zeitgewinn durch die Bahnfahrt und nehmen Sie vielleicht sogar einen der frühesten Züge, wenn Sie die Aussichten unterhalb der Eigernordwand ganz für sich haben möchten. Am Wegweiser beim Abzweig nach Alpiglen/Grund setzen Sie geradeaus Richtung Lägerli/Gletscherschlucht/Marmorbruch fort; spätestens ab hier wird es auch wieder stiller.

Der Eigergipfel mit seinen 3.970 m bildet zusammen mit Mönch und Jungfrau das Dreigestirn der Berner Alpen. Der Sockel der Nordwand hat eine Breite von fast 5 km. Die Höhe der Wand, nahezu 4.000 m, macht sie zu einem klimatischen Bollwerk, wobei der Effekt durch die konkave Form noch verstärkt wird. In der Wand herrscht ein Mikroklima: Während in unmittelbarer Umgebung die Sonne scheint, kann es hier zu heftigen Regengüssen, Gewittern oder sogar Schneefall kommen.

Nach einem ersten Versuch im Jahr 1935, der für die beiden Münchner Max Sedelmayr und Karl Mehringer tödlich endete, wurde die Eigernordwand vom 22. bis zum 24. Juli 1938 erstmals von Anderl Heckmair, Wiggerl Vörg, Fritz Kasparek und Heinrich Harrer durchstiegen. Der Sieg über die berüchtigte »Mordwand« geht vor allem auf Heckmairs Konto, der einer der besten Kletterer seiner Zeit war. Nicht nur seine außerordentliche Konstitution und ein speziell auf die Wand ausgerichtetes Training, sondern vor allem das Studium aller fehlgeschlagenen Versuche brachten Heckmair als Leiter der Vierergruppe schließlich zum Erfolg. Im Gegensatz zu seinen Vorgängern setzte Heckmair darauf, daß es sich bei der Wand weniger um eine Fels- denn eine Eiskletterei handeln würde, und besorgte für sich und seinen Partner Vörg Steigeisen mit neuartigen Frontalzacken. Dank ihrer war das Paar so schnell, daß es bereits acht Stunden nach dem Aufbruch auf Harrer und Kasparek stieß, die sich zu diesem Zeitpunkt schon über einen Tag in der Wand befanden. Um sich nicht gegenseitig zu gefährden, beschloß man, den Rest der Aufgabe zusammen zu bewältigen. Trotz eines Gewitters mit Schneesturm, das kurz nach dem Zusammenschluß einsetzte und bis zur Ankunft auf dem Gipfel andauerte, war die Nordwand am 24. Juli 1938 kein letztes »bergsteigerisches Problem« der Alpen mehr.

Auch über sechzig Jahre später war dieser Erfolg noch so überwältigend, daß die beiden Profibergsteiger Stefan Siegrist und Michal Pitelka im internationalen Jahr der Berge 2002 eine »Nach-Durchsteigung« in der Originalausrüstung von 1938 unternahmen. Neben Schwarzweißaufnahmen von ungewöhnlicher Dichte, gemacht vom Kameramann Thomas Ulrich, lieferte diese Tour auch einige interessante Schlüsseleinsichten zu den Qualitäten der Erstdurchsteiger: Nicht die Mängel in deren Ausrüstung, sondern ihre fehlenden Kenntnisse stellen Siegrist und Pitelka in einem Interview als das damalige Haupthindernis dar. Im Gegensatz zu allen Nachdurchsteigern hätten Heckmair, Harrer und Co. den Verlauf der Route ja nicht gekannt, die Möglichkeit eines Erfolges nicht vorwegnehmen können. Auch präzise Wetterberichte waren in den Dreißigern undenkbar, und so seien die vier in ein tagelanges alpines Unwetter hineingestiegen, ohne zu wissen, ob es in der Richtung, in der sie unterwegs waren, überhaupt einen Ausweg gab. Wie die Zeiten sich ändern: Den derzeitigen

Geschwindigkeitsrekord einer Gesamtdurchsteigung hält mit 3:54 Stunden der Schweizer Ueli Steck.

Nach dem Wegweiser Lägerli/Gletscherschlucht/Marmorbruch umwandern Sie in einem leichten Auf und Ab die Rotenflue und gewinnen dabei in einer Rechtsbiegung zunehmend Einblick in die Gletscherschlucht. Hinter den langgezogenen Felsvorsprüngen auf Ihrer Seite beginnt schließlich der Abstieg zu einer alleinstehenden Hütte, dem Lägerli (1.508 m.ü.M.). Bei den Abzweigen danach halten Sie sich immer in Richtung Marmorbruch bzw. dem gleichnamigen Berggasthaus. Über eine Serie von Stufen im Wald, dann entlang einem Felsvorsprung mit einer Aussicht in die Schlucht und auf die gegenüberliegende Wand, gelangen Sie auf steinigem, teilweise steilem Weg herunter zur oberen Brücke über die Weiße Lütschine (1.099 m.ü.M.). Eine Raststelle mit Bank befindet sich rechts in einem Sackweg. Auf der anderen Seite folgen Sie dem weitgehend ebenen Wanderweg bis zum Berggasthaus Marmorbruch. Dahinter setzen Sie auf der Fahrstraße bis zum Weg nach Halten fort, der nach der Linkskehre der Straße rechts abzweigt.

In Halten gehen Sie geradeaus nach Brand und dort östlich herunter zur Brücke über die Schwarze Lütschine (1.076 m.ü.M.). Durch die Wiesen auf der anderen Seite steigen Sie auf einem Wirtschaftsweg bis zur Landstraße, queren diese und setzen Ihren Aufstieg bis zur oberen Straße des Ortsteils Milibach fort. Hier gehen Sie einige Meter nach rechts, um dann den Forstweg rechts hinunter zur Brücke über den Horbach (ca. 1.200 m.ü.M.) zu nehmen. Ab der nächsten Kreuzung mit der Landstraße (Schürli, 1.342 m.ü.M.), zu der Sie geradeaus und generell nordöstlich fortsetzen, ist die Beschilderung zur Großen Scheidegg eindeutig. Weiterhin nordöstlich und mit regelmäßiger Berührung der privaten Asphaltstraße führt Sie der Wanderweg bis zum Gasthaus (1.962 m.ü.M.) beim Paß, wo Sie auch übernachten können.

Von der Großen Scheidegg bis nach Meiringen

Der bei der Großen Scheidegg einsetzende Weg durch das Rosenlauital ist abgesehen vom letzten Drittel eindeutig markiert. Bis zum Hotel Rosenlaui, bei dem die Möglichkeit eines Abstechers zum Gletscher besteht, passieren Sie: Den Hof Alpiglen auf 1.681 m.ü.M., hinter dem Sie bei der zweiten Berührung der Paßstraße östlich nach Uf Teiffenmatten in das Obertal des Rychenbaches abzweigen. Weitgehend schattig und sehr abwechslungsreich gelangen Sie dann durch kleinere Waldabschnitte und über insgesamt zwei Stege bis nach Broch mit seiner Ausflugshütte (1.431 m.ü.M.), um dort rechts der ruhigen Straße weiterzugehen. Besonders im oberen Teil des Abstiegs folgen Sie mehrmals den Spuren eines alten Säumerweges, der früher sowohl Händlern als auch Reisenden den Übergang zwischen Meiringen und Grindelwald ermöglicht hat.

In der heutigen Gegend des Hotel Rosenlaui fand der Hirte Andreas von Bergen im Jahr 1771 eine Schwefelquelle, in der er seine Frau, die ein krankes Bein hatte, eine Woche lang baden ließ. Obwohl die Ärzte überzeugt waren, das Bein amputieren zu müssen, gesundete es binnen dieser Woche vollständig, und die Quelle wurde daraufhin in Europa und der restlichen Welt rasch bekannt. Nachdem ein Erdrutsch im Jahr 1914 sie verschüttet hatte, wandelte sich das inzwischen erbaute Hotel von einem Aufenthalt für Kurgäste zu einer Station für Bergpioniere. Sowohl die Engelhörner als auch das Wetterhorn waren damals noch nicht bestiegen, weshalb das Hotel Rosenlaui einen hervorragenden Ausgangspunkt für Expeditionen bildete. Heute befindet sich der altenglische Bau in Familienbesitz. Andreas Kehrli, der derzeitige Hotelier, weiß dabei, was Gäste sich im Medienzeitalter wünschen: »... auch wenn da und dort der Putz abblättert, auch wenn die Parkett-Böden knarren und die Hotelzimmer weder fließendes Wasser noch Internet-Anschluß haben, bieten wir doch alles: Tage fernab vom Rummel der Zeit, mitten in einer unberührten, faszinierenden Bergwelt und einem fast schon romantischen Hotel, in

Hotel Rosenlaui

dem man sich gut aufgehoben weiß.«

Die Schlucht gegenüber wurde 1902 von Kaspar Brog ausgebaut, so daß man sie seitdem als Zugang zum Rosenlaui-Gletscher benutzen kann. Wer die derzeit 6,- Franken Entgelt nicht zahlen möchte, gelangt stattdessen über den oberhalb liegenden Waldabschnitt zum hinteren Ausgang und kann dort Richtung Gletscher weitergehen.

Bereits 1886 war der Rosenlaui-Gletscher kleiner als der von Grindelwald, wurde jedoch wegen seiner größeren Reinheit, dem sogenannten »sanftblauen Schimmer« der Eismassen, als Ausflugsziel bevorzugt. Der Graphiker F.M. König, der seine Bergerfahrungen in einem Briefroman (1814) zusammengefaßt hat, hielt den Gletscher aber schon damals für »zu sehr zurückgezogen« und »kaum noch einer Besichtigung wert«, obwohl er »früher zweifellos der schönste von allen« gewesen sei. Im neuen Jahrtausend hat dem Rosenlaui-Gletscher insbesondere der Rekordsommer 2003 schwer zu schaffen gemacht, der ihn ein weiteres Mal beträchtlich hat schrumpfen lassen.

Vom Hotel folgen Sie den Markierungen für ca. 4 km bis nach Zwirgi auf 980 m.ü.M., das sich unmittelbar oberhalb des Reichenbachfalls befindet. Über die Terrasse (!) des Gasthauses gelangen Sie auf den Wanderweg Richtung Schwendi, wobei Sie im Wald etwa zweihundert Meter nach links zu jener Aussichtsplattform abstechen können, bei der der Meisterdetektiv Sherlock Holmes seinen Sieg über den Londoner Verbrecherkönig Professor Moriarty errang (Sherlock-Holmes-Gedenktafel).

Von Moriarty in einen Hinterhalt gelockt, endete der Zweikampf für beide tragisch, wovon in der Erzählung »Das letzte Problem«

Dr. Watson zu berichten weiß: »Eine Untersuchung durch Experten läßt wenig Zweifel, daß ein direkter Kampf zwischen den beiden Männern ausging, wie er in einer solchen Situation kaum anders hat ausgehen können, mit ihrem Absturz, umklammert von den Armen des jeweils anderen. Jeder Versuch, die Körper zu bergen, war absolut zwecklos, und hier unten, in dem schrecklichen Kessel des Strudels, werden der gefährlichste Verbrecher und der größte Lehrherr des Gesetzes nun für alle Zeit liegen.« Die Leserschaft von Sir Arthur Conan Doyle fand diesen vermeintlichen Tod des Londoner Meisterdetektivs so unverzeihlich, daß sich der Autor nach fünfjährigem Schweigen zu einer Revision entschloß. In »Sherlock Holmes' Rückkehr« erfährt man aus den Worten des Meisterdetektivs, daß es ihm durch einen Griff des Baritsu, einer japanischen Kampfsportart, am Reichenbachfall gelang, Moriarty zu besiegen, und er die Gelegenheit lediglich genutzt habe, für eine Weile in Tibet und Persien unterzutauchen, bis seine übrigen Feinde der Londoner Verbrecherszene unschädlich gemacht worden waren. Die mysteriöse Park Lane-Affäre veranlaßte Holmes schließlich, nach London zurückzukehren.

Bei der Einmündung in die Bergstraße gehen Sie nach links und verlassen in Schwendi die Straße nach rechts, wobei Sie die unterhalb liegenden Serpentinen bis auf die letzte abschneiden. Die Häuseransammlung von Willigen durchqueren Sie wieder auf der Straße und gelangen danach in einem weiten Rechtsbogen auf die Uferstraße entlang der Aare. Etwa 250 m vor sich sehen Sie links eine Brücke, die Sie zur Bahnstation von Sand hin – zugleich Restaurant und Biergarten – überqueren. Von hier haben Sie Anschluß in das Zentrum von Meiringen.

7 Von Meiringen nach Engelberg

Nach einem stillen und wenig bekannten Aufstieg oberhalb von Innertkirchen gelangen Sie in das weitläufige Gental. Hier haben Sie entweder die Möglichkeit, der Gentalhütte einen Besuch abzustatten und frischen Käse zu kaufen (dorthin fährt auch der Postbus), oder auf einem langgezogenen Höhenweg allem Verkehr auszuweichen. Ab der Baumgartenalp gelangen Sie in das Innerschweizer Vier-Seen-Gebiet mit dem Engstlensee als landschaftlichem Höhepunkt. Nach dem Jochpaß und seiner Steilflanke kommen Sie auf einem angenehmen Abstieg vom Trübsee bis vor das Aaufer bei Engelberg.

Markierungen: Gelbe Schilder mit schwarzer Schrift, Farbmarkierungen weiß-rot-weiß, im Gental manchmal Holzschilder. **Karten**: Landeskarte der Schweiz 1:25.000 »Innertkirchen« (Nr. 1210) und Landeskarte der Schweiz 1:25.000 »Engelberg« (Nr. 1191), für den gut markierten Wegabschnitt hinter dem Trübsee nicht unbedingt erforderlich: Landeskarte der Schweiz 1:25.000 »Melchtal« (Nr. 1190). **Unterkünfte**: Meiringen, Melchsee-Frutt, Hotel Engstlenalp, Jochpaß, Engelberg. **Bahnen**: Willigen (Startpunkt des Wegabschnitts) und Meiringen. **Tagesetappen**: 2 Tage: M.-Hotel Engstlenalp (8 Std.), Hotel Engstlenalp-E. (4,75 Std.), 3 Tage: M.-Melchsee-Frutt (7,5 Std.), Melchsee-Frutt-Jochpaß (3,5 Std.), Jochpaß-E. (3 Std.).

Achtung! *Wegen der starken Beweidung oberhalb des Gentales ist das Wasser aus den Brunnen innerhalb des ersten und zweiten Teilabschnittes nur bedingt trinkbar. Statten Sie sich reichlich mit Vorräten aus oder desinfizieren Sie das Wasser mit Tabletten (s. Service-Teil »Ausrüstung – Checkliste«), insbesondere wenn es Trübungen aufweist.*

Von Willigen bis zur Baumgartenalp

Von der Bahnstation am Aareufer bei Sand gehen Sie links der Wiese bis zu den letzten Häusern vor dem Wald. Hier biegen Sie rechts in den steilen Fahrweg hinauf zum Wylerli (705 m.ü.M.) und gehen durch bis zum Oberen Wylerli, wofür Sie nach der Spitzkehre den rechten Abzweig nehmen. Immer am Waldhang entlang und parallel zur Aare steigen Sie dann mit gelegentlichen Ausblicken

Von Meiringen nach Engelberg 49

auf Ausläufer von Innertkirchen zum felsigen Riebgarti (ca. 950 m.ü.M.). Hierfür gehen Sie beim Abzweig oberhalb des Oberen Wylerli geradeaus, beim nächsten Abzweig am Ende der Lichtung links und beim dritten, wenige Dutzend Meter später, rechts. Am Riebgarti knickt Ihr Pfad nach Nordosten ab. Über das tote Ende eines Wirtschaftsweges gelangen Sie aus dem Wald heraus zu einer Wiese mit zwei Höfen (Syten, 1.023 m.ü.M.). Auf dem Fahrweg, dann auf ca. 150 m Straße und wieder auf einem Fahrweg (links) setzen Sie in derselben Himmelsrichtung fort bis zu den Almen von Grüobi (996 m.ü.M.). Hinter ihnen erwartet Sie rechts eine einzelne Serpentine; danach steigen Sie wieder weitgehend geradeaus in Richtung Nordosten bis zu einer alleinstehenden Almhütte (namenlos, ca. 1.160 m.ü.M.).

Hinter der Hütte nehmen Sie den linken Weg, der Sie binnen 400 m auf die Fahrstraße hinein in das Gental führt. Falls Sie das Tal auf dem Höhenweg abwandern möchten, biegen Sie links in die Straße ein und gehen sie bis unter die Felsabstürze aus. Auf 1.370 m.ü.M. zweigt rechts der Bergweg Richtung Hinderarni ab, der Sie auf nahezu gleichbleibender Höhe ein enormes Stück, fast 8 km, bis zur Baumgartenalp (1.702 m.ü.M.) bringt. Am Zusammenstoß des Wanderwegs mit dem Fahrweg, d.h. ca. 750 m vor der Alm, vereinigen Sie sich wieder mit der Hauptroute und gehen ab der Kehre die letzten Meter aufwärts.

Falls Sie das Tal lieber am Grund ausgehen möchten, biegen Sie rechts in die Straße ein und haben nach ca. 2 km bei der Gentalhütten (1.220 m.ü.M.) die Möglichkeit einer Rast und eines Käsekaufs. Kaum ansteigend, bringt Sie der Weg dann bis zu einer Ansammlung von Höfen (Schwarzental, 1.369 m.ü.M.). Etwa 400 m dahinter durchgehen Sie eine Serpentine. Auf dem folgenden, geraden Straßenstück verlassen Sie die Straße links für den Fahrweg zur Baumgartenalp. Der Abzweig ist mit einem Holzschild markiert und startet bei 1.470 m.ü.M.

Von der Baumgartenalp bis zum Jochpaß

Hinter der Alp nehmen Sie den linken Weg zur Tannalp und dem gleichnamigen See. Ca. 1,7 km gehen Sie nach Ostnordost, bevor Sie in engen Windungen über den Kamm des Höfli steigen. Beim einzigen Abzweig halten Sie sich rechts. Hinter dem Kamm betreten Sie die Hochebene der Tannalp-Melchsee-Frutt, welche zwischen den Gipfeln der höchsten Innerschweizer- und Berner Alpen gelegen ist. Aufgrund der Kesselsituation und der großen Höhe ist die Ebene eine der wenigen Gegenden in Europa, in der es nachts noch einen ungetrübten und dunklen Sternenhimmel zu bewundern gibt. Im Sommer finden hier regelmäßig Treffen von Sternenfreunden statt.

Durch die Karstlandschaft gehen Sie generell nördlich; die Tannalp (1.974 m.ü.M.) ist unverkennbar durch ihre Kapelle mit einer einzelnen Glocke im schablonenartigen Türmchen an der linken Gebäudeseite.

Zwischen der Kapelle und dem rechts liegenden Gasthof führt Sie der Weg weiter zum See. Sie können den Tannensee in einem Abstecher ganz umrunden, indem Sie hinten am Westende über den Deich auf die andere Seite wechseln. Dort haben Sie auch Aussicht auf einen Zipfel des unterhalb liegenden Melchsees.

Die gesamte umliegende, von der Schweizerischen Akademie für Naturwissenschaften als »Geotop von nationaler Bedeutung« eingestufte Gegend ist seit Ende 2003 bedroht. Durch das seitdem von verschiedenen Bergbahngesellschaften ins Auge gefaßte Projekt »Schneeparadies Hasliberg-Titlis« sollen zwischen Melchsee-Frutt und Jochpaß mindestens zehn Transportanlagen und 38 km Piste neu eingerichtet werden. Um attraktive Abfahrten zu bieten, sind Erdbewegungen und Sprengungen nötig. Abgesehen von den Konsequenzen für Flora und Fauna wäre das auch für den Sommertourismus fatal. Denn wer wandert schon gerne auf »bahnbrechenden« Traversen und entlang von Liftsäulen? Gegen die Pläne hat sich im Februar 2004 die Interessengemeinschaft Pro Frutt-Engstlenalp

Von Meiringen nach Engelberg 51

Ort	m.ü.M.	Std.	km	km ges.
Willigen	621	0	0,0	0,0
Syten	1.023	1 1/2	5,4	5,4
Einmündung Gental	1.200	3/4	2,0	7,4
Gentalhütten	1.220	1/2	2,6	10,0
Abz. Baumgartenalp	1.470	1	4,4	14,4
Höfi (Kamm)	1.960	1 1/4	3,8	18,2
Tannalp	1.974	1/2	1,1	19,3
Engstlenalp	1.835	3/4	2,0	21,3
Hotel Engstlenalp	1.840	1/4	0,3	21,6
Engstlensee	1.850	1/4	0,5	22,1
Jochpaß	2.207	1 1/4	3,6	25,7
Ober Trüeb	1.750	3/4	1,8	27,4
Abzweig Sädelboden	1.438	1	3,1	30,5
Jungholz	1.250	1/4	0,8	31,3
Engelberg/Aaufer	996	1	3,3	34,5

mit dem Ziel gebildet, die vielfältige und einmalige Naturlandschaft zu erhalten. Ob das »Schneeparadies« allerdings vollständig aus den Entwürfen der Bergbahngesellschaften gestrichen werden wird, wie es die Interessengemeinschaft fordert, ist trotz 10.000 Unterschriften, die bisher gegen das Projekt gesammelt wurden, eher unwahrscheinlich.

Verlassen Sie die Tannalp auf demselben Weg, den Sie gekommen sind, doch nehmen Sie ca. 300 m nach der Schranke den Abzweig links zur Engstlenalp (1.835 m.ü.M.), die in einer Moränenlandschaft mit alten Arven gelegen ist. Auf dem Weg Richtung See kommen Sie rechts am Hotel Engstlenalp vorbei, einem weiteren Monumentalbau aus der Frühzeit des Alpinismus, wo Sie auch heute noch einkehren und übernachten können. In der Nähe des Hotels befindet sich eine rhythmisch pulsierende Quelle, der sogenannte »Wunderbrunnen«, der seit langem eine Attraktion ist. Schon Gottlieb Siegmund Gruner schreibt in seinen *Reisen durch die merkwürdigsten Gegenden Helvetiens* (1778), daß von dem Brunnen »die alten Schriftsteller viel

Käseverkauf Gental

Wesens gemacht haben, da er, als ein besonderes Wunder der Vorsorge nur des Morgens und des Abends fließe, wenn das Vieh daselbst zur Tränke ankomme ...« Gruner selbst findet an dem Brunnen nicht viel: Sein Lauf sei genau genommen doppelt periodisch, denn er fange je nach Schneeschmelze »im May an« und dauere »ungefähr bis Mitten Augusts«, beginne dabei täglich »um vier Uhr des Abends« und dauere »bis ungefähr um 8 des Morgens.« Doch dabei sei er »veränderlich«, so daß man kaum die Uhr nach ihm stellen könne, und »bald bleibt er völlig aus.« Der Grund für das Pulsieren war Gruner wie uns Heutigen bekannt: Die Speisung erfolgt aus einem Becken für die Schneeschmelze.

Vom Hotel aus gehen Sie auf dem letzten Stück Straße bis zum Parkplatz, um dort den Wegweisern zum Engstlensee (1.850 m.ü.M.) zu folgen, einem der größten Bergseen der Berner Alpen. Auf dem Weg dahin passieren Sie einmal mehr einen Moränenrücken mit Arven; neben einer von ihr steht ein größerer, pyramidaler Stein. Mit 27 Mikroröntgen pro Stunde ist hier die natürliche Radioaktivität besonders hoch, was unter anderem dazu geführt hat, daß die Stelle in das Buch *Orte der Kraft in der Schweiz* aufgenommen wurde. Ihrem Kompaß sollten Sie bis zum See-Ende besser nicht trauen: Aus bisher unerfindlichen Gründen ist er in dieser Gegend desorientiert.

Am Seeufer gehen Sie links entlang und können dabei am seitlichen Zufluß Ihre Trinkwasservorräte auffrischen. Vor sich erkennen Sie die Talstation der Sesselliftbahn auf den Jochpaß. Im letzten Drittel entfernt sich Ihr Weg vom See; die Paßroute geht beim Abzweig links ab (bei ca. 1.900 m.ü.M.). Nach dem Aufstieg an der Flanke des Saumbodens unterqueren Sie den Lift und setzen schließlich parallel bis zur Bergstation und dem dahinterliegenden Berggasthaus auf 2.207 m.ü.M. fort.

Vom Jochpaß bis nach Engelberg

»Käse gegen Wein« – dieser Devise verdankt der Jochpaß historisch seine Bedeutung. Haupthandelspartner von Engelberg wurde ab dem 17. Jahrhundert das Wallis. Die Alternative zum Jochpaß bildete zusammen mit dem Grimselpaß das gleichnamige Hospiz, wohin die Walliser ihren Wein brachten und man den Tausch gleich vor Ort vollzog.

Vom Jochpaß steigen Sie über die Grasnase bis auf ca. 1.780 m.ü.M. ab und gehen dann den Abzweig links zur Talstation des Liftes. Ab der Station halten Sie auf den Trübenbach zu und gehen in dessen Tal (Ober Trüeb) für gut 2 km am linken Ufer bis zum Sädelboden (1.438 m.ü.M.). Am Ende des zunehmend steileren Abstiegs überqueren Sie einen Steg und gehen dann auf dem Wanderweg weiter, der unmittelbar nach dem Steg auf der linken Seite startet. Dabei halten Sie sich erst nördlich, dann nordöstlich Richtung Jungholz. Hier treffen Sie auf das Gasthaus am Ortsausgang, das bei einer Serpentine der Landstraße liegt. Rechts vom Gasthaus können Sie durch die Wiese abkürzen, wobei Sie die untere Spitzkehre der Landstraße schneiden und dann am Waldrand hinauf bis zu der gut sichtbaren Spitzkehre gehen, von der die Bergstraße nach Engelberg abzweigt. Ihr folgen Sie bis vor die Talstation der Gerschnialpbahn bei der Uferpromenade der Engelberger Aa. Über die rechts liegende Brücke gelangen Sie in das Stadtzentrum.

8 Von Engelberg nach Seedorf/Altdorf

Auf einer schattigen Promenade entlang der Engelberger Aa gelangen Sie bis zum Nieder Surenen mit dem weithin bekannten Restaurant Alpenrösli. Am naturbelassenen und vollkommen unverbauten Stierenbach, der seinen Namen der Sage verdankt, steigen Sie durch eines der längsten Alptäler der Schweiz zur Blackenalp mit ihrer winzigen Kapelle. Nicht steil, doch mit kontinuierlichem Höhengewinn kommen Sie auf den Surenenpaß, in dessen Nähe Sie in einer offenen Schutzhütte übernachten können. Auf dem Geißrüggen und um den Gibelstock bieten sich Ihnen Panoramaaussichten in Richtung Attinghausen. Nach einem schwierigeren (weil überwachsenen) Abstieg zum Distleren kommen Sie auf zunehmend besserem Weg durch einen naturbelassenen Tunnel zur ersten Aussicht auf Altdorf und den Urnersee.

Markierungen: Gelbe Schilder mit schwarzer Schrift, Farbmarkierungen weiß-rot-weiß, nicht durchgängig. **Karten**: Landeskarte der Schweiz 1:25.000 »Engelberg« (Nr. 1191). **Unterkünfte**: Engelberg, Blackenalp, Schutzhütte am Surenenpaß (Selbstversorger, offen), Altdorf. Anschluß an das Netz der **SBB**: Engelberg und Altdorf. **Tagesetappen**: 2 Tage: E.-Blackenalp (4,5 Std.), Blackenalp-A. (7,5 Std.), 2 Tage: E.-Schutzhütte am Surenenpaß (6 Std.), Schutzhütte am Surenenpaß-A. (6 Std.).

Von Engelberg auf den Surenenpaß

I. I. Leuthys Lob auf die Engelberger Gegend liest sich wie ein Werbetext: »Waldungen und Alpenweiden, malerische Wasserfälle, die auf grünen Wiesen zerstreuten, friedlichen Hütten und darüber das Klostergebäude, bilden ein erhebendes Ganzes. Herrliche Beleuchtung der Gebirge im Glanze der Morgen- und Abendsonne« (1840). Doch ab 1960 erlebte das Dorf einen Bauboom, der es zu einer gesichtslosen Stadt in den Bergen machte. Zurückzuführen ist das auf Engelbergs günstige Lage zwischen den verschiedenen Schweizer Metropolen: dreißig Minuten sind es von hier mit dem Auto bis Luzern, siebzig Minuten bis Zürich und neunzig bis Basel. Auch der Titlis, der Hausberg und das Wahrzeichen der Stadt, hat im Lauf der Jahrhunderte dasjenige eingebüßt, was ihn einst so berühmt machte: seine blauschillernde Eishaube, die den Gipfel ganz umhüllte und ihm den Ruf der Unbesteigbarkeit verlieh.

Von Engelberg nach Seedorf/Altdorf

Statt Idylle ist in Engelberg heute »alles möglich«: Abfahrts- und Langlaufski, Mountainbike-, Kletter- und Trekkingtouren, Wandern, nicht zuletzt aber Golf auf einem 2003 zur Turnierfähigkeit erweiterten Platz. Wer den weltlichen Betrieb meidet, sieht Engelberg als Durchgangsübel, oder er flieht. Davon kann auch das Benediktinerkloster berichten, das nach einem personellen Höchststand im Jahr 1951 (129 Priester- und Laienmönche) im Jahr 1998 mit nur noch 47 Personen belegt war.

»Einige Schriftsteller«, so schreibt Gruner in seinen *Reisen* 1778, haben den Titlis »zwar als unbesteigbar bezeichnet, doch der Herr Prälat war oben und hat eine Fahne gepflanzt ...« Vielleicht ist es ja das, was heute fehlt: Ein Mönch auf dem Titlis, der in einer neuen Bergpredigt zur Besinnung mahnt.

Nehmen Sie die Straße am Kopf des Bahnhofs und gehen Sie südlich in Richtung Aa, um den Fluß auf der Brücke zu überqueren. Danach folgen Sie den Wegweisern linker Hand über die stille, abgelegene Promenade. Schon jetzt ist das Ziel dieses Abschnitts, der Surenenpaß, ausgeschildert. In relativer Nähe zum Wasser kommen Sie erst am Camping- dann am Golfplatz vorbei, an dessen Ende Sie der breite Weg in den Wald hinein und dann auf die andere Seite des Tales führt. Bei 1.084 m.ü.M. überqueren Sie die Brücke zum Herrenrütiboden, wonach Sie bequem auf dem Fahrweg mit dem Aufstieg beginnen. Am Ende des Fahrweges halten Sie sich möglichst dicht bei der Aa und bleiben, um Kondition zu sparen, auf der linken Seite. Spätestens ab dem treppenartigen Pfad vor dem Leitistein wird der Ausflugsbetrieb weniger.

Über die beiden Ausflugshütten Alpenrösli (1.258 m.ü.M.) und Stäfeli (1.393 m.ü.M.) gelangen Sie in das stille, innere Surenental. Der Wasserlauf rechts heißt nun Stierenbach und verdankt seinen Namen der Sage: Vor vielen hundert Jahren gehörte die Alp den Engelbergern; ein Knabe hütete dort die Schafe. Als er nach Ursern ging, um Tierhäute zu tauschen, da wollte es der Zufall, daß ihm ein fremder Händler mit Lämmern aus dem Welschland begegnete, die so schön waren, wie der Junge sie noch nie gesehen hatte. Inständig bat er den Händler, ihm eines zu schenken. Nach vielem Hin und Her einigte man sich, daß der Knabe ein Lamm bekommen sollte, wenn er vor dem Händler auf Knien einen Rosenkranz betete.

Der Tausch ward vollzogen und der Knabe kehrte selig auf die Alp zurück. Mit jedem Tag wuchs nun seine Liebe zu dem Lamm. Er begann mit ihm zu essen und zu trinken; nachts schlief er neben ihm, und schließlich kam er auf die Idee, daß das Tier, weil es für ihn wie ein Mensch geworden war, auch getauft werden müsse. Bei der nächsten Gelegenheit trug er es nach Attinghausen in die Kirche, um es heimlich mit Weihwasser zu beträufeln. Doch kaum daß der Frevel vollzogen war, suchte ein Unwetter die Alp heim und zertrümmerte dem Knaben die Hütte. Zugleich verwandelte sich das Lamm in ein Untier, das den jungen Hirten zu Tode trat und die Schande mit dessen Blut rächte.

Wegen des Gespenstes auf der Alp, das weder Menschen noch Tiere duldete, verleidete den Engelbergern ihr Besitz. Sie traten ihn an die Urner ab. Denen kam nach einiger Zeit ein fremdes Männlein zu Hilfe: Um das Greiss, wie das Untier nun hieß, zu besiegen, so riet das Männlein im Austausch gegen zwei Becher Rotwein, müsse man ein weißes Stierkalb sieben Jahre lang ein jedes Jahr an einer anderen Kuh säugen. Danach solle der junge Stier von einer Jungfrau auf die Alp geführt werden. Doch dürfe hiervon, auf daß der Zauber gelöst werde, keine Menschenseele Zeuge sein. Die Urner taten wie geheißen, waren aber neugierig: Sie folgten der Jungfrau auf die Alp und versteckten sich hinter einem Felsvorsprung. Gespannt erwartete man dort die nächsten Ereignisse: »Schreckliches Gebrüll wurde vernommen und eine die Sonne verfinsternde Rauchsäule stieg auf. Die weißen Gewande der Jungfrau flogen an einem Felsen herum, danach herrschte tiefe Stille. Der Rauch schwand.« Als die Urner sich vorwagten, fehlte von der Jungfrau jede Spur. Das Greiss lag zerschmettert auf der Wiese. Der riesige Stier befand sich tot im Alpbach. Er hatte, wie die Urner vermuteten, nach der Kampfeshitze zu schnell von dem kalten Wasser getrunken. Seitdem heißt der Alpbach »Stierenbach«, und von der Tierleiche hat man das berühmte Schlachthorn, den sogenannten »Uristier« genommen. Der mächtige Stier ist Teil des Urner Wappens.

Am Stäuber, einem kleineren Wasserfall weiter ober-

Blackenalp, Kapelle

halb, erwartet Sie eine Steilpassage, die Sie auf 1.600 m.ü.M. und an den Anfang der Blackenalp bringt. Nach ca. 1,5 km sehen Sie links auf dem Hügel das winzige »Chappelli«. Das Gebäude der Alp (1770 m.ü.M.), wo Sie übernachten können, liegt rechts um den Hang des Bielen.

Der nachfolgende Wegabschnitt zum Paß ist nicht besonders steil, steigt aber stetig. Er ist eindeutig markiert. Kurz vor der Paßhöhe erreichen Sie eine offene Schutzhütte, in der Sie als Selbstversorger unterkommen können; ein Eintrag ins Hüttenbuch genügt. Spätestens bei der Blackenalp sollten Sie sich in diesem Fall mit genügend Trinkwasser ausstatten und sicherheitshalber auch noch einmal nach dem Zustand der Hütte fragen.

Vom Surenenpaß bis nach Seedorf/Altdorf

Vom Paß (2.291 m.ü.M.) steigen Sie die ersten ca. 100 Höhenmeter in nordöstlicher Richtung zur Mitte des Talkessels ab, halten sich dann strikt links und gehen horizontal auf das Schneefeld unterhalb des Brunnistocks zu (dies ist der Gipfel östlich des Blackenstocks, dessen Felsgrat als Ausläufer den Surenenpaß bildet). Queren Sie das Schneefeld wie üblich, indem Sie die Spuren Ihrer Vorgänger nutzen, und steigen Sie danach durch das Geröllfeld bis zu den Wegweisern beim Angistock. Nach einer kleinen Nordkehre setzen Sie auf einem

Blackenalp

schönen Kammabschnitt über den Geißrüggen fort, dessen letzten Gipfel (ca. 1 km nach dem Ende der Kehre) Sie rechts liegenlassen. Beim Abzweig auf dem Abstieg halten Sie sich links Richtung Chli Laucheren, setzen beim Hof (namenlos, 1.810 m.ü.M.) nordöstlich und rechts, d.h. auf Ihrer Seite des Gibelstocks auf dem schmalen und steinigen Wirtschaftsweg fort. Für die nächsten fast 2 km bis zum Hof Seewliberg (1.628 m.ü.M.) bieten sich Ihnen herrliche Aussichten auf das Tal von Attinghausen und die gegenüberliegenden Gipfel. Am Hof umgehen Sie die Nase des Gibelstocks auf dem linken, oberen Abzweig und folgen dem schmalen Fahrweg bis zu seinem Ende bzw. dem Übergang in einen überwachsenen Steig. Südwestlich vor sich, am Ende des Talbodens des Gitschitals sehen Sie jetzt bereits die Alp Distleren (1.526 m.ü.M.), an der Sie sich für den nun folgenden Abstieg über Wegreste orientieren. Spuren, die Sie in der Richtung bestätigen, finden Sie meistens in Nähe der kleinen Wasserläufe. Halten Sie generell die Höhe und steigen Sie erst zuletzt, wenn Sie aus den Waldstükken heraus sind und auch den letzten Wasserlauf hinter sich haben, durch die Wiesen zur Alp hin ab.

Als Ausgleich für den anstrengenden Abstieg erwartet Sie bei der Alp ein Brunnen mit Trinkwasser. Auf dem Zufahrtsweg überqueren Sie den Bach und beginnen auf dessen linker Seite den Abstieg durch den Gitschitaler Boden. Nach eindreiviertel Kilometern beginnt der Asphaltbelag. Über den Wald und kleinere Matten hinweg öffnet sich das Tal zusehends Richtung Seedorf. Im unteren Teil kommen Sie an den Eingang eines naturbelassenen Tunnels: Neben der Einfahrt ist ein Schalter, den Sie drücken müssen, um für die Durchquerung Licht zu bekommen. Falls die großzügig bemessene Schaltzeit doch nicht aus-

Von Engelberg nach Seedorf/Altdorf

Ort	m.ü.M.	Std.	km	km ges.
Engelberg/Aaufer	996	0	0,0	0,0
Brücke Herrenrütiboden	1.084	1 1/4	5,3	5,3
Alpenrösli	1.258	3/4	2,8	8,0
Stäfeli	1.393	1/2	1,3	9,3
Blackenalp (Hütte)	1.770	1 3/4	3,5	12,8
Surenenpaß	2.291	1 3/4	3,3	16,0
Wegweiser Angistock	2.044	1/2	1,4	17,4
Hof Chli Laucheren	1.810	3/4	2,5	19,9
Seewliberg	1.628	3/4	2,2	22,1
Distleren	1.526	1	2,7	24,8
Tunneleingang	981	1 3/4	3,8	28,6
Bodenwald	500	1	3,3	31,9
Seedorf	440	1/4	0,5	32,4
Altdorf	440	1/2	2,0	34,4

reichen sollte, gibt es in der Mitte des Tunnels noch einen Notschalter. Bis dahin bzw. bei einem Stromausfall können Sie eines der Handseile entlang der Tunnelwände benutzen. Etwa fünfhundert Meter hinter dem Tunnelausgang öffnet sich der Blick auf den Urnersee.

Rechts neben den ersten Straßenserpentinen ins Tal finden Sie noch eine andere Selbstversorgerhütte, die etwas größer ist als diejenige neben dem Surenenpaß, aber wenig schön gelegen und wiederum ohne Trinkwasser, so daß sich eine Übernachtung in ihr kaum lohnt.

Seedorf erreichen Sie am günstigsten, indem Sie die Straße bis hinter die letzte Serpentine ausgehen. Von dem darunterliegenden, geraden Straßenstück zweigt links ein Fußweg ab, der Sie über den Trimmdich-Pfad und die Lichtung im Bodenwald zu den ersten Häusern führt.

Die kürzeste Verbindung nach Altdorf ist leider verkehrsreich. Durchwandern Sie Seedorf auf der Hauptstraße und überqueren Sie mit ihrer Verlängerung die Reuss und die Autobahn. Am anderen Ufer nehmen Sie die Einfahrtstraße rechts, mit der Sie bei der Unterführung am Altdorfer Bahnhof auskommen.

9 Von Altdorf nach Muotathal

Nach einem schattigen und angenehmen Aufstieg durch den Schutzwald von Altdorf durchwandern Sie das Wintersportgebiet um Eggberge. Schon bald lassen Sie die letzten Schilifte hinter sich und gehen durch eine dünnbesiedelte Alpwirtschaft dem Spilauer Stock entgegen. Nach der Kammüberquerung am Hagelstock wird es einsam: Durch die felsige und wilde Spilau sowie die steindurchsetzten Buckelwiesen hinter dem Loch gelangen Sie ins liebliche Goldplangg. Auf privaten Fahrwegen wandern Sie herunter nach Muotathal mit dem Hölloch, einer der größten Naturhöhlen der Welt, die Sie am Ende des Wegabschnittes besichtigen können.

Markierungen: Gelbe Schilder mit schwarzer Schrift, Farbmarkierungen, in den Hochlagen teilweise Stäbe weiß-rot-weiß, auf den Fahrwegen manchmal Holzschilder. **Karten**: Landeskarte der Schweiz 1:25.000 »Muotatal« (Nr. 1172). **Unterkünfte**: Altdorf, Eggberge, Lidernen Hütte, Muotathal. Anschluß an das Netz der **SBB**: Altdorf. **Tagesetappen**: 2 Tage: A.- Lidernen Hütte (8 Std.), Lidernen Hütte-M. (4,5 Std.), 3 Tage: A.-Eggberge (3,5 Std.), Eggberge-Lidernen Hütte (4,5 Std.), Lidernen Hütte-M. (4,5 Std.).

Von Altdorf bis auf den Hagelstock

Altdorf, gelegen »am Fuß des schroffen, aus brüchiger Rauwacke aufgebauten Gruonberges«, ist ein »freundlicher Flecken, geschützt durch den gewaltigen Bannwald.« So heißt es in *Bürgis Sommer in der Schweiz* (1914). Auch heute ist der Wald für das Dorf von vitaler Bedeutung, weswegen einer von insgesamt acht in der Schweiz eingerichteten Lernpfaden »Naturgefahren und Schutzwald« durch ihn hindurchführt. Dieser Pfad bildet – allerdings in umgekehrter Gehrichtung – den ersten Teil Ihres Aufstiegs.

Das bekannte Telldenkmal im Zentrum Altdorfs wurde von Richard Kissling geschaffen und 1895 eingeweiht. Die Euphorie um den Nationalhelden, der hier den legendären Apfelschuß tat, führte auch zur Gründung der Tellspielgesellschaft, welche das Schauspiel Schillers bis heute alle vier Jahre in Altdorf aufführt. Etwas von Tells Charakter muß sich auch auf die Altdorfer übertragen haben, denn *Murray's Foreign Handbook* bezeichnet sie als »die besten Menschen der Schweiz.«

Von der Bahnhofstraße gehen Sie links (d.h. nördlich) in die Tellgasse und biegen von ihr rechts Richtung Berg in die Vogelsanggasse ab. An deren Ende steigen Sie ein paar kurze Serpentinen, um unmittelbar danach den Abzweig schräg rechts den Hang hinauf zu nehmen, der Sie auf den Lernpfad »Schutz-Wald-Mensch« bringt. Diesem Pfad folgen Sie in umgekehrter Gehrichtung bis zur Bergstation Eggberge. Abzüglich der unteren Geraden, die Sie abgeschnitten haben, sind dies ca. 7 km, auf denen Sie rund tausend Höhenmeter überwinden.

Telldenkmal in Altdorf

Hinter der Bergstation (1.446 m.ü.M.) nehmen Sie den Pfad rechts von der Kapelle und schräg den Hang hinauf bis zum Schilift hinter den Ferienalm-Hütten von Schattigen Bergen (1.502 m.ü.M.). Ausgeschildert ist nun zumeist der Hundstock. In einem weitgezogenen Zickzack folgen Sie den Wegabschnitten unter dem Lift hindurch bis zu dessen Ende, wo Sie zwischen zwei Waldstreifen und auf gutem Weg durch die Rossgrueben fortsetzen können. Nach einer Linksbiegung erreichen Sie den See Groß Flesch (ebenfalls ausgeschildert) mit ein paar Bänken und einem Picknickplatz. Nehmen Sie hier den Pfad auf der linken Seite, um am Abzweig oberhalb des Sees weiter links – nördlich – nach Chalberweid (1.816 m.ü.M.) zu gehen, wo Sie dicht vor der kleinen Almhütte noch einmal den linken Pfad nehmen; der Weg zum Hof führt rechts den Hang hinauf. Durch ein stilles Tal gelangen Sie zum bergigen Abschnitt hinter Ober Ochsenbiel. Folgen Sie den Wegweisern und den Markierungen nach Schön Chulm (2.041 m.ü.M.). Kurz hinter dem ersten Kamm müssen Sie dafür rechts ab. Dann setzen Sie durch die Alpwiesen fort.

Auch nach der Alp halten Sie sich links vom Kamm und gelangen in einer Ostnordkehre zum Wegweiser beim Hagelstock (2.138 m.ü.M.), dem höchsten Punkt dieses Wegabschnitts.

Vom Hagelstock bis zur Lidernen Hütte

Über den Hochpunkt am Kamm setzen Sie geradeaus fort, um durch die Hochwiesen in die Spilau abzusteigen. Nach dem ersten Steilstück auf Schutt führt Sie der Weg in einer U-Kehre (meist mit Stäben weiß-rot-weiß markiert) erst südlich und dann nördlich bis zum Beginn des Zuflusses in den Spilauer See. Von der Au sehen Sie auf dem steinigen Abschnitt entlang des Wasserlaufs nur den oberen Stallbau Alt Stafel (1.976 m.ü.M.), an dem Sie aber nicht vorbeikommen. Links des Wassers gelangen Sie stattdessen zur Alp an der Nordwestbucht des Sees (1.897 m.ü.M.), wo ein schmaler Wirtschaftsweg beginnt. Ähnlich wild und der Natur abgetrotzt wie die Spilau sind auch die Hochweiden um das Loch, die Sie auf den nächsten 750 m sehen werden. Hinter dem Zaun am Ende des Talkessels folgen Sie dem Wegweiser und halten sich bei den beiden Abzweigen jeweils rechts zur Lidernen Hütte. Der Pfad wird nun wieder steiniger, hält aber weitgehend die Höhe. Am nächsten Alphof, der Abendweid (ca. 1.730 m.ü.M.) knickt er nordöstlich ab. Von da bis zur SAC-Hütte sind es noch ca. zehn bis fünfzehn Minuten.

Beliebt ist die Lidernen Hütte (1.727 m.ü.M.) nicht nur als Ausgangspunkt für Wander- und Klettertouren, sondern auch wegen ihrer besonderen Küche. Als Goût Mieux bezeichnet man Gerichte, deren Zutaten aus biologischem Anbau und der nächsten Umgebung stammen: Käse und Fleisch von der benachbarten Alp, das Gemüse aus der Region und strikt nach Saison. Ein oder zweimal im Jahr veranstaltet die Hütte unter diesem Zeichen eine Art »Fine Dining« für Wanderer mit stilvoll gedeckten Tischen und Kerzenlicht. Die Termine findet man im Internet auf der Webseite lidernenhuette.ch.

Von der Lidernen Hütte bis nach Muotathal/Hinterthal

An der Hütte vorbei gehen Sie den markierten Weg oberhalb des Waldes zum Goldplangg. Bis ca. 1.100 m nach dem nächsten Alphof (namenlos, 1.670 m.ü.M.) halten Sie sich auf einer Höhe und orientieren sich in Zweifelsfällen an jenen Stellen, die erodiert oder an Viehspuren erkennbar sind. Der Weg ist immer noch steinig und erfordert mit Gepäck einen sauberen Schritt. Hinter einer Felsnase (1.673 m.ü.M.) beginnt der Abstieg ins Tal, der Sie rund 140 Höhenmeter tiefer zu den Windungen ins Schluchen führt. An dessen Ausgang, dem Höchi (1.487 m.ü.M.), gehen Sie nach der Überquerung des Baches links und setzen dicht über dem Talboden zur Fönenhütte (1.439 m.ü.M.) fort, wonach der Fahrweg beginnt. Auf der weiterhin ruhigen Strecke überqueren Sie nach ca. 1,5 km noch einmal den Bach. Innerhalb der nächsten paar hundert Meter verlassen Sie das Tal dann nach rechts auf dem Hang oberhalb von Muotathal. Sofern Sie nicht ins Zentrum, sondern zum Hölloch am östlichen Ende möchten, nehmen Sie an der nächsten, vierarmigen Kreuzung den linken und gleich danach den rechten Abzweig, der Sie zu einer Ausweiche mit ein paar Bänken führt. (Links davon ist noch einmal ein steiler Abstieg direkt nach Muotathal.) Gehen Sie den Wirtschaftsweg rechts bis zum Ende aus, schneiden Sie die erste Serpentine der Schotterstraße auf ca. 850 m.ü.M. rechts durch den Wald ab und wandern Sie danach wieder links auf dem Schotter über den Hüribach und durch die Wiesen herunter bis zur Brücke über die Muota. Um zum Hölloch zu kommen, überqueren Sie die Brücke und folgen den Schildern entlang der Paßstraße zum Pragel. Wenige Minuten später sehen Sie links einen hölzernen Kiosk, wo Sie geführte Touren buchen können. (Kurzführungen von etwa einer Stunde im Sommer: Mittwoch-Sonntag um 10.00, 13.00 und 15.30.) Der Weg zum Höhleneingang führt zwischen Kiosk und Straße bis vor einen Steg in die Höllschlucht. Im Gegensatz zum

Ort	m.ü.M.	Std.	km	km ges.
Altdorf	440	0	0,0	0,0
Bergstation Eggberge	1.446	3 1/2	8,0	8,0
Gross Flesch	1.812	1 1/2	2,8	10,8
Chalberweid	1.816	1/4	0,5	11,3
Schön Chulm	2.041	1	1,1	12,4
Hagelstock (Paß)	2.138	1/4	0,7	13,1
Alp am Spilauer See	1.897	3/4	1,3	14,4
Abz. im Loch	1.810	1/4	0,7	15,1
Lidernen Hütte	1.727	1/4	1,0	16,1
Einstieg Schluchen	1.673	1 1/4	2,4	18,5
Höchi	1.487	1/2	0,8	19,3
Fönenhütte	1.439	1/4	0,9	20,2
Brücke Hüribach	731	1 3/4	5,2	25,4
Brücke Muotatal, Abz. Hölloch	630	1/4	1,1	26,5

Höhlensystem ist der Zugang in die Schlucht kostenlos und ohne Führer möglich.

Die Geschichte des Höllochs beginnt 1875 mit Alois Ulrich, dem Entdecker des unteren Eingangs. Ulrich wollte dem schwankenden Wasserpegel in der Höllschlucht auf den Grund gehen und stieß so per Zufall auf den Anfang des Höhlensystems. Erst nach dem Zweiten Weltkrieg begann die wissenschaftliche Erforschung des Höllochs mit einer eigens zu diesem Zweck gegründeten »Arbeitsgemeinschaft Hölloch« (AGH). 1955 galt das Hölloch als längste Höhle der Welt, bevor es durch die Entdeckung zusätzlicher Eingänge und ausgedehnterer Höhlensysteme in anderen Teilen der Erde schrittweise auf Platz vier der Weltrangliste zurückfiel. Die Führungen werden von sogenannten Höhlensherpas unternommen, die sie ehrenamtlich oder gegen einen geringen Lohn leiten. Von anderthalb Stunden bis zu mehreren Tagen oder sogar Wochen ist alles möglich. Zum Spezialangebot zählen Tauch-Exkursionen für Top-Manager, mit denen man unter Extrembedingungen den Teamgeist trainieren kann.

10 Von Muotathal nach Glarus

In einer landschaftlich schönen Alternative zur Paßstraße steigen Sie unterhalb der Heubrigsflue zum Pragelpaß mit seiner traditionsreichen, mausgrauen Kapelle auf. Über einen Abstecher in die größte Karstlandschaft der Schweiz kommen Sie um den Bietstock auf den Glarner Teil der Paßstraße, der an Wochenenden für Autos gesperrt ist. Hinter den saftigen Weiden und Alleen von Richisau wandern Sie auf einem stillen Steig am Westufer des Klöntaler Sees bis zu dessen Deich. Von dort gelangen Sie über den Waldweg bis unmittelbar vor das Zentrum von Glarus.

Markierungen: Gelbe Schilder mit schwarzer Schrift, Farbmarkierungen weiß-rot-weiß. **Karten**: Landeskarte der Schweiz 1:25.000 »Muotatal« (Nr. 1172), Landeskarte der Schweiz 1:25.000 »Linthal« (Nr. 1173) und Landeskarte der Schweiz 1:25.000 »Klöntal« (Nr. 1153). **Unterkünfte**: Muotathal, Klöntal/Klöntaler See, Glarus. Anschluß an das Netz der **SBB**: Glarus. **Tagesetappen**: 1 Tag: M.-G. (12 Std.), 2 Tage: M.-Klöntaler See (Campingplatz) (9 Std.), Klöntaler See (Campingplatz)-G. (3 Std.); oder mit dem Postbus (Restauration Plätz) nach Glarus.

Von Muotathal bis auf den Pragelpaß

Über die Grenzen hinaus bekannt ist Muotathal als Heimat der »Schweizer Wetterfrösche«, einer Gruppe von Urschwyzer Weisen, die alljährlich im Frühjahr bauernschlau kundgeben, was der Sommer für Eidgenossen und Besucher des Landes an Witterung bieten wird. Wenn Sie Spaß an einer Zusammenstellung elementarer Wetterfrosch-Weisheiten haben, können Sie in einem etwa einstündigen Abstecher die beiden Promenadenwege zwischen Muota- und Hinterthal abspazieren, wo Sie eine Reihe von Schautafeln in die Geheimnisse der Muotathaler Prognostik samt ihrer wissenschaftlichen Auflösung einführt.

Geschichte gemacht hat die Paßstraße über den Pragel: Schon 1766 kamen Gesandte von Schwyz nach Glarus, um über den Bau zu verhandeln. Den Glarnern war eine solche Straße unpäßlich, weshalb die Bemühungen wie viele spätere scheiterten. Erst der Zweite Weltkrieg brachte die Wende: Nun trieben die Glarner den Bau bis zur Kantonsgrenze voran. Hingegen fehlten den Schwyzern wegen der

Muotathal

wirtschaftlichen Depression nach 1945 die Mittel, sodaß das fertiggestellte Stück der Glarner über zwanzig Jahre eine Sackgasse blieb. Für die Schwyzer sprang endlich das Militär ein. Doch kaum war die Straße 1974 fertiggestellt, forderten die Glarner für ihre Seite ein Fahrverbot, weil sie wegen des anwachsenden Verkehrs um ihr Erholungsgebiet am Klöntaler See fürchteten. Der sich entzündende Streit ging bis vor das Bundesgericht, das den Glarnern 1981 mit der Wochenend-Regelung Recht gab.

Von der Brücke im Ortsteil Hinterthal folgen Sie dem Wegweiser »Hölloch« auf die Paßstraße, gehen jedoch 500 m weiter bei den letzten Häusern von Stalden geradeaus auf den Wirtschaftsweg ab. (Hier nicht den Wanderweg nehmen bzw. nicht seiner Beschilderung folgen, da der Weg völlig zugewachsen ist.) Nach der ersten Brücke bleiben Sie auf der rechten Seite des Baches und steigen auf dem Fahrweg über die Höfe Unter Stutz (ca. 700 m.ü.M.) und Egg (798 m.ü.M.) bis zum Wegkreuz auf 901 m.ü.M. an der breiteren Fahrstraße auf. Die Straße gehen Sie bis über den Bach und nehmen ca. 50 m danach den Abschneider links durch den Wald. Am T-Abzweig gehen Sie rechts und kommen so an das Ende der Straße, wo Sie geradeaus in Richtung des schönen Almhauses von Schafmatt (ca. 1.060 m.ü.M.) fortsetzen. Wenige hundert Meter dahinter gehen Sie am Abzweig geradeaus. Am Bruch durch das Schluecht beginnt dann ein interessanter Treppenweg aus Schieferplatten, der Sie bis zum Oberlauf des Starzlen bringt. Nach der Querung des Flußbettes müssen Sie für wenige Meter weiter stromauf (wichtig!), um dann links in einer U-Kehre in ein Waldstück zu steigen. Den Wald durchqueren Sie – teilweise am unteren Rand – in genau östlicher

Richtung. Hinter einem Viehzaun blicken Sie über offene Hochwiesen und sehen den Rundrücken des Silberen rechts vor sich am Horizont.

Von links her nähert sich Ihr Weg nun allmählich wieder einer Fahrstraße, auf die Sie nach insgesamt ca. 500 m und der Überquerung eines kleinen Steges im Wald gelangen. Biegen Sie links ein und verlassen Sie die Straße gleich wieder auf einem Wirtschaftsweg, der sich rechter Hand des Starzlen entlangschlängelt. Aus dem stillen Fläschenwald kommen Sie in den offenen Guetentalboden, wo Sie hinter der Kurve am rechten Hang das Naturfreundehaus sehen. Für den letzten Teil des Anstieges überqueren Sie die Brücke und setzen Ihren Weg nach dem Ende des Fahrweges bei der letzten Alp (namenlos, 1.297 m.ü.M.) mit dem Bergpfad Richtung Pragelpaß fort. Die Markierungen sind nun eindeutig – am einzigen Abzweig gehen Sie links –, und auf der Paßhöhe sehen Sie zuletzt die kleine Kapelle (1.543 m.ü.M.), sowie in deren Nähe die Paßwirtschaft, wo Sie eine Stärkung zu sich nehmen und Käse kaufen können.

»Treppenweg« im Schluecht

Vom Pragelpaß bis zum Klöntaler See

Der Pragelpaß ist einer der kleineren Pässe der Schweiz, »flach und ohne Aussicht«, wie es in *Murray's Foreign Handbook* heißt. Beliebt war und ist er aber wegen seines großartigen Umfeldes, neuerdings aufgrund der Paßstraße auch bei Bikern: Von Hinterthal sind »gnadenlose« 6 km Steigung von 15-20% zu überwinden, abgemildert allein durch den schattenspendenden Wald: »... wer den Pragelpaß nicht fahren muß, sollte es lassen ... und mehr gibt es dazu

Ausstieg aus dem Fläschenwald

nicht zu erzählen«, heißt es in einer der Beschreibungen im Internet, die mit Reiz und Schrecken der Strecke spielen. Unter dem Schlagwort »Mortirolio der Zentralschweiz« gehört die Überwindung per Rad zum Grand Prix Tell, der alljährlich im Sommer ausgetragen wird.

Hinter der Restauration überqueren Sie die Paßstraße und nehmen auf der rechten Seite den Wirtschaftsweg, der schräg in Richtung der Öffnung zum Klöntal den Hang hinauf steigt. Den ebenfalls abzweigenden Bergweg lassen Sie rechts liegen. Nach knapp eindreiviertel Kilometern erreichen Sie die Alp Biet auf 1.732 m.ü.M., die mitten in der eindrucksvollen Karstlandschaft liegt. Nach der Alp umwandern Sie weiter den Bietstock und passieren rechts einen kleinen See, um sich danach hart links am Fels Richtung Alpeli (1.746 m.ü.M.) zu halten. In einer kürzeren, aber sehr steilen Variante können Sie stattdessen auch rechts zur Paßstraße bei Hinter Richisau (1.135 m.ü.M.) absteigen. Angenehmer gestaltet sich Ihr Abstieg via Alpeli Richtung Chälen (1.558 m.ü.M.), wo Sie zur Chlön nur ein paar Serpentinen inmitten von riesigen Kiefern erwarten. Nach der Brücke schwingt sich der Weg wieder zur Paßstraße hinauf, die Sie abwärts bis zum nächsten Wasserlauf nehmen, der die Straße unterquert.

Dieser längere Exkurs lohnt sich auch wegen des schönen, markierten Abschneiders, den Sie nun – beginnend am Wasserlauf – bis Hinter Richisau wandern. In dem von malerischen Wiesenlichtungen durchzogenen Gampeleggen ist es so still und friedlich wie sonst wohl im ganzen Tal nicht. Kurz nach dem Beginn überqueren Sie noch einmal die Straße und trennen sich dann vom Wasser.

Von Muotathal nach Glarus

Ort	m.ü.M.	Std.	km	km ges.
Brücke Muotatal, Abz. Hölloch	630	0	0,0	0,0
Wegkreuz Fahrstraße	901	1	2,2	2,2
Schafmatt	1.060	1/2	1,2	3,4
Abz. Fläschenwald	1.215	1	2,6	6,0
Naturfreundehaus	1.275	1/2	1,2	7,2
Alp, Abz. Bergweg	1.297	1/4	0,4	7,6
Pragelpaß	1.543	1 1/4	3,0	10,6
Biet	1.732	3/4	2,3	12,9
Alpeli	1.746	1/2	1,5	14,4
Chälen	1.558	1/2	1,1	15,5
Richisau	1.200	1 1/4	4,0	19,5
Hinter Klöntal/Klöntaler See	1.000	1 1/4	3,7	23,2
Geßner-Denkmal	850	1	4,5	27,7
Abz. See (Abfluß)	850	1/2	2,5	30,2
Abz. Löntschtobel	669	1	3,1	33,3
Allmeind	691	1/4	0,8	34,0
Glarus	480	1/2	2,6	36,6

Ab Richisau gibt es für die nächsten 2 bzw. 3 km leider keine brauchbare Alternative zur Paßstraße. Sollte der Verkehr zu stark sein, können Sie, bald nachdem sich der Blick auf den Klöntaler See geöffnet hat, d.h. nach den ersten zwei Straßenserpentinen hinunter ins Hinter Klöntal, rechts durch die Weiden ausweichen. In diesem Fall folgen Sie den Wegspuren bis zu einem der Heustadel am Nordwestende der Weiden und gehen von hier am Weidezaun entlang in Richtung des hinteren Steges über den Bach. Schon am Hof Fluriberg, der noch vor dem Steg liegt, treffen Sie auf einen Wirtschaftsweg. Den Steg überqueren Sie nicht, sondern gehen auf Ihrer Seite auf dem Schotterweg an einer Ferienkolonie entlang knapp einen Kilometer in Richtung See. Etwa fünfzig Meter vor der Restauration Plätz (Postbus-Haltestelle, Gartenrestaurant) nehmen Sie rechts über die Chlü den geraden Weg durch die Au bis zum Waldhang. Am Ende beginnt links der Pfad um das Südufer des Klöntaler Sees.

Alternativ gehen Sie auf der Straße weiter bis in die Auen und nehmen zuletzt auf der Geraden zum Seeufer den rechts abzweigenden Weg Richtung Campingplatz. An der nächsten Kreuzung gehen Sie links in Richtung der Restauration Plätz und treffen dahinter auf den geraden Weg zum Waldhang.

Vom Klöntaler See bis nach Glarus

Seinen Ruf verdankt der Klöntaler See den spätromantischen Dichtern und der Münchner Schule, einer Gruppe von Malern, die mit ihm und seiner Umgebung eine »ideale Landschaft« gefunden zu haben glaubten: wild, zerklüftet, ungezähmt – alles Attribute, mit denen sich Natur bis heute hervorragend bewerben läßt. Was ist aber an dem See besonders? Laut seiner Geschichte sind es die Spiegelungen, wie auch der kritische Carl Spitteler in der *Neuen Zürcher Zeitung* zugeben mußte (1890): »Wir besteigen ein Boot ... Allerdings, da unten im Wasser sehen wir das Vreneligärtli so deutlich wie oben in der Luft; jede Linie, jede Farbe, jedes Gehölz des Glärnisch ist genau zu erkennen. Es ist schön; immerhin ertappt man sich über dem Gefühl, man mache vielleicht des Aufhebens allzuviel davon. Der See ist vermöge seiner Kleinheit und Abgeschlossenheit ruhiger als ein anderer; warum sollte er also nicht spiegeln? Das ist gewissermaßen sogar seine Pflicht. ... Überraschend indessen wirkt es, wenn ein anderes Schiffchen vorbeifährt. Eine solche Farbenhelligkeit des Wiederbildes im Wasser hat man nirgends noch gesehen, das bezeugt das unwillkürliche Staunen, das Einen dabei ergreift.«

Der Weg am Südufer entlang ist eindeutig und aufgrund der Nähe zum Wasser nicht zu verfehlen. Genießen Sie das erste Drittel, denn ab der Landzunge beim Schnäggenbüchel, ein paar hundert Meter vor dem Campingplatz Güntlenau, nimmt der Ausflugsbetrieb stark zu. Eine der schönsten Aussichten haben Sie bei der Hälfte des Weges kurz vor dem Geßner-Denkmal; dort steht auch eine Bank.

Salomon Geßner, Züricher Idyllendichter im 18. Jahrhundert, huldigte mit seiner pastellzarten Lyrik ebenfalls einer romantischen Naturauffassung. Wohl nur vor diesem Hintergrund läßt sich das Pathos der Denkmalinschrift verstehen: SALOMON GESSNERN/ WOLLTE DIE NATUR EIN DENKMAL STIFTEN/ UND SIE LIESS HIER SEINEN NAMEN VEREWIGEN. Auch die Einweihung des Steines war über die Maßen kitschig: »Wir sahen einander an, konnten nicht reden; ... jeder hatte Tränen in den Augen; wir fielen einander um den Hals und küßten uns«, beschreibt es der Statthalter Büeler, einer der Initiatoren. Doch Salomon Geßner hat zwar viel von der Schweiz gesehen und vieles bedichtet, nur am Klöntaler See ist er nie gewesen.

Klöntaler See

Hinter dem Campingplatz beginnt die Zufahrtsstraße zum See, auf der Sie bis zum Deich gehen. Hier bleiben Sie auf der Südseite und nehmen den Wanderweg geradeaus hinunter zur Löntsch (Glarus ist ausgeschildert). In mehrmaliger Berührung mit der Straße folgen Sie dem Waldweg bis zur Spitzkehre um den Löntschtobel (669 m.ü.M.); links von Ihnen geht es hier auf eine Brücke. Sie bleiben auf dem Waldweg und nehmen wenige Meter danach den Weg rechts den Hang hinauf, der in der Kehre durch einige Stufen unterbrochen wird. Oben auf der Wiese sehen Sie ein Neubauviertel, das Sie in südöstlicher Richtung durchqueren, um dahinter auf einen schnurgeraden Weg über die Allmeind zu kommen. Diesen Weg gehen Sie ganz durch und biegen an seinem Ende links ein. Auf der Straße gehen Sie vor einem Waldstreifen her bis zur Berglistraße, die Sie rechts nehmen, um danach geradeaus bis zur Landstraße fortzusetzen. Der Linkskurve folgen Sie in die Nähe des Zentrums. Hier wechselt die Straße ihren Namen in Spielhof. Die Altstadt von Glarus liegt nun unmittelbar rechts von Ihnen, Bahnhof und Stadtpark schräg rechts auf den Hang von Ennetbühls zu.

11 Von Glarus nach Flums/Sargans

Während eines anspruchsvollen Aufstieges durch den Hotrisiwald weitet sich Ihre Aussicht zunehmend auf Glarus und das Gebirgspanorama um den Klöntaler See. Über den Kammweg steigen Sie auf das Schwarzstöckli (2.385 m.ü.M.) und hinab ins abgelegene Murgseetal mit seiner Ausflugshütte. Durch satte Blaubeerfelder und weit verstreute Alpen kommen Sie nach dem Widersteiner Furggel zum Wissmilenpaß, dem mit 2.483 m.ü.M. höchsten Punkt dieses Wegabschnitts. Über die SAC-Hütte mit Aussichtsterrasse und Blick auf den Spitzmeilen steigen Sie ins Schlilstal ab und gelangen durch die Steilwiesen hinunter nach Flums. In gut einer Stunde kommen Sie durch das Seeztal nach Sargans.

Markierungen: Gelbe Schilder mit schwarzer Schrift, Farbmarkierungen weiß-rot-weiß, Steintürmchen in den Schuttgebieten, selten Holzschilder. **Karten**: Landeskarte der Schweiz 1:25.000 »Spitzmeilen« (Nr. 1154) und Landeskarte der Schweiz 1:25.000 »Sargans« (Nr. 1155). **Unterkünfte**: Glarus, Berggasthaus Murgsee, Spitzmeilenhütte, Flums, Sargans. Anschluß an das Netz der **SBB**: Glarus, Flums, Sargans. **Tagesetappen**: 2 Tage: G.-Berggasthaus Murgsee (7 Std.), Berggasthaus Murgsee-Flums (11 Std.), 3 Tage: G.-Berggasthaus Murgsee (7 Std.), Berggasthaus Murgsee-Spitzmeilenhütte (7 Std.), Spitzmeilenhütte-S. (7 Std.).

Von Glarus zum Berggasthaus Murgsee

Über verheerende Brände wissen viele Schweizer Städte zu berichten, doch der Fall Glarus ist besonders tragisch. Für Föhnwetterlagen, in denen die Fallwinde die Stadt durchfegen, als kämen sie aus einem Schmelzofen, existierten in Glarus früher strenge Regelungen: Nicht nur private, sondern auch alle gewerblichen Feuer mußten unverzüglich ausgemacht werden. Während des industriellen Aufschwungs im 19. Jahrhundert begann man über eine Abschaffung dieser Regeln nachzudenken, die in der kantonalen Abstimmung von 1861 aber fast einstimmig verhindert wurde. Doch bald darauf herrschte in Glarus wieder einmal Föhn, und der Funke aus einem Ofen, welcher wohl in Protest gegen das konservative Abstimmungsergebnis nicht abgestellt worden war, entfachte ein Großfeuer, dem sämtliche Hauptgebäude der Stadt zum Opfer fielen und bei dem fast 3.000 Menschen obdachlos wurden.

Am Nordende des Bahnhofs verläuft die Ennetbühler Straße. Vom Bahnhof kommend, gehen Sie diese nach rechts und überqueren auf ihr die Linth. Die Straße wechselt nun ihren Namen in Glarnerstraße. Sie biegen links ab in die Dörflistraße, um auf ihr die Serpentine zur rechts verlaufenden Mädlistraße zu steigen. Die Mädlistraße gehen Sie am Hang entlang durch und überqueren auf einer kleinen Brücke den Sturmigerrus. Nach rechts versetzt, aber weiter ansteigend, wandern Sie nun auf einem Bergpfad immer geradeaus bis zu einer ersten Serie von Steilwindungen, dem Chräxler. Oberhalb knickt der Steig rechts ab. Den Markierungen folgend, halten Sie sich beim nächsten Abzweig links. Am T-Kreuz dicht unterhalb der Baumgrenze gehen Sie rechts, wobei der Weg wenige hundert Meter später durch ein Heustadel hindurch (!) führt. Bald danach öffnet sich der Wald und Sie gelangen zur Bergstation des winzigen Personenlifts auf den Bärenboden (ca. 1.440 m.ü.M.). Der Betrieb des Liftes ist saisonal und Fahrtwünsche müssen individuell bei der Talstation in Oberdorf angemeldet werden (Kontakt: (0)55 / 640 81 53). Neben dem Lift befinden sich eine Schützhütte mit Gerät und ein Brunnen. Im Bergpanorama gegenüber erkennen Sie den Ausgang des Klöntals, durch das Sie der vorige Wegabschnitt geführt hat.

Links am Hang steigen Sie weiter bis zu den Hütten des Äugsten (1.499 m.ü.M.), wo sich der Pfad hinter der Steinhütte aufgabelt. Sie nehmen den rechten der drei Abzweige, der Sie dicht um eine Felsnase herum führt. Beim Abzweig wechseln Sie auf den oberen Pfad in die Hochweidenlandschaft beim Heuplanggen (ca. 1.750 m.ü.M.). Nach dem Zickzackkurs durch die Wiesen knickt dieser neue Pfad zum nächsten Plateau links ab. Das Alpeli durchgehen Sie in einer nach Norden geschlossenen U-Schlaufe, und das Kammende, zu dem Sie so hinaufkommen, überqueren Sie schräg nach links. Entlang der Seite des Kammes gehen Sie nun für ca. 1 km bis zum Heustockfurggel auf 2.264 m.ü.M. Hinter ihm passieren Sie einen klei-

Ort	m.ü.M.	Std.	km	km ges.
Glarus	480	0	0,0	0,0
Brücke Sturmigerrus	547	1/2	1,3	1,3
Bärenboden	1.440	2 1/4	3,4	4,7
Äugsten	1.499	1/4	0,3	4,9
Heustockfurggel	2.264	2	3,5	8,4
Schwarzstöckli	2.385	1/2	0,8	9,2
Murgseefurggel	1.985	1/2	1,5	10,7
Berggasthaus Murgsee	1.817	1/2	1,1	11,8
Widersteiner Furggel	2.019	3/4	1,2	13,0
Widersteiner Hüttli	1.831	1/2	0,8	13,8
Abzweig Chalberboden	1.942	1 1/2	3,4	17,2
Lüser-Alp	1.965	1/2	1,7	18,9
Tänzer	2.100	1	2,2	21,1
Wissmilenpaß	2.320	1 1/2	3,9	25,0
Spitzmeilenhütte	2.087	1	2,2	27,2
Sässli	1.927	1/4	0,8	28,0
Lauiboden	1.670	1/2	1,4	29,4
Matossa	1.519	1/4	1,0	30,4
Steinbrugg	1.200	3/4	1,6	32,0
St. Peter	824	2	6,8	38,8
Flums	450	1	2,6	41,4
Sargans	480	2 1/4	9,6	51,0

neren, kargen Kessel, wobei Sie bald den Wegweiser auf dem nächsten Kamm sehen. Zu ihm – er liegt mittig zwischen Heustock und Schwarzstöckli – steigen Sie auf und wandern wieder auf dem Kamm, um so auf den Gipfel des Schwarzstöckli (2.385 m.ü.M.) zu gelangen.

Aus Ihrer Richtung kommend, ist der Steig vom Gipfel herunter nach links versetzt, er hält sich aber generell nördlich. In einer Senke gelangen Sie schräg rechts an einen großen »Steinkuchen«, auf dem die nächsten Abzweige markiert sind.

Hier setzen Sie östlich zum Murgsee und zum Berggasthaus Murgsee fort, wobei nach ca. 250 m der steile Abstieg durch eine Fels-

und Geröllwanne beginnt, die vor dem Murgseefurggel (1.985 m.ü.M.) in einen Grasrücken ausläuft. Spätestens ab dem Furggel können Sie die Alp und auch die Fischerhütte mit dem »Berggasthaus Murgsee« (1.817 m.ü.M.), wo Sie auch übernachten können, inmitten des Doppelsees erkennen.

Murgsee

Vom Berggasthaus Murgsee zur Spitzmeilenhütte

Ursprünglich beherbergte die Fischerhütte Knappen für den Erzabbau. Nachdem der Abbau eingestellt wurde, bildete sie eine Unterkunft für Arbeiter, die am See den Deich errichteten. Mit dem Beginn des Alpentourismus wurden die beiden Murgseen zu beliebten Fischlieferanten, vor allem für Bad Ragaz. Die Hütte wechselte wieder ihre Funktion und bekam als Biwak für Alpenfischer ihren Namen Fischerhütte. Das später hinzugekommene Berggasthaus wird von einem eigenen Wasserkraftwerk mit Strom versorgt. Da dessen Gesamtleistung nur 20 Kilowatt beträgt, sind die gastronomischen Möglichkeiten beschränkt. Abgesehen von frischen Forellen und Wasser erfolgt die Versorgung mit Lebensmitteln und Getränken per Hubschrauber aus der Luft.

Über die Brücke am Abfluß des Oberen Murgsees gehen Sie südlich auf das Widersteiner Furggel (2.019 m.ü.M.) und steigen in derselben Richtung ins Widersteiner Loch ab. Bei der Weggabelung gleich hinter dem Widersteiner Hüttli (1.831 m.ü.M.) gehen Sie links und halten bis zur Brücke am Usserbergli die Höhe. Die Brücke überqueren Sie nicht, sondern nehmen noch vor dem Abstieg in die Bachscharte den linken V-Abzweig, der Sie, an einer

Spitzmeilen

alleinstehenden Hütte vorüber, den Wiesenhang rund hundert Höhenmeter aufwärts führt. Dort knickt der Pfad rechts ab und steigt weiter bis etwas unter 2.000 m.ü.M. Den Abzweig zur obersten Hütte lassen Sie nun links liegen und gehen stattdessen über den Oberlauf des Baches die Hangkehre aus. Am nächsten Abzweig, an dem Sie links gehen, öffnet sich der Blick auf die Alpengegend um die Chalberböden: Horizontal wandern Sie dort für ca. 2 km bis zur großen Lüser-Alp (1.965 m.ü.M.), wofür Sie den ersten und den zweiten Abzweig links nehmen.

Vom Lüser gehen Sie über den nächsten Hof Mülibach-Oberstafel den Rest des Tales aus und beginnen unmittelbar nach der Überquerung des Mülibaches mit dem Aufstieg um einen Felsgrat, der das nördliche Ende der Unteren Chämm bildet. Halten Sie sich hierfür auf der rechten Seite des Baches. Auf der Rückseite der Chämm gelangen Sie auf die Hochwiesen des Tänzers, wo sich Ihr Steig allmählich zu dem nur dünn mit Gras überzogenen Gipsgrat im Osten wendet. Um an dessen Fuß den Einstieg in die Schutt-Serpentinen zu finden, gehen Sie links am Bachbett entlang. Der Steig wird undeutlicher; über sein Ende setzen Sie in der Richtung des Bachlaufes fort, bis Sie auf die Wegspuren im Schutt stoßen. In immer engeren Zickzack-Windungen erreichen Sie schließlich den Wissmilenpaß (2.320 m.ü.M.).

Von der Paßhöhe sehen Sie auf der anderen Seite rechts den kahlen Felsgipfel des Spitzmeilen auf einem mit Schutt überzogenen Sockel. Geradeaus, über das Seeli hinweg, liegt am Ende der Mad winzigklein die Spitzmeilenhütte (2.087 m.ü.M.). Nach dem jenseitigen Schuttfeld und der Passage des unteren Grates (ca. 2.300 m.ü.M.) verläuft der Weg fast durchgängig Ostnordost, wobei Sie die SAC-Hütte meistens vor Augen haben.

Von der Spitzmeilenhütte bis nach Flums/Sargans

Von der Hütte gehen Sie ca. 150 m nordwestlich bis zu einem Wegweiser dicht beim Grat. Auf dem rechten Steig wandern Sie hinunter zum Sässli (1.927 m.ü.M.), an dessen Hofausfahrt Sie auf einen steinigen Wirtschaftsweg treffen, den Sie weiter talab bis zum Hof Lauiboden (1.670 m.ü.M.) nehmen. An dessen Ställen vorbei kommen Sie zum Fahrweg. In einer längeren und einer kürzeren Serpentine gelangen Sie dann vor die Schmalseite von Matossa (1.519 m.ü.M.) und drei Serpentinen darunter über den gleichnamigen Bach. Etwa 200 m dahinter können Sie abkürzen, indem Sie den Waldweg links nehmen, der an einer Jagdhütte vorbeiführt. Halb durch Wald, halb durch Wiesen kommen Sie nach etwas mehr als einem Kilometer hinter der Hütte noch einmal an den Fahrweg, der nun asphaltiert ist, und setzen links versetzt durch die Wiese bis vor den nächsten Hof fort (Steinbrugg, 1.200 m.ü.M.). Auf einer ruhigen Straße nähern Sie sich nun der Schils und überqueren diese auf die linke Seite. Etwa eindreiviertel Kilometer nach dem Bruggwiti, einem Hof vor einem See, an dem die Straße links vorbeiführt, kommen Sie bei Erb an eine Gabelung. Hier nehmen Sie die rechte Straße und verlassen diese nach ca. 1,5 km (St. Peter, 824 m.ü.M.) auf den Pfad rechts durch die Steilwiesen. Der Pfad beginnt ca. 100 m nach einem Bachlauf, den Sie auf der Straße überqueren. Unterhalb gelangen Sie an die Fortsetzung des Bachlaufs, den Schilstobel, und gehen parallel zu ihm bis dicht vor den Steilhang, wonach Sie links bei einer Ferienalp auf das tote Ende einer Sackgasse stoßen. Von dieser Gasse aus gesehen nehmen Sie ein paar Dutzend Meter später den nächsten Abschneider (rechts) und kommen mit ihm bis zu einer Spitzkehre der Landstraße. Die nächsten Abkürzungen sind überwachsen bzw. eher umständlich, so daß Sie für den letzten

Oberrheintal

Kilometer nach Flums besser auf der Straße bleiben.

Wenn Sie zu Fuß nach Sargans weitergehen möchten, gehen Sie in Flums zur Kirche, die sich unübersehbar am Ortsausgang links befindet. (Zum Bahnhof gelangen Sie nach ca. 750 m geradeaus durch den Ort.) Hinter dem Friedhof gehen Sie die Gasse links und biegen danach rechts in den Abzweig ein. Die Ausfahrtstraße nehmen Sie rechts, überqueren mit ihr die Seez und halten sich dann unmittelbar am Ufer. Bei der nächsten Brücke (ca. 1,5 km weiter) wechseln Sie noch einmal die Seite. Sich weiterhin dicht am Ufer haltend, kommen Sie nach ca. 2 km wiederum an eine Brücke und gehen dort rechts ab auf den oberen Hangweg. Mit ihm gelangen Sie zur Spitzkehre der Mädriser Straße. Auf dem unteren Teil überqueren Sie noch einmal die Seez; die Straße heißt nun Wangserstraße. Sie gehen durch bis zum Untergässli, in das Sie links einbiegen. Über die Kirchstraße setzen Sie geradeaus fort in die Sarganser Straße, die bei der nächsten Kreuzung um eines nach rechts versetzt weiterführt. Nach etwa 500 m kommen Sie auf ihrer Verlängerung, der Stadtergasse/Städtchenstraße, in die Altstadt von Sargans. Zum Bahnhof gelangen Sie, indem Sie die Straße ganz durchgehen – links oben sehen Sie das Sarganser Schloß – und am Ende an der vielbefahrenen Kreuzung halbrechts in die Bahnhofstraße einbiegen.

12 Von Sargans nach Tschagguns/Schruns

Im ersten Teil dieses Wegabschnitts stoßen Sie auf reiche Vergangenheit, aber eher arme Gegenwart: Abgesehen von den historischen Altstädten und vielerlei Spuren der Römer bieten Sargans und Maienfeld ein zumeist abschreckendes Bild. Auch Bad Ragaz mit seiner Sanatoriumsatmosphäre ist nicht unbedingt ein Eldorado für Fernwanderer. Entschädigt werden Sie dafür auf den stillen Verbindungswegen, die Ihnen abwechslungsreiche Ausblicke ins Oberrheintal bieten. In Ober Rofels, wo es sich jüngst eine Stiftung zur Aufgabe gemacht hat, die authentischen Stätten der Heidi-Geschichte zu bewahren, können Sie die Originalschauplätze für das Buch und die Zeichentrickserie von 1974 kennenlernen, nicht zuletzt aber einen »Wallfahrtsort« der Japaner. Ab dem Weindorf Jenins, das sich mit seiner radikalen Ortsplanung jedweder Modernisierung widersetzt (und schon seit 1915 ein eigenes, umweltfreundliches Elektrizitätswerk besitzt), sind Sie wieder fernab aller Verkehrs- und Touristenströme.

Durch das stark verwilderte Hinterland der Jeninser Alp gelangen Sie zur Schesaplana, wo Sie mit einer leichten Kletterpassage am Gamsluggen die Schweizer Gipfelketten hinter sich lassen. Ihr erster Trail durch Österreich (und zugleich der letzte für den Teil »Schweiz«) führt entlang der Pässe bei den Öfen; er ist ein Klassiker der Region. Der Abstieg nach Tschagguns ist friedlich. Wenn Sie ihn frühmorgens von der Lindauer Hütte aus beginnen, sind die Farben in dem ostwärts verlaufenden Gauer Tal am schönsten.

Markierungen Schweiz: Gelbe Schilder mit schwarzer Schrift, Farbmarkierungen weiß-rot-weiß, zum Gamsluggen weiß-blau-weiß (alpiner Höhenweg) und manchmal blaue Schilder mit silberner Schrift. **Österreich**: Silberne Metallschilder mit schwarzer Schrift, Farbmarkierungen rot-weiß-rot, nicht durchgängig. **Karten**: Landeskarte der Schweiz 1:25.000 »Sargans« (Nr. 1155), Landeskarte der Schweiz 1:25.000 »Schesaplana« (Nr. 1156) und Landeskarte der Schweiz 1:25.000 »Sulzfluh« (Nr. 1157). **Unterkünfte**: Sargans, Jenins, Schesaplana Hütte, (Totalp Hütte,) Lindauer Hütte, Tschagguns, Schruns. Anschluß an das Netz der **SBB/ÖBB**: Sargans, Bad Ragaz, Schruns. **Tagesetappen**: 3 Tage: S.-Jenins (4 Std.), Jenins-Schesaplana Hütte (11 Std.), Schesaplana Hütte-Tschagguns (11,5 Std.), 4 Tage: S.-Jenins (4 Std.), Jenins-Schesaplana Hütte (11 Std.), Schesaplana Hütte-Lindauer Hütte (8,5 Std.), Lindauer Hütte-Schruns (2,5 Std.).

Von Sargans bis Jenins

Das Wahrzeichen der Stadt, der Schloßturm, wurde als Castrum Sargans erstmals um 1260 erwähnt. Rund zehn Jahre zuvor erhielt der Ort die Stadtrechte. Seit dem Mittelalter betrieb man hier Erzabbau; der Betrieb des Bergwerkes wurde erst 1966 eingestellt. Seitdem konzentriert sich Sargans auf Kleinindustrie und das Baugewerbe. Nebenbei bietet die Stadt auch einige Dienstleistungen, nicht zuletzt eine Vermittlungsagentur für Künstler.

Ab dem Bahnhof folgen Sie der Beschilderung nach Bad Ragaz. Durch die Unterführung kommen Sie unter den Gleisen hindurch auf die südöstliche Ausfahrtstraße und dann im Rechts-Links-Zickzack auf einen Feldweg, der Sie zur Unterführung unter der Autobahn bringt. Dahinter gehen Sie am Kanal entlang und folgen diesem zuletzt links abknickend bis in den Ortskern von Vilters. Auch hier ist Bad Ragaz ausgeschildert. Gut fünfhundert Meter nach der Kirche und schon wieder außerhalb des Ortes müssen Sie rechts auf einen asphaltierten Wirtschaftsweg abbiegen. Auf ihm gehen Sie geradeaus und passieren dabei erst den Flugplatz auf Ihrer rechten und dann die wenigen Häuser von St. Leonhard auf Ihrer linken Seite. Die Landstraße am Ende des Weges überqueren Sie geradeaus und gehen gegenüber weiter, bis Sie links den Bahnhof von Bad Ragaz sehen. Auf Höhe der Unterführung mündet Ihr Weg in die Dorfstraße ein, der Sie nach rechts bis zur ersten Kreuzung hinter der Kirche folgen. An dieser Kreuzung gehen Sie links und wandern bis zur Überquerung des Rheins auf einer Allee, die erst den Kurpark und später den Golfplatz in zwei Hälften teilt.

1242 entdeckten zwei Jäger des Klosters Pfäfers in der nahegelegenen Tamina-Schlucht eine »Wundersame Quelle«, die allerdings so ungünstig gelegen war, daß frühe Heilsuchende an einem Seil herabgelassen werden mußten, um in ihr zu baden, die Ängstlichen unter ihnen mit verbundenen Augen. 1630 errichtete das Kloster Pfäfers in der Schlucht ein Badehaus, wohin das

Von Sargans nach Tschagguns/Schruns   81

Wasser durch Holzrohre ausgeleitet wurde.

Die Erfolgsgeschichte des Bauerndorfes Ragaz beginnt mit dem Bau einer Straße nach Pfäfers und dem Transport des warmen Thermalwassers in den Hof Ragaz, der bis dahin die Räumlichkeit der Statthalterei gewesen war. Zum Weltkurort wurde das Dorf, als der Glarner Architekt Bernhard Simon die Domäne einschließlich einer Konzession für die Nutzung der Thermalquelle im Jahr 1868 aufkaufte.

Schloß Sargans

Dank seiner Kontakte zum russischen Adel machte Simon den Hof Ragaz und weitere, neu hinzukommende Hotels binnen weniger Jahre zu einer ersten Adresse für kränkelnde Reiche in Europa.

Von der Depression der beiden Weltkriege erholte sich Bad Ragaz erst Mitte der fünfziger Jahre. Nach einer großangelegten Erweiterung der Infrastruktur – Wintersport seit 1954, zusätzliche Sport- und Freizeiteinrichtungen – konnte das Kurdorf Ende 1994 auf ein Jahreshoch von 311.000 Übernachtungen blicken.

Nach der Überquerung des Rheins bleiben Sie auf der Straße und gehen auf ihr über die Autobahn in den unteren Teil von Maienfeld. An der ersten Kreuzung halten Sie sich links Richtung Kirche, die sich im oberen Teil des Dorfes befindet und die Sie nach dem nächsten Linksknick sehen können. An der Gabelung gehen Sie rechts. Bevor die Straße an einem schloßartigen Gebäude noch einmal links abknickt, folgen Sie der Beschilderung nach Jenins entlang eines Weinfeldes weiter den Hang hinauf. An der nächsten T-Kreuzung, die Sie binnen ca. 50 m erreichen, müssen Sie rechts abbiegen.

Nach ca. 1 km sehen Sie links den Abzweig nach Unter Rofels und dem sogenannten Heididorf. Für einen Abstecher folgen Sie diesem Weg, ab Unter Rofels dann den unübersehbaren Markierungen bis

Jenins

in den Dorfkern von Ober Rofels, dessen Erscheinungsbild Ihnen bestens bekannt sein wird, wenn Sie in den siebziger Jahren die japanische Zeichentrickserie gesehen haben. (Weitere Informationen finden Sie unter: heididorf.ch.) *Heidis Lehr- und Wanderjahre* (1880) und *Heidi kann brauchen was es gelernt hat* (1881) von Johanna Spyri sind die bekanntesten Werke der Schweizer Literatur. Beide Bücher haben sich bis heute in mehr als 50 Millionen Exemplaren verkauft und wurden in über 50 Sprachen übersetzt. Der Zeichentrickfilm von Takahata Isao und Miyazaki Hayao verhalf Heidi auch in Japan zu großer Popularität. In Anpassung an die japanische Kultur befreiten Isao und Hayao die Handlung aus dem christlich-religiösen Kontext und betonten stattdessen Heidis Naturverbundenheit. Als neue Gefährten kamen der Hund Josef und andere Tiere hinzu, die es im Buch nicht gibt. Das begründet interessanterweise auch den Zweiterfolg in Europa: In den neueren deutschsprachigen Kinderbuchausgaben sind die religiösen Passagen ebenfalls gestrichen; kaum jemand hält sie noch für zeitgemäß. »Top-aktuell« geht es aber trotzdem nicht: Eine Neuverfilmung des Stoffes durch Markus Imboden (2001), bei der Heidi nach Berlin kommt, um sich als Punk die Haare blau zu färben, und der Geißenpeter ein Ingenieursstudent auf der Alp ist, der Heidi das Emailschreiben beibringt, war nur ein mäßiger Kassenerfolg.

Zurück in Unter Rofels nehmen Sie auf der linken Seite einen Hohlweg, der sich zwischen verwilderten Alleebäumen am Feldhang hinaufzieht. Nach einer steilen Schlaufe im Wald kommen Sie auf den Fahrweg und gehen diesen rechts abwärts bis zum ersten Abstecher, einem geraden Feldweg, der Sie nach knapp 200 m über den Bach

Teilerrüfi führt. Etwa fünfhundert Meter weiter kommen Sie an die ersten Häuser von Jenins.

Wenn Sie keinen Abstecher über das Heididorf machen, setzen Sie am Abzweig nach Unter Rofels geradeaus fort und erreichen Jenins auf den Straßen unterhalb der ersten Häuser.

Von Jenins zur Schesaplana Hütte

Schon die Römer haben um Jenins herum Weißwein angebaut. Der Blauburgunder, für den das Dorf bekannt ist, kam hingegen erst durch den französischen Herzog Heinrich Rohan während der Bündnerwirren (1622-35) hinzu. Abgesehen von Kriegen stellten Schuttlawinen, die sogenannten Rüfen, lange Zeit die Hauptbedrohung des Dorfes dar. Noch 1910 wurde Jenins durch eine Hochwasserkatastrophe – als Folge eines solchen Niederganges – für drei Tage von der Außenwelt abgeschnitten.

Die erzkonservative Ortsplanung hat Jenins sein traditionelles Äußeres bewahrt: »Keine modernen Bauten stören heute das Auge, keine Plakatwände verunzieren das Dorf«, beschreibt es die Webseite. Das einzige Neubauviertel befindet sich außerhalb des Kerns, und die Zonenpläne sind mit der Zeit nicht etwa toleranter, sondern immer restriktiver geworden. Derzeit geht es dem Ort so gut wie noch nie: Durch Verbauungen und Schutzwälder ist die Rüfengefahr weitgehend gebannt, und der Weinanbau – zusammen mit dem zweitägigen Weinfest im Oktober – hat einen bescheidenen Wohlstand gebracht.

Vom Kern gehen Sie östlich bis zum Bach vor. Ihm folgen Sie in Fließrichtung, bis Sie sich auf der linken Seite befinden. Der sich biegenden Straße folgen Sie bis zur nächsten Kreuzung (vierarmig), bei der Sie gegenüber den geraden Abzweig durch Uf den Wisen bis zum Steg über die Selifrüh gehen. Bald danach sehen Sie links eine kleine Lichtung, für die Sie die Straße verlassen und schräg bis zum Hangwald wandern. Dem hier einsetzenden Fußpfad folgen Sie und

Die Alpen West–Ost

Ort	m.ü.M.	Std.	km	km ges.
Sargans	480	0	0,0	0,0
Vilters	500	1	3,7	3,7
Bad Ragaz, Kirche	514	1 1/4	5,5	9,2
Maienfeld, Ortskern	518	3/4	3,0	12,2
Jenins	635	1	2,7	14,9
Burgruine Winegg	759	1 1/2	2,8	17,7
Unter Heuberg	1.188	1 3/4	3,9	21,6
Älplilift (Bergstation)	1.801	2 1/4	3,4	25,0
Obersäss	2.001	1	1,9	26,9
Alpnova	1.686	1	3,1	30,0
Brücke Canibach	1.285	1 1/4	2,0	32,0
Valarsäge	1.747	2 1/4	5,4	37,4
Schesaplana Hütte	1.908	1/2	1,0	38,4
Abz. Gamsluggen	2.070	1 1/4	3,5	41,9
Gamsluggen	2.378	1	1,3	43,2
Totalphütte	2.381	1	1,2	44,4
Lünersee	1.897	1	2,1	46,5
Verajoch	2.330	1 3/4	3,8	50,3
Zollhütte	2.155	3/4	1,1	51,4
Öfenpaß	2.291	3/4	1,0	52,4
Lindauer Hütte	1.744	1 1/4	3,6	56,0
Unter Sporaalpe	1.524	1/2	1,3	57,3
Gauen	1.250	1	2,3	59,6
Stausee E-Werk Lünersee	994	3/4	2,3	61,9
Tschagguns, Kirche	687	3/4	2,7	64,6
Schruns, Bahnhof	670	1/4	0,4	65,0

finden dabei hin und wieder Schilder zur Burgruine Winegg. Bei der Überquerung eines weiteren Steges stoßen Sie auf einen breiteren Waldweg, den Sie links hangauf gehen.

Durch den Wald und an der Burgruine vorbei steigen Sie nun den Heuberg bis zum Ende des Fahrweges hinter der Alp Unter Heuberg (1.188 m.ü.M.) auf. Hin und wieder können Sie dabei markierte Abschneider benutzen, was mit Gepäck aber nicht unbedingt empfehlenswert ist. Nach der Alp steigen Sie auf einem Bergweg weiter bis zum Älpli (1.758 m.ü.M.) und kommen kurz vor dessen Anfang links an einer Jagdhütte (ca. 1.380 m.ü.M.) vorbei, unter deren Schutzdach Sie sich bei Schlechtwetter unterstellen können. Das Älpli ist winzig und bietet keinerlei Schutz dieser Art; auch bei der Bergstation des Älplilifts, die ein paar hundert Meter oberhalb liegt, handelt es sich bloß um eine Tagesrestauration ohne Schutz- bzw. Winterraum, von der Sie zwecks Übernachtung ins Rheintal abfahren müssen.

Für die Fortsetzung des Wegabschnitts gehen Sie unter dem Lift durch und dann weiter auf dem schmalen Höhenweg, der dicht am Hang in einer Rechtsbiegung abknickt. Hier halten Sie die Höhe und wandern generell nördlich am Hang bis zum Feuchtgebiet vor dem Chrüzboden (1.880 m.ü.M.), wobei Sie den Abzweig zum Vilan rechts liegenlassen. Die Alp sehen Sie ca. 300 m unterhalb links, sobald Sie oberhalb der Naßwiesen auf die Serpentine vom Zufahrtsweg kommen. Diesen Weg gehen Sie nach rechts (d.h. Sie lassen die Alp liegen) und weiter geradeaus zum letzten Alphof Obersäss (2.001 m.ü.M.), an dessen linker Seite Sie auf dem Bergweg fortsetzen.

Nun wird es mit der Orientierung leider schwierig: Etwa zwanzig Minuten nach dem Hof umschließen zwei lichte Waldstreifen die Wiese und Ihr Pfad verliert sich in Spuren. Ab hier halten Sie die Höhe und nehmen im Zweifelsfall die unteren Spuren, um für 550 m genau östlich zu gehen. Am besten zählen Sie Ihre Schritte. Bei einer einzelnen Farbmarkierung (rot) nehmen Sie einen kaum sichtbaren Abzweig im 20°-Winkel nach links, der sich ebenfalls bald verliert. Um zur unterhalb liegenden Alpnova (1.686 m.ü.M.) zu gelangen – Ihr erster Zielpunkt –, halten Sie sich nun in der Fallinie und gehen strikt nach Nordost. Die nächsten Wegreste, auf die Sie stoßen, verlaufen entweder quer zum Hang, falls Sie rechts der Alp ausgekommen sind, oder in Fallinie, falls Sie sich links der Alp befinden. In jedem Fall bleiben Sie aber rechts vom Alpnovabach, der regelmäßig Stromschnellen aufweist, ganzjährig Wasser führt und dessen Bett ca. 5 m breit ist. Weder vor noch nach der Alp überqueren Sie diesen Bach, sondern halten sich bis zu Ihrem zweiten und letzten Zielpunkt, der Brücke über den quer durchs Tal verlaufenden Canibach (in den der Alpnovabach mündet) immer auf der rechten Seite. Von der Alpnova führt ein Bergweg, der auf der Karte eingezeichnet ist, erst nach links weg und dann verendend in südöstlicher Richtung talab. Folgen Sie den Spuren talab entlang eines kleineren Wasserlaufs, der bald versickert, und halten Sie sich dann südöstlich auf die untere Öffnung des Waldes zu. Spätestens bei den ersten Wiesenflecken stoßen Sie auf querlaufende Wegreste, denen Sie nach rechts folgen. Bald danach finden sich wieder Markierungen (weiß-rot-weiß), und sobald Sie den Wald verlassen, sehen Sie rechts unter sich die Brücke (1.285 m.ü.M.) über den Canibach, über die ein breiter Fahrweg führt.

Überqueren Sie die Brücke und nehmen Sie für den letzten Aufstieg den stillen und bequemen Fahrweg um den Pudenaler. Die Schesaplana Hütte und Ihre Variante des Weges sind durchgängig ausgeschildert. Am ersten Abzweig, ca. 750 m nach zwei Z-Serpentinen im Wald, gehen Sie links und können dabei kurz eine Brücke hinten in der Talkehre sehen, über die der Weg fortsetzt. Etwa anderthalb Kilometer nach einer zweiten Brücke kommen Sie links an einer historischen Säge (1.747 m.ü.M., Valarsäge) vorbei, die durch den parallel fließenden Bach angetrieben wird. Anfangs noch entlang des Baches folgen Sie weiter der Beschilderung und erreichen ca. 20 Minuten später die Alpenvereinshütte.

Von der Schesaplana Hütte zur Lindauer Hütte

Der markierte alpine Höhenweg, über den Sie die Grenze nach Österreich passieren, ist mit den entsprechenden Warnhinweisen bereits an der Schesaplana Hütte ausgeschildert. Falls Sie nicht schwindelfrei sind oder sich mit Ihrem Gepäck für die Kletterpassage nicht sicher fühlen, können Sie stattdessen die Passage über das Cavelljoch nehmen und oberhalb des Lüner Sees wieder auf die Hauptroute stoßen. (Auf dem Abstieg nehmen Sie dafür bei der Zollhütte den Abzweig zum Verajoch, s.u.) Bis zum Abzweig ca. 4 km hinter der

Gamsluggen: Einstieg Österreich

Schesaplana Hütte decken sich die beiden Varianten und verlaufen weitgehend auf 2.000 m.ü.M. Als entlegenste Alp im Tal können Sie manchmal das Hintersäss (1.897 m.ü.M.) erkennen, wobei sich der Abzweig zum alpinen Höhenweg ca. 200 Höhenmeter genau oberhalb dieser Alp befindet.

Den weiß-blau-weißen Markierungen am Abzweig folgend, steigen Sie auf einen kleinen Wiesenrücken und beginnen danach mit dem Steilanstieg. Die Verseilung und eine leichte Kletterei erwarten Sie im letzten Viertel. Markierungen und Versicherung sind neu, so daß die Orientierung bis zum höchsten Punkt, dem Gamsluggen (2.378 m.ü.M.) keinerlei Schwierigkeit bietet.

Der Abstieg führt in einer Ost-Kehre über eine rutschige Schutthalde, nach deren Durchquerung Sie den schwierigsten Teil des Wegabschnitts hinter sich haben. Bis zur Totalp Hütte (2.381 m.ü.M.) ist der Steig nun weitgehend trittfest, und auf dem Abstieg zum Lünersee (1.897 m.ü.M.) erwarten Sie bloß kurze Geröllflecken.

Am Südufer des Sees gehen Sie bis zur Lünerseealpe (2.000 m.ü.M.), um dort bei der Hütte den Aufstieg zum Verajoch (2.330 m.ü.M.) zu nehmen. Bevor Sie das Tal endgültig verlassen, kommen Sie links an der Zollhütte vorbei, wo die Variante vom Cavelljoch einmündet. In der nächsten Talsenke erwartet Sie wiederum eine Zollhütte (2.155 m.ü.M.), die Sie bereits auf dem Abstieg sehen können. Hier wandern Sie weiter Richtung Öfenkopf auf den gleichnamigen Paß zu (2.291 m.ü.M.), den letzten vor der Lindauer Hütte. Hinter dem Paß gelangen Sie durch das Öfental bis zur Ober Sporaalpe, wo Sie noch einmal frischen Käse kaufen können (die meisten Almen in Österreich bieten keinen an). Die DAV-Hütte befindet sich in Sichtweite rechts hinter der Alp und ist durch eine Reihe Tannen geschützt.

Von der Lindauer Hütte bis nach Tschagguns/Schruns

Von der Hütte gehen Sie zurück auf den Wirtschaftsweg, auf dem Sie gekommen sind, und nehmen ihn talabwärts. Beim nächsten Abzweig gehen Sie links, ebenso bei den beiden folgenden nach jeweils 150 m. Am nächsten Almhof, der Unter Sporaalpe (1.524 m.ü.M.) verlassen Sie den Weg hinter dem Hauptgebäude nach links und halten sich auf dem Pfad durch die Weiden nach der linken Seite des Tales hin, wo Sie nahe einem kleinen Bachlauf weiter abwärts wandern. Durch die gestreuten Ferienalmen von Gauen (ca. 1.250 m.ü.M.) setzen Sie in gerader Richtung fort und folgen dem Fahrweg immer talabwärts, zuletzt über zwei Stege, bis Sie an den Beginn einer kleinen Asphaltstraße kommen. Diese Straße gehen Sie bis zur T-Kreuzung vor dem Stausee des E-Werkes Lünersee (994 m.ü.M.) und biegen dort rechts ein.

Gleich nach einer scharfen S-Kurve erwartet Sie links ein Abschneider zur darunterliegenden Straßenkehre; er verläuft links eines Baches und setzt gegenüber der Straße am Wasserlauf fort.

Noch immer am Bach, mündet der Pfad in den unteren Teil der Straße, die hier in einem leichten Bogen bis vor die Kirche von Tschagguns führt (687 m.ü.M., ca. 1 km). Zum Bahnhof von Schruns (690 m.ü.M.) kommen Sie, indem Sie die Straße rechts neben der Kirche nehmen und nach der Brücke über die Ill halblinks abbiegen. Das Bahnhofsgebäude sehen Sie nach wenigen Metern rechts; zum Bahnsteig führt von der Straße aus ein Fußweg.

Teil 2
Österreich

13 Von Tschagguns/Schruns bis Ischgl

Nach einer angenehmen Einleitung durch die Ill-Auen beginnt am Stiefentobel Ihr erster Aufstieg, der Sie hinter der Kapellalpe durch den längsten Schitunnel der Welt zur Wormser Hütte führt. Ab hier erwartet Sie mit dem Wormser Weg eine eindrucksvolle Höhenwanderung durch eine der letzten geschlossenen Naturlandschaften Österreichs. In der Verwallgruppe passieren Sie die Grenze zum Bundesland Tirol und begeben sich auf einen angenehmen Abstieg durch das Schönverwall zur Konstanzer Hütte. Nach Ihrem zweiten Aufstieg, der Sie auf das Kuchenjoch bringt, bietet sich Ihnen eine Panoramaaussicht auf die wilde Fels- und Gletscherlandschaft um die Darmstädter Hütte und auf zahlreiche Hochgebirgsketten am östlichen Horizont. Über den neu angelegten Advokaten Weg gelangen Sie im folgenden zur Doppelsee-Scharte. Hinter dem Madleinsee steigen Sie nach Ischgl ab.

Markierungen: Bis zum Ende des Wormser Weges silberne Metallschilder mit schwarzer Schrift, zusätzlich immer Farbmarkierungen und Richtungsangaben auf Steinen, in den Hochlagen zumeist in rot. Im Bach- und Gletschergebiet vor der Doppelsee-Scharte Steintürmchen.
Karten: Österreichische Karte 1:50.000 (»ÖK 50 BMV«), Blatt Nr. 142 »Schruns« und Nr. 143 »St. Anton/Arlberg«. **Unterkünfte**: Tschagguns, Schruns, Wormser Hütte, Heilbronner Hütte, Konstanzer Hütte, Darmstädter Hütte, Ischgl. Anschluß an das Netz der **ÖBB**: Schruns. **Tagesetappen**: 3 Tage: S.-Wormser Hütte (5,5 Std.), Wormser Hütte-Konstanzer Hütte (11 Std.), Konstanzer Hütte-I. (8,5 Std.), 4 Tage: S.-Wormser Hütte (5,5 Std.), Wormser Hütte-Heilbronner Hütte (9,25 Std.), Heilbronner Hütte-Darmstädter Hütte (6,5 Std.), Darmstädter Hütte-I. (4,5 Std.).

Von Tschagguns/Schruns auf die Wormser Hütte

Die beiden Orte Tschagguns und Schruns, beide weniger als eine Viertelstunde Fußweg voneinander entfernt, befinden sich im Herzen des Montafons. Hier weitet sich das Illtal letztmals zu einer Aue, bevor es sich südöstlich nach St. Gallenkirch schließt und die über 3.000 m hohen Gipfel der Verwall- und Silvrettagruppe eng zusammenrücken. Der relativen Abgeschiedenheit ist es zu verdanken, daß sich in dieser Talschaft unter anderem eine politische Besonderheit, nämlich die Vertretung der Stände erhalten hat. In seiner Blütezeit gehörten dem Stand Montafon ausschließlich Bürger und Bauern an, womit er im Gegensatz zu anderen Gebieten, in denen auch der Adel und die Geistlichkeit repräsentiert waren, eine frühdemokratische Form der Volksvertretung darstellt. Vorübergehend abgeschafft durch die Bayernherrschaft (1806-1814), wurde diese Tradition nach deren Ende wiederaufgenommen, indem die Gemeinden des Montafons einen Standesrepräsentanten aufstellten, der mit der Regelung kommunenübergreifender Angelegenheiten – der Bewirtschaftung des Forstes, dem Straßen- und Brückenbau – befaßt war. Der heutige Standesrepräsentant des Montafons, Dr. Erwin Bahl, der seit 1996 im Amt ist, lebt in Schruns.

Das Montafoner Heimatmuseum, dessen Leiter ebenfalls durch den Stand Montafon angestellt ist, gehört zu den ältesten Heimatmuseen der gesamten Alpenregion. Neben einer Sonderschau über Jagd und Tiere können in dem ehemaligen Bergrichterhaus in Schruns auch verschiedene traditionelle Werkstätten, alte Montafoner Trachten und Beispiele aus der Volkskunst und Wohnkultur besichtigt werden. (Kirchplatz 15, Öffnungszeiten im Sommer: Dienstag bis Samstag, 10.00-12.00 und 15.00-18.00, Tel.: (0)5556 / 74 723.)

Tschagguns wartet mit einem neuen Aqua-Wanderweg auf, der in einem dreistündigen Rundgang unter anderem zum Dorfbrunnen, den Schauräumen der Vorarlberger Illwerke, verschiedenen Wildbächen und einer wassergetriebenen Säge führt. (Start in Latschau, Anmeldung für die geführte Wanderung in den örtl. Touristbüros.)

Von der Bahnstation am Ufer der Ill gehen Sie die Allee am rechten Flußufer stromauf bis zum Schrunser Bahnhof, der sich in unmittelbarer Nähe des Ortskerns befindet. An der Brücke zum Ende des Bahnhofs bleiben Sie auf Ihrer Seite und biegen rechts zur Kirche hin in die Dorfstraße ein. An der Kirche gehen Sie wiederum rechts in die ihr gegenüberliegende Straße und verlassen den Ort für die Auen. Kurz vor einem Seitenarm der Ill biegen Sie links auf einen Wirtschaftsweg durch die Wiesen ab, dem Sie bis zum letzten

Von Tschagguns/Schruns bis Ischgl 93

Abzweig vor der Einmündung in die Landstraße folgen. Diesen Abzweig, welcher sich auf Ihrer linken Seite befindet, gehen Sie bis zum Ende durch, um dann rechts in die Asphaltstraße einzubiegen. Wenige Meter weiter befindet sich auf Ihrer Seite der Straße eine Bushaltestelle; ungefähr noch einmal so weit ist es, bis ein Schilift quer über die Straße verläuft. Kurz vor diesem Lift biegen Sie links in eine langgestreckte Wohnstraße ab, auf der Sie geradeaus durch bis zum Bergbach Stiefen gehen. Bald nach den letzten Häusern überqueren Sie dabei eine Wiese und halten sich beim Zaun (der sich noch vor dem Wasserlauf befindet) hangaufwärts. Bei der Waldgrenze beginnt ein Bergpfad, der in engen Zickzackwindungen durch den Wald hindurch und generell entlang der Fallinie verläuft. Nach ca. dreißig Minuten haben Sie die Möglichkeit zu einem Abstecher vor den Stiefentobel, von wo es einen kleinen Ausblick auf einen Wasserfall gibt (ca. 40 m vom Pfad).

Bei ca. 1.250 m.ü.M. öffnet sich der Wald und Sie sehen die ersten Almhütten von Lifinar, das heute weitgehend als Feriensiedlung genutzt wird. Nachdem Sie die Siedlung aufwärts auf einem Wirtschaftsweg durchwandert haben, knickt Ihr Weg bei den letzten Höfen nach links ab und läuft nun mit wenig Steigung auf einen anderen Zufluß in die Ill zu. Am letzten Abzweig vor diesem Wasserlauf gehen Sie rechts ab und gelangen in einer weiten Kehre Richtung Osten durch ein lichtes Waldgebiet mit kleineren Schonungen auf das Kapelljoch hinauf. Ungefähr bei der Baumgrenze geht Ihr Pfad in eine Linkskehre über und mündet ca. 1 km danach in den Fahrweg zur Seilbahnstation bei der Kapellalpe (1.873 m.ü.M.).

Landschaftlich am schönsten ist von hier aus der Weg über den Schwarzsee und Herzsee bis zur Wormser Hütte, selbst wenn die hierfür nötige Durchquerung des »längsten Schitunnels der Welt« (476 m), der noch vor den beiden Seen liegt, einen Erlebniswert hat, über den man streiten kann. Die Ställe und das Hauptgebäude der Kapellalpe befinden sich ca. 200 m oberhalb der Seilbahnstation auf der rechten Seite des Fahrweges; sie sind in einer Linie hintereinan-

Schitunnel Kapellalpe

der aufgereiht. Folgen Sie dem Fahrweg weiter bergauf und nehmen Sie nach ca. 900 m, d.h. vor dem kleinen Feuchtwiesen-Kessel, den rechten Abzweig. Ihr Anstieg verläuft nun zunehmend steiler und unterhalb des Sennigrates. In einer Linksschlaufe mündet er schließlich in den Tunnel, der im Sommer auch als Garage für eine stattliche Anzahl an Schneekanonen dient.

Nach dem Austritt aus dem Tunnel liegt der Schwarzsee schräg links und unterhalb von Ihnen. Am gegenüberliegenden Ufer erhebt sich der Gipfel des Hochjochs. Ihr Weg verläuft nun generell südlich und bleibt nach der ersten Überquerung immer auf der linken Seite des Wasserlaufs, der Schwarzsee und Herzsee miteinander verbindet. Erst unmittelbar vor dem nächsten Seeufer überqueren Sie diesen Abfluß nach rechts und beginnen Ihren letzten Aufstieg zur Wormser Hütte über ein mit Wiesenflecken durchsetztes Geröllfeld. Nach ca. 10 Minuten unterqueren Sie einen Schilift, kurz darauf können Sie die Hütte sehen (2.307 m.ü.M.).

Von der Wormser Hütte zur Konstanzer Hütte (»Wormser Weg«)

Der Wormser Weg verläuft durch weitgehend einsame und nur geringfügig beweidete Hochlandschaften im Grenzgebiet zwischen Vorarlberg und Tirol. Trotz einer durchschnittlichen Höhe von 2.000 m und einer Gesamtlänge von 20 km (bis zum Abzweig vor der Neuen Heilbronner Hütte) weist er nur wenige Gefahren auf. Auch bei Nebel oder mäßigem Regen kann er problemlos gegangen werden; hingegen ist ein Abstieg bei Sturm, Hagel oder Gewitter dringend geboten. Abstiegsmöglichkeiten bestehen beim Furkla, auch Grasjoch genannt (1.975 m.ü.M.: Fahrstraße nach St. Gallenkirch), unterhalb des Dürre Kopf (2.407 m.ü.M.: Netza Alpe oder Innergrant, Vorort von St. Gallenkirch), und zuletzt noch einmal hinter dem Grat bzw. Madererjoch (ca. 2.200 m.ü.M.: Bizul Alpe). Im letzten Drittel des Weges gibt es statt einer Abstiegsmöglichkeit eine unbewirtschaftete Unterstandshütte (2.201 m.ü.M., Roßberg Alpe) mit einem unverschlossenen Notraum, in dem sich ein Matratzenlager für zwei bis drei Personen befindet.

Mit wenig Gepäck und bei gutem Wetter kann der Wormser Weg bis zur nächsten Bergunterkunft, der Neuen Heilbronner Hütte (2.320 m.ü.M.) in ca. 9 Stunden gegangen werden. Beginnt man die Wanderung mit dem ersten Licht und kalkuliert weitere 2 Stunden ein, kann sogar der gesamte Abschnitt bis zur Konstanzer Hütte (1.710 m.ü.M.) in einem Tag gemacht werden. Abgesehen vom Teilstück um das Madererjoch gibt es unterwegs reichlich Trinkwasser, es sei denn, man wandert in einem extrem trockenen Sommer.

An der Wormser Hütte setzen Sie Ihren Aufstieg genau südlich auf das Kreuzjoch (2.395 m.ü.M.) fort. Von den drei Wegen, die vom Gipfel herunterführen, ist der Wormser Weg der mittlere, den Sie im Zweifelsfall leicht durch Ausschluß ermitteln können. Sowohl der linke als auch der rechte Weg berühren nach wenigen hundert Metern das obere Ende eines Schilifts. Auf dem »richtigen Weg« haben Sie dagegen immer freien Himmel über sich. Zum Ende des Abstieges gelangen Sie etwa 200 m oberhalb des Grasjochs an die untere Station eines der beiden Schilifte und biegen dort links in die Fahrstraße ein. Ca. 5 Minuten später sehen Sie die oberhalb gelegene Schistation (im Sommer meist geschlossen), die Sie über den Schotterplatz hinweg an der Längsseite abgehen. Der Wormser Weg ist nun auf einem weißen Schild mit schwarzen Lettern ausgewiesen und setzt an der hinteren Schmalseite des Gebäudes fort.

Einstieg Tirol

Die nächsten ca. 3 km einschließlich der Umwanderung des Schleimersch (2.420 m.ü.M.) verlaufen weitgehend eben, bis der Weg zum Ende eines Geröllfeldes mit grellgrünen Flechten wieder ansteigt. Den Abzweig zur Alpgues Alp und den beiden gleichnamigen Seen unmittelbar hinter dem nächsten Kamm (zwischen Pizzeguter Grat und Roßberg) lassen Sie links liegen und setzen Ihren Weg statt dessen ostsüdöstlich am Rücken des Roßberges fort. Nach der Senke unterhalb des Dürre Kopf (2.407 m.ü.M.) knickt Ihr Weg nordöstlich in die Feuchtwiesen bei den Roßböden ab, wo Sie an einem der vielen Gebirgsbäche Ihre Trinkwasservorräte auffrischen können, bevor die Durststrecke um den Maderer beginnt.

Hier verläuft der Weg wieder weitgehend auf einer Höhe und durch karge, manchmal mit Steinen durchsetzte Hochwiesen. Zur Unterstandshütte (2.201 m.ü.M.) bei der Roßberg Alpe verengt sich das Valschaviel Tal zusehends, wobei der Wormser Weg nach der Hütte in einem weiten Rechtsbogen dem Valschavieler Jöchle (ca. 2.300 m.ü.M.) entgegenläuft. Unmittelbar nach dem Joch signalisiert ein Schild den Eintritt in das Bundesland Tirol. Mit dem Abstieg nähern Sie sich einer satten Feuchtwiesensenke mit vielen Gebirgsblumen und dem Valschaviel See als Mittelpunkt. Bis zur Heilbronner Hütte, die von hier aus südlich hinter dem Stritkopf (2.604 m.ü.M.) liegt, sind es nun noch rund 45 Minuten. Wenn Sie statt dessen weiter zur Konstanzer Hütte möchten, sparen Sie am Wegweiser beim Abfluß aus den Scheid Seen die letzten 500 Meter aus und biegen links in den Fahrweg zum Schönverwall-Tal ein, der zugleich eine Mountainbike-Route ist. Immer leicht abfallend und gut ausgebaut, von einzelnen Tannenschonungen und der Rosanna gesäumt, bildet dieser Weg ein angenehmes Finale zu einem der längsten Tagesetappen während Ihrer West-Ost-Wanderung. Die letzten Meter vom Fahrweg bis zur Konstanzer Hütte (1.710 m.ü.M.), welche oberhalb in einem Waldstreifen liegt, sind durch mehrere Schilder klar ausgewiesen.

Von der Konstanzer Hütte zur Darmstädter Hütte

Der geographische Höhepunkt dieses Teilabschnittes ist das Kuchenjoch, zu dem es bereits bei der Hütte einen Wegweiser gibt. Nach der Überquerung des Fasul Baches im Osten der Konstanzer Hütte gehen Sie knapp 1 km am linksseitigen Uferhang stromauf und halten sich danach beim ersten Abzweig links. In engen und steilen, aber technisch einfachen Serpentinen überwinden Sie die ersten 400 Höhenmeter auf den Hochwiesensattel vor dem Scheibler. Hier wendet sich der Anstieg südlich und mündet in die Geröllsenke vor dem Joch. Das Kuchenjoch (2.730 m.ü.M.) liegt gut geschützt zwischen Kuchen Spitze und Scheibler und bietet bereits für sich genommen eine ausgezeichnete Aussicht auf die dahinterliegende Gletscherlandschaft, den Kuchen Ferner mit der Darmstädter Hütte als Schlußpunkt. Technisch fast ebenso einfach wie der letzte Teil des Anstiegs ist ein ca. 40minütiger Abstecher (ohne Gepäck) auf den Scheibler (2.988 m.ü.M.), von dem aus Sie westlich über die beiden Hausberge der Gegend, den Großen und Kleinen Patteriol (3.056/2.590 m.ü.M.) und das im vorigen Abschnitt durchwanderte Schönverwall blicken können. In östlicher Richtung weitet sich Ihre Aussicht vom Gipfel bis zur Doppelsee-Scharte (sie liegt rechts der beiden Seeköpfe), durch die Sie im nächsten Abschnitt in das Trisanna Tal und nach Ischgl gelangen. Auch Ludwig Purtscheller (1849-1900), Professor für Kalligraphie und Gymnastik in Wien, einer der besten Kenner der Alpen seiner Zeit, Erstbesteiger des Kilimandscharo und Autor eines der ersten Wanderführer für Alleinwanderer, rät in *Der Hochtourist in den Ostalpen* (1925-30), die Besteigung des

Konstanzer Hütte

Scheiblers »auf keinen Fall zu säumen.«

Durch die globale Erwärmung und insbesondere den Rekordsommer 2003 ist der Kuchen Ferner in den letzten Jahren stark zurückgegangen, so daß ein Abstieg über den Gletscher wegen der extremen Abbruchgefahr nicht mehr möglich ist. Halten Sie sich strikt an den gut markierten Apotheker Weg, der gleich am Joch einsetzt und immer links des Gletschers durch Schutt und Geröll verläuft. Über einen kleinen, zunehmend mit Gras bewachsenen Sattel gelangen Sie zuletzt bis unmittelbar vor die Darmstädter Hütte (2.384 m.ü.M.).

Von der Darmstädter Hütte bis nach Ischgl

Vor dem Start zu diesem Teilabschnitt ist es sinnvoll, sich beim Hüttenwirt noch einmal genau über den Wegzustand zu erkundigen, insbesondere auch den Zustand des Gletschers vor der Doppelsee-Scharte, der für Ihren Aufstieg von entscheidender Bedeutung sein wird. Bei ungünstigen Verhältnissen bietet sich als Alternative ein einfacher, allerdings landschaftlich nicht besonders reizvoller Abstieg nach St. Anton an. Informationen hierzu gibt Ihnen ebenfalls gern der Hüttenwirt. Von St. Anton nach Strengen fahren Sie am besten mit dem Bus, um dann von Strengen weiter nach See zu laufen. In See können Sie mit dem Lift zur Bergstation Medrigalm auffahren und dort wieder an die Hauptroute anknüpfen (s. Wegabschnitt 13, *Von Ischgl bis zur Ascher Hütte*).

Für die Hauptroute nehmen Sie von der Darmstädter Hütte aus den Advokaten Weg und gehen mit ihm das Ende der Ferner-Senke in einer U-Schlaufe aus. Gegenüber, etwas versetzt zur Hütte, begin-

Von Tschagguns/Schruns bis Ischgl

Ort	m.ü.M.	Std.	km	km ges.
Schruns, Bahnhof	670	0	0,0	0,0
Beginn Bergpfad	770	1 1/4	4,3	4,3
Lifinar	1.350	1 1/2	1,7	6,0
Bergstation Kapellalpe	1.879	1 1/2	2,4	8,4
Beginn Schitunnel	2.000	1/2	1,3	9,7
Wormser Hütte	2.307	3/4	2,2	11,9
Furkla (Grasjoch)	1.975	1 1/4	2,4	14,3
Abz. Dürre Köpf	2.190	2 1/4	4,6	18,9
Unterstand (Roßberg Alpe)	2.201	3	8,5	27,4
Valschavieler Jöchle	1.930	1	1,4	28,8
Abz. Heilbronner Hütte	2.270	1 3/4	3,3	32,1
Konstanzer Hütte	1.710	2 1/4	8,2	40,3
Abz. Bergweg Kuchenjoch	1.790	1/4	0,9	41,2
Kuchenjoch	2.730	1 3/4	4,1	45,3
Darmstädter Hütte	2.384	1 1/4	2,6	47,9
Steilanstieg Hinteres Kartell	2.350	1/2	1,2	49,1
Doppelseescharte	2.786	1 1/2	2,1	51,2
Madleinsee	2.437	3/4	1,5	52,7
Ischgl	1.376	1 3/4	3,0	55,7

nen auf der Bergseite der Senke die Serpentinen für Ihren Anstieg, die Sie über feinen Schutt in das Hintere Kartell bringen. Hier folgen Sie den Steintürmchen entlang des Gletscherabflusses unterhalb der Seeköpfe und wechseln zwischenzeitlich auf die linke Seite des Hochtales. Durch ein horizontales Eisfeld, das mit Schutt und kleineren Gesteinsbrocken durchsetzt ist (die Ihnen eine rutschfreie Passage ermöglichen), gehen Sie schließlich wieder an der rechten unteren Talkante bis vor die beiden dolchförmigen Gletscherreste bei der Doppelsee-Scharte (2.786 m.ü.M.). Aufgrund des Gletscherschwundes wurde auch der Advokaten Weg im Jahr 2003 neu angelegt: Er verläuft nun ausnahmslos rechts der beiden Gletscherreste, auf die Sie wegen der extremen Abbruchgefahr – wie schon beim Kuchen Ferner – keinesfalls ausweichen sollten. Der Anstieg ist steil und erfordert wegen des rutschigen, oft mit Gletscherwasser durchnäßten Schutts einen gefühlvollen Schritt. Dafür ist der Wegverlauf exzellent markiert und an den entscheidenden Stellen zusätzlich verseilt.

Von der Scharte herunter geht es ebenfalls steil, aber technisch einfacher zum Südufer des kleinen Madleinsees (2.437 m.ü.M.). Etwa 1,5 km nach dem See stoßen Sie auf den Fahrweg zur Madleinalpe, den Sie entweder bis nach Ischgl herunter ausgehen oder im oberen Bereich noch durch einen markierten Bergweg, der an ein paar stillen Heustadeln vorbeiführt, abschneiden können. Nach den letzten Hangwiesen gelangen Sie an eine Unterführung, durch die Sie unter der Schnellstraße hindurch in den Ortskern von Ischgl kommen.

14 Von Ischgl nach Landeck

Eine gemütliche Talroute, die für den Durchgangsverkehr gesperrt ist, führt Sie entlang der Trisanna via Kappl bis an den Beginn des Panoramawegs. Auf diesem ruhigen Wanderweg steigen Sie durch den Hangwald des Paznauntals bis an den Lauf des Kaltenbachs auf, von wo aus Sie auf einem kaum begangenen Bergweg über die verfallene Medrigalpe bis kurz vor die Ascher Hütte gelangen. Ab der DAV-Unterkunft erwartet Sie ein landschaftlich abwechslungsreicher Aufstieg zur Spinnscharte, Ihrem Eintritt in das vollkommen unberührte und naturbelassene Urgtal. Der gleichnamige See lädt bei gutem Wetter zum Baden ein, und in der Landecker Schihütte wenige Kilometer talab können Sie auch im Sommer (nach vorheriger Anmeldung) als Selbstversorger übernachten. Über das breit an den Hang des Inntals gestreute Hochgallmigg kommen Sie schließlich in die Innauen und direkt bis vor das Landecker Schloß.

Markierungen: Auf dem Talwanderweg uneinheitlich, während des Aufstiegs zur Ascher Hütte meist braune Holzschilder mit weißen oder gelben Klebebuchstaben, in den Hochlagen zumeist rote Farbmarkierungen auf Steinen. **Karten**: Österreichische Karte 1:50.000 (»ÖK 50 BMV«), Blatt Nr. 143 »St. Anton/Arlberg« und Nr. 144 »Landeck«. **Unterkünfte**: Ischgl, Ascher Hütte, Landecker Schihütte, Hochgallmigg, Landeck. Anschluß an das Netz der **ÖBB**: Landeck. **Tagesetappen**: 2 Tage: I.-Ascher Hütte (7 Std.), Ascher Hütte-L. (7 Std.), 2 Tage: I.-Landecker Schihütte (11 Std.), Landecker Schihütte-L. (3 Std.), 3 Tage: I.-Ascher Hütte (7 Std.), Ascher Hütte-Hochgallmigg (5,5 Std.), Hochgallmigg-L. (1,5 Std.).

Von Ischgl bis zur Ascher Hütte

Der Name Ischgl ist romanischen Ursprungs und dokumentiert, daß der Ort auf einem Schuttkegel des Fimbabaches liegt: lat. »Insula« heißt einerseits »Insel«, in einer Nebenbedeutung aber auch »Au«. Der silber-rot gewandete Nikolaus im Wappen erinnert an denjenigen der Ischgler Gerichtsbarkeit. Sie wurde den Talbewohnern im Mittelalter aufgrund ihrer abgeschiedenen Lage zugestanden. Noch im 16. Jahrhundert war Ischgl mit Landeck nur durch einen Saumweg verbunden; eine der Haupthandelsbeziehungen bestand dagegen über das mit Karren befahrene Fimbajoch ins Engadin und bis hinunter nach Tirano und Chiavenna. Aus dem Veltlin importierten die Ischgler auch dessen köstlichen Wein. Der volksnahe König und spätere Kaiser Maximilian förderte diese Handelsbeziehungen entscheidend, indem er die Paßstrecke über das Fimbajoch im Jahr 1505 mit einer Art »negativem Wegezoll« belegte: »Damit aber dieser Weg in Würden gehalten werde, so haben wir unseren lieben, getreuen Leuten zu Jschgl gnädig zugeben, ... daß sie von jedem geladenen Saumroß, so daselbst solchen Weg gebraucht, einen Vierer, von einem Och zwey Vierer, von einem kleinen Vieh einen Heller, und was sonst durchgeht, nach Gelegenheit desselben ..., zu Weglohn einnehmen und empfangen mögen.«

Nach der politischen Loslösung des Engadins von Tirol erlosch der Handel allmählich. Zudem wurden andere für Ischgl wichtige Pässe durch das Wachsen der Gletscher im 18. Jahrhundert unpassierbar. Erst als gegen Ende des 19. Jahrhunderts der Fremdenverkehr blühte, erholte sich der Ort wieder von der wirtschaftlichen Stagnation, wobei die baldige Fokussierung auf den Wintersport zu demjenigen Erscheinungsbild beigetragen hat, das inzwischen bei einigen Sommergästen zwiespältige Gefühle hervorrufen wird: Zwischen schlafenden Winterattraktionen wirken Wanderer wie Versprengte, und sogar für sich genommen sind sie so etwas wie die »falschen Gäste«, da man sich in der Sommersaison auf den Mountainbiketourismus zu konzentrieren beginnt.

Verlassen Sie das Dorf am unteren Ende durch den Tunnel unter der Schnellstraße hindurch und gehen Sie nach der Überquerung der Trisanna auf dem asphaltierten Wirtschaftsweg (»Talwanderweg«) nach rechts Richtung Kappl. Bei der Kirche in Kappl gehen Sie in die Straße, die hinunter zum Wasserlauf führt, und setzen nach dessen Überquerung auf einem Waldweg fort, der links neben einem neuen Schulgebäude verläuft. Nach ein paar Dutzend Metern stoßen Sie rechts auf einen Pfad zum Waldhang, der Sie auf einen breiteren Wirtschaftsweg bringt. Diesem Wirtschaftsweg folgen Sie in mehreren langgezogenen Serpentinen in aufsteigender Richtung und gehen danach für ca. 5 km bei Abzweigen immer genau in Fließrichtung der unterhalb verlaufenden Trisanna. Kurz nach dem zweiten Bergbach (Flathbach), den Sie überqueren, biegen Sie rechts auf den steiler steigenden Weg Nr. 714 ab und gehen beim nächsten Abzweig nach einer Spitzkehre auf dem linken Weg mit der Nr. 44 weiter.

Nach ca. 3 km gelangen Sie in einer weiten und offenen Kehre an den Istalanzbach, wo Sie nach rechts auf den Bergpfad abzweigen. Für ungefähr 1 km hält sich dieser Pfad noch rechts des Wasserlaufs, um ihn dann in einem scharfen Linksknick zu überqueren und schräg am gegenüberliegenden Hang zum Kaltenbach und zur Medrigalpe (1.975 m.ü.M., verfallen) hinaufzulaufen. An der Alp halten Sie die Richtung und gehen gleichbleibend auf ca. 2.000 m.ü.M. den Hang in einem Rechtsbogen weiter aus. Nach einem Schutzzaun für Wild, den Sie mit Hilfe einer fest montierten Leiter übersteigen, sehen Sie schräg links das untere Ende eines Schilifts, auf dessen Anfahrt Sie auf den Wirtschaftsweg zur Ascher Hütte (2.256 m.ü.M.) gelangen. Dem Wirtschaftsweg folgen Sie ansteigend über die letzten Lifte hinaus und sehen die Hütte dann auf dem horizontalen Wegstück vor sich.

Von der Ascher Hütte bis nach Landeck

Bei den Biertischen und Bänken der Hütte nehmen Sie den linken Bergweg, der unter anderem zur Spinnscharte ausgeschildert ist. Am ersten Abzweig nach wenigen hundert Metern halten Sie sich rechts und überqueren den Schallenbach schräg gegen die Fließrichtung. Beim zweiten Abzweig lassen Sie den rechten Pfad zum Rotpleiskopf liegen und nähern sich stattdessen dem Außenrand der Kübelgrube. Zunächst noch durch mit Gesteinsbrocken durchsetzte Wiesen, dann durch ein großes Geröllfeld steigen Sie in einem Bogen zur links außen liegenden Spinnscharte (2.691 m.ü.M.) auf.

Bis zum Unteren Spinnsee (2.450 m.ü.M.) ist Ihr Abstieg von der Scharte aus eindeutig markiert. Hier setzen Sie den Weg beim

Die Alpen West–Ost

Ort	m.ü.M.	Std.	km	km ges.
Ischgl	1.376	0	0,0	0,0
Kappl	1.256	2	9,0	9,0
Abz. Flathbach	1.490	2	6,7	15,7
Abz. Istalanzbach	1.670	1	3,0	18,7
Medrigalpe (verfallen)	1.975	3/4	1,4	20,1
Einmündung Wirtschaftsweg	2.050	1/2	1,3	21,4
Ascher Hütte	2.256	3/4	2,0	23,4
Abz. Rotbleiskopf	2.500	3/4	1,3	24,7
Spinnscharte	2.681	3/4	1,1	25,8
Unterer Spinnsee	2.450	1/2	1,2	27,0
Urgsee	1.880	1 1/2	2,9	29,9
Landecker Schihütte	1.766	1/2	1,2	31,1
Hochgallmigg	1.218	1 1/2	3,4	34,5
Landeck Schloß	850	1 1/2	3,9	38,4

Abzweig am rechten Seeufer geradeaus fort, bis Sie flach abfallend an den Bach vom Gamsbergkar kommen. Diesem folgen Sie in Fließrichtung für ca. 500 m, um sich dann für kurze Zeit vom Wasser zu trennen, indem Sie dem Pfad rechts bis zum jungen Urgbach folgen. Nach dessen Überquerung gehen Sie auch hier in Fließrichtung und kommen dabei nach gut 100 m an die gegenüberliegende Mündung des Baches vom Gamsbergkar. Etwa 500 m weiter treffen Sie auf eine Alphütte, von der aus Sie den Urgsee (ca. 1.880 m.ü.M.), der für ein erfrischendes Bad beliebt ist, sehen können.

Das Urgtal mit seinen unzähligen unverbauten und mäandrierenden Bächen, Kleinseen, Feuchtgebieten, Quellmooren und den umliegenden imposanten Bergen bildet einen einzigartigen Ausgleich zu den intensiv genutzten Schigebieten, die Sie bei Ihrem Aufstieg zur Ascher Hütte teilweise gestreift haben. Im Rahmen neuer Seilbahngrundsätze planen die Seilbahnbetreiber von Serfaus-Fiss-Ladis aber nicht nur den Anschluß von See über die Kübelgrube an die bestehenden Schigebiete, sondern auch eine vollständige Erschließung des Urgtals mit Pisten und Seilbahnen. Alle vorhandenen Planungsvarianten zeigen, daß dies keinesfalls ohne massive Beeinträchtigungen des Landschaftsbildes und Naturhaushaltes möglich wäre und daß der »stille Bergtourismus« seiner Grundlage vollständig beraubt würde. Unter anderem der Österreichische Alpenverein hat inzwischen mit einem Naturkundlichen Führer, der die ökologischen Besonderheiten des Urgtales herausstellt, zum Protest aufgerufen. Ob die Kampagne von Erfolg gekrönt sein wird, d.h. das Tal unter Naturschutz kommt, um seine Erschließung zu verhindern, ist noch offen.

Ab dem Ende des Sees verläuft Ihr Weg unmittelbar rechts des Urgbaches. Aufgrund des dichten Uferbewuchses gibt es zwar einige enge Passagen, doch ist der Wegverlauf bis zur Landecker Schihütte, die Sie innerhalb eines guten Kilometers erreichen, immer eindeutig.

Ca. 100 m unterhalb der Hütte wechseln Sie auf die linke Seite des Urgbaches und folgen ihm auf dem markierten Weg bis zu einer Ausfallstraße, auf der Sie zu den ersten Häusern von Hochgallmigg und einer malerischen Aussicht über das Inntal gelangen. Durchqueren Sie den Ort auf der Hauptstraße bis zu seinen unteren Häusern und gehen Sie nach der Kirche noch ein ganzes Stück weiter bis zu einer Kapelle, die sich außerhalb der Ortschaft in einer Spitzkehre der Straße befindet. Etwa 70 m nach der Kapelle zweigt links von der Straße ein alter, teilweise überwachsener Wirtschaftsweg ab, der Sie unterhalb der Kapelle in den Hangwald hineinführt. Indem Sie dem Weg immer abwärts in seinen Serpentinen folgen, gelangen Sie autofrei in die Fliesserau dicht vor Landeck. Hier biegen Sie links in den Asphaltweg durch die Aue ein und gehen bis zur ersten Brücke über den Inn. Auf der anderen Seite der Brücke führt ein gepflastertes Sträßchen direkt in die Altstadt hinauf. Der Weg zum Schloß ist ausgeschildert.

15 Von Landeck nach Oetz

Nach einem schattigen Aufstieg mit einzelnen Aussichten auf das Oberinntal wandern Sie von der Bergstation des Krahbergs auf den Glanderspitz, einen Hauptgipfel des Venet, von dem Sie bei gutem Wetter einen grandiosen 360°-Rundumblick auf die Lechtaler Alpen und den Kaunergrat haben. Über den hier einsetzenden Kammweg kommen Sie auf weitere, nur wenig niedrigere Gipfel und gelangen schließlich zur Venetalm, auf der Sie sowohl einkehren als auch übernachten können. Nach einem stillen Abstieg durch Blaubeerfelder und über mehrere idyllische Alphöfe gelangen Sie nach Arzlair, wo Sie auf der höchsten Fußgängerbrücke Europas die Pitzeklamm überqueren. Immer am Hang und abseits des Verkehrs wandern Sie danach durch satte Wiesen und unter dichten Waldalleen in das von Hotelburgen völlig freie Sautens. Ein sanft geschwungener Wirtschaftsweg entlang der Ache bringt Sie zuletzt in das Ortszentrum von Oetz.

Markierungen: Beim Aufstieg auf den Krahberg meist gelbe Schilder mit schwarzen Klebebuchstaben, auf dem Venet-Kammweg und danach uneinheitlich (meist dunkle Holzschilder). **Karten**: Österreichische Karte 1:50.000 (»ÖK 50 BMV«), Blatt Nr. 144 »Landeck« und Nr. 145 »Imst«. **Unterkünfte**: Landeck, Venet Alm, Arzl, Oetz. Anschluß an das Netz der **ÖBB**: Landeck und Roppen. **Tagesetappen**: 2 Tage: L.-Arzl (10,5 Std.), Arzl-Oe. (4,25 Std.), 2 Tage: L.-Venet Alm (7 Std.), Venet Alm-Oe. (7,5 Std.), 3 Tage: L.-Venet Alm (7 Std.), Venet Alm-Arzl (3,25 Std.), Arzl-Oe. (4,25 Std.)

Von Landeck auf den Glanderspitz

Ein Verkehrsproblem hatte Landeck schon immer: Während man sich derzeit bemüht, nach einer Westumfahrt auch den Südverkehr durch den Berg umzuleiten und der Stadt ihren ursprünglichen Reiz zurückzugeben, wurde der Strom der Reisenden im Mittelalter von den drei Burgen Landeck, Schrofenstein und Kroneck kontrolliert. Landeck liegt an der Via Claudia Augusta, welche im ersten Jahrhundert unserer Zeitrechnung die wichtigste Verkehrsverbindung vom süddeutschen Raum nach Italien war. In zwei Varianten führte sie von Donauwörth bis zum Po bzw. bis zur Adria.

Von Landeck nach Oetz

Ort	m.ü.M.	Std.	km	km ges.
Landeck Schloß	850	0	0,0	0,0
Abschnitt Via Claudia Augusta	1.000	1/2	1,8	1,8
Fahrweg oberhalb Steilwiese	1.300	1	2,3	4,1
Zammer Schihütte	1.740	1 1/4	2,9	7,0
Bergstation Krahberg	2.208	1 1/4	2,6	9,6
Glanderspitz	2.512	1 1/4	2,5	12,1
Abz. am Kammweg	2.381	3/4	2,0	14,1
Venetalm	1.994	1	2,6	16,7
Hochastner Alpe	1.756	1	2,7	19,4
Arzl	880	1 1/2	6,9	26,3
Kirche v. Wald	875	1/2	1,5	27,8
Roppen	690	3/4	2,6	30,4
Sautens	812	2 1/4	8,0	38,4
Oetz	760	1	3,5	41,9

Das Schloß Landeck – früher »Burg« – war vormals der Gerichtssitz des Grafen von Tirol und wurde 1296 erstmals schriftlich erwähnt. Nach zahlreichen An- und Umbauten wurden die Räumlichkeiten im 18. Jahrhundert für die Gerichtsfunktionen endgültig zu eng, weswegen das Gericht 1797 nach Perfuchs ging. 1852 schenkte Kaiser Franz das Schloß den umliegenden Gemeinden, wonach es von Landeck zuerst als Kaserne genutzt und schließlich notdürftig mit zwölf Wohnungen ausgestattet wurde. Seit 1967 ist der Bezirksmuseumsverein der einzige Mieter und hat das Schloß zu einem wichtigen Kulturträger der Stadt gemacht. (Öffnungszeiten im Sommer: Dienstag bis Sonntag, 10.00-17.00 Uhr. Email: office@schlosslandeck.at)

Achtung! Schon auf dem Aufstieg zum Krahberg sind Brunnen rar gesät. Die Terrassenrestauration an der Bergstation bietet lediglich Mineralwasser oder Softdrinks an. Auf dem Kammweg via Glanderspitz gibt es bis vor die Venetalm keinerlei Trinkwasser. Statten Sie sich also noch in Landeck reichlich mit Wasservorräten aus, an einem heißen Sommertag mit mindestens 3,5 l pro Person.

Vom Schloß Landeck gehen Sie die Fahrstraße aufwärts und folgen dabei den Markierungen »1/5« Richtung Krahberg. Ihr Weg steigt immer im Hangwald und dicht beim Inn empor, um schließlich in einen noch erhaltenen Abschnitt der Via Claudia Augusta zu münden (Infotafel). Etwa 250 m nach dem Beginn dieses Abschnitts nehmen Sie den links abzweigenden Pfad, der Sie wieder auf einen Fahrweg bringt. Diesen gehen Sie bis zur Gabelung vor und nehmen für wenige Meter den linken, schräg rückwärts führenden Abzweig bis zu einem Heustadel in einer Hohlwiese. Links des Heustadels gehen Sie die Wiese aus; Ihr nächster Orientierungspunkt ist die Spitzkehre eines Fahrweges, die Sie am unteren Ende schneiden. Halten Sie hier die ursprüngliche Richtung und gehen Sie weiterhin genau östlich durch die nun steil ansteigende Wiese bis zum nächsten Fahrweg, der auf ca. 1.300 m.ü.M. quer verläuft. Auf ihm gehen Sie nach links (und leicht ansteigend) ca. 750 m bis zur nächsten Spitzkehre und verlassen den Weg dort für einen Bergpfad, der nordöstlich durch teilweise frisch gerodeten und mit Himbeersträuchern durchsetzten Hangwald bis nach Larchegg, einer Ansammlung von Ferienhütten vor der Zammer Schihütte (1.740 m.ü.M.), führt. Ab hier folgen Sie dem Wirtschaftsweg rechts der ersten Hütte, zu der Sie empor kommen, und setzen Ihren Weg bei der Schihütte zur oberhalb liegenden, bewirtschafteten Langesberg-Almhütte fort. Der letzte Abschnitt des Aufstieges auf den Krahberg ist eindeutig markiert; er verläuft teilweise über oder entlang von Schipisten, ist aber trotzdem – nicht zuletzt wegen eines dicht vor dem Gipfel liegenden, kleinen Wasserfleckens – landschaftlich reizvoll.

Der Osthang des Krahbergs (2.208 m.ü.M.) wird häufig von Drachenfliegern oder Paraglidern als Startpunkt genutzt, so daß Sie während einer Zwischenrast dort Abwechslung finden werden. Der Bergsteig auf den Glanderspitz verläuft ab hier genau östlich über den Wiesensattel und steigt dann am Kamm des Venetmassivs bis zum höchsten Punkt (2.512 m.ü.M.). Beliebt ist der Glanderspitz nicht nur wegen seiner großartigen Aussichten, sondern auch wegen einer Herde von Bergziegen, die ihn im Sommer beweiden und den Wanderern ihren mitgebrachten Proviant streitig machen.

Auf dem Glanderspitz

Vom Glanderspitz über die Venetalm nach Arzl

Das Schöne an Kammwegen wie demjenigen über den Venet ist: Ihr Verlauf wird durch die Landschaft eindeutig vorgegeben, so daß sich eine Wegbeschreibung nahezu erübrigt. Das weniger Schöne ist: Kammwege sind Wind und Wetter ungeschützt ausgesetzt, so daß Sie für die nächsten 7 km ganz besonders auf ausreichenden Sonnen- bzw. Regenschutz und einen ausgeglichenen Wasserhaushalt achten müssen. Nach dem Kreuzjoch (2.464 m.ü.M.), einem namenlosen Hochpunkt (2.381 m.ü.M.), bei dem Sie den linken Abzweig liegenlassen, und dem Imsterbergjoch (2.077 m.ü.M.) steigen Sie durch Nadelwald hinab bis zum Schotterweg der Venetalm (1.994 m.ü.M.), der wie die Gipfelkette in nordöstlicher Richtung verläuft. Ein paar hundert Meter nach dem Beginn sehen Sie rechts eine Raststelle mit einem Tisch und ein paar Bänken; hier befindet sich auch ein erster Brunnen mit Trinkwasser. Bis zur Alm, auf der Sie sowohl einkehren als auch übernachten können, sind es nun noch ca. 15 Minuten.

Hinter der Alm gehen Sie weiter auf Kammhöhe in nordöstlicher Richtung durch die Weiden. Am quer vor dem Waldrand verlaufenden Weidezaun gibt es einen Durchlaß für Wanderer. Der anschließende Wegabschnitt bis zur Hochastner Alpe (1.756 m.ü.M.) ist für sich genommen nicht zu verfehlen, allerdings müssen Sie wegen

Abstieg v. Venet-Kammweg

schwerer Sturmschäden hin und wieder für 30 bis 50 m vom eigentlichen Pfad abweichen. (Beim stark abfallenden Stück kurz vor der Alm halten Sie im Zweifelsfall links auf die Wiesen in dem kleinen Kessel zu.) Ab der Alpe ist der Weg bis nach Arzl ausgeschildert. Zunächst wandern Sie weiter bis zum Gasthof Plattenrain. Von dort gehen Sie nach Arzlair/Burgstall. Mit weiterhin guter Beschilderung gelangen Sie von hier bis in das Zentrum von Arzl.

Von Arzl nach Oetz

Aufgrund des guten Klimas und der sanften Hanglage läßt sich annehmen, daß die Gegend von Arzl bereits früh besiedelt wurde. Der Ursprung des Gemeindenamens ist nicht geklärt, könnte aber auf romanisch arcella, »kleine Burg« zurückgehen. Urkundlich erwähnt wird Arzl erst 1260, während die beiden Gemeindeteile Wald und Hochasten schon 1070 in einer schriftlichen Schenkung aufgeführt sind. Noch bis in das Mittelalter waren nicht nur diese beiden Gemeindeteile, sondern das gesamte Pitztal eine einzige Urgemeinde, wodurch sich unter anderem erklären läßt, daß Arzl bis heute Almen im hinteren Bereich des Tales besitzt. Vor dem Bau der Brücke über die Pitzeklamm waren die verschiedenen Gemeindeteile nur durch den Luis-Trenker-Steig verbunden, mit dem die Klamm erstmals zugänglich gemacht wurde. Sie ist heute ein Naturwaldreservat und von der forstwirtschaftlichen Nutzung ausgenommen.

Den Weg zur Benni Raich-Brücke, die mit 94 m über dem Talboden die höchste Fußgängerbrücke Europas ist, finden Sie ab dem

Beginn des Geschäftszentrums von Arzl, d.h. ein Stück unterhalb der Kirche, eindeutig ausgeschildert. Ein erstes Schild befindet sich rechts der Hauptstraße und gegenüber einem kleinen Wiesendreieck mit Bäumen an einer Kreuzung. In der Hütte vor der Brücke kön-

Benni Raich-Brücke

nen Sie auch einen Bungee-Jump in die Schlucht buchen (oder alternativ telefonisch: (0)5412/61571).

Auf der anderen Seite der Brücke steigen Sie auf dem neu angelegten Weg durch die Wiesen in den Ortsteil Wald hinauf, wobei Sie sich an der Gabelung in den Wiesen links halten. Am sternförmigen Abzweig im Dorf nehmen Sie den unteren, linken Weg bis zur Kirche und folgen dort der ruhigen Asphaltstraße unmittelbar vor der Kirche weiter am Hang entlang durch die übrigen Ortsteile von Arzl. Bald danach kommen Sie rechts der Bahnlinie nach Roppen. Auch nun folgen Sie weiter der Straße und gehen am Bahnhofsgebäude vorbei bis zu einer Kapelle, die sich auf Ihrer linken Straßenseite befindet. An der Kreuzung dahinter biegen Sie rechts aufwärts ab und haben die katholische Pfarrkirche nun auf Ihrer linken Seite.

Der steil ansteigenden Straße folgen Sie bis unter die Obstwiesen und gehen an der unteren Grenze links in eine Wohnstraße. Bei der nächsten Kreuzung, unter der ein kleiner Bach hindurchfließt, biegen Sie rechts in die ruhige Waldallee nach Sautens ein, der Sie durchgängig folgen. Bald nach der Kreuzkapelle erreichen Sie die ersten Häuser und bleiben bis zur Kirche noch auf der Straße. Danach biegen Sie in den Abzweig bei der Touristinfo, die Sie schon sehen können, und folgen diesem bis zum Beginn des wesentlich breiteren, linken Straßenstücks auf die Landstraße nach Oetz. Hier zweigen Sie rechts ab und gehen durch das Dorf in den Teil Lang-

Piburger See

mahd, um dort bei der Kapelle in den linken, unteren Wirtschaftsweg einzubiegen. In einer Rechtskehre nähern Sie sich nun der Oetztaler Ache und kommen durch die Weiden bis zur Verbindungsstraße von Piburg, auf der Sie links in das Ortszentrum von Oetz gelangen.

Falls Sie in Oetz nicht übernachten möchten, können Sie den Ort über den Piburger See abschneiden und bei der Acherbergalm wieder an die Hauptroute anknüpfen (s. nächster Wegabschnitt, *Von Oetz über die Mittertaler Scharte* ...). In Sautens folgen Sie hierfür dem Hinweisschild »Ritzlerhof«. Von dem Hof ist der Weg zum Piburger See eindeutig ausgeschildert. Den See umlaufen Sie wahlweise links- oder rechtsherum bis zu einer Gaststätte, die Sie unmittelbar bei Ihrer Ankunft am Ufer schon sehen können. An der Gaststätte folgen Sie dem Hinweisschild nach Habichen. Ab dort ist dann der Weg zur Acherbergalm ausgeschildert.

16 Von Oetz über Kühtai nach Zirl

Nach einem steilen, aber schattigen Aufstieg durch den Hangwald betreten Sie bei der Acherbergalm das Hochgebiet nördlich des Acherkogels. Bei der verfallenen Alten Bielefelder Hütte weitet sich Ihre Aussicht über Oetz in das gesamte Achetal und bis zum gegenüberliegenden Piburger See. Durch die felsige Mittertaler Scharte kommen Sie in die Steinwälder und Hochwiesen um den See'lesboden. Zum Ende Ihres ersten Abstiegs durch offenen Zirbenwald und satte Blaubeerfelder passieren Sie Kühtai, das im von Hochgipfeln völlig abgeschlossenen Sellraintal liegt. Hinter der Flaurlinger Scharte beginnen Sie Ihren nächsten Abstieg entlang des Kanzingbaches und nähern sich entlang stiller Wohnsiedlungen wieder dem Inn. Durch dessen Auen und mit einem Exkurs durch ein Feuchtbiotop erreichen Sie Zirl, Ihr Tor zum Karwendelgebirge.

Markierungen: Beim Aufstieg zur Mittertaler Scharte zuerst Holzschilder, dann weiße Blechschilder mit schwarzer Schrift, sowie Farbmarkierungen auf Steinen (roter Punkt auf weißem Grund oder rot-weißer Streifen). Zur Flaurlinger Scharte nur Farbmarkierungen, entlang des Kanzingbaches uneinheitliche Holzschilder, in den Innauen Metallschilder, teilweise die der Radwanderwege. **Karten**: Österreichische Karte 1:50.000 (»ÖK 50 BMV«), Blatt Nr. 146 »Oetz«, Nr. 147 »Axams« und Nr. 117 »Zirl«. **Unterkünfte**: Oetz, (Acherbergalm,) Neue Bielefelder Hütte, Dortmunder Hütte, (Kühtai,) Hatting, Zirl. Anschluß an das Netz der **ÖBB**: Zirl. **Tagesetappen**: 2 Tage: Oe.-Dortmunder Hütte (10 Std.), Dortmunder Hütte-Z. (10 Std.), 3 Tage: Oe.-Dortmunder Hütte (10 Std.), Dortmunder Hütte-Hatting (8,5 Std.), Hatting-Z. (1,5 Std.), 4 Tage: Oe.-N. Bielefelder Hütte (4,5 Std.), N. Bielefelder Hütte-Dortmunder Hütte (5,5 Std.), Dortmunder Hütte-Hatting (8,5 Std.), Hatting-Z. (1,5 Std.).

Von Oetz über die Mittertaler Scharte nach Kühtai

Für die 200 Jahre junge, alpine Landschaftsmalerei bot Oetz geradezu ideale Motive: die spätgotische Pfarrkirche auf dem Felsen und das unterhalb vor dem Hausberg gelegene Dorf mit einer stattlichen Zahl weltlicher Bauten, unter ihnen das Posthotel Kassl, welches auch im *Praktischen Reisehandbuch für Österreich* (1904) lobend erwähnt wird. Der privaten Initiative von Hans Jäger ist es zu verdanken, daß eine ansehnliche Menge der künstlerischen Blicke nicht

Ort	m.ü.M.	Std.	km	km ges.
Oetz	760	1	0,0	0,0
Abz. Zentralalpenweg	1.250	1 1/2	4,0	4,6
Acherbergalm	1.893	1 3/4	4,6	6,5
Alte Bielefelder Hütte (verf.)	2.160	1	1,9	10,6
Mittertaler Scharte	2.631	1 3/4	4,1	13,6
See'lesboden	2.184	1 1/2	3,0	16,4
Abz. Speicher Längental	1.910	1	2,8	18,2
Dortmunder Hütte	1.948	1/2	1,8	22,7
Abz. Lawinenschutztunnel	1.960	1 1/4	4,5	26,6
Wiesensattel ob. Schafhütten	2.200	1 1/2	3,9	27,3
Flaurlinger Scharte	2.400	1/2	0,7	27,9
Weibeslacke	2.350	1/4	0,6	28,8
Ufer Kanzinger Bach	1.940	1/2	0,9	32,6
Flaurlinger Alm	1.613	1 1/2	3,8	38,1
Abz. Schwaighof	886	1 1/4	5,5	41,3
Polling	615	1	3,2	43,1
Hatting	616	1/2	1,8	44,9
Feuchtbiotop	619	1/2	1,8	49,1
Zirl	622	1	4,2	49,1

verlorengegangen ist, sondern Einlaß in die Galerie zum alten Oetztal gefunden hat, die bis 2003 vom Initiator in seinem Bauernhof in der Piburger Straße ausgestellt wurde und nun als ständige Sammlung im frisch restaurierten Oetzer Turmmuseum zu bewundern ist (Dienstag bis Samstag 15.00-18.00, Sonntag 11.00-18.00, Tel.: (0)5252/20063, Schulstraße 2).

Seit der Entdeckung Ötzis, des »Mannes im Eis«, ist das Tal um eine weitere kulturelle Sensation reicher. Intensive archäologische Forschungen belegen inzwischen, daß der früheste Aufenthalt von Menschen im achten Jahrtausend v.u.Z. stattgefunden hat. Unter wissenschaftlicher Leitung der Universität Innsbruck ist im nahegelegenen Umhausen der Freilichtpark Ötzidorf entstanden, in dem man sich anhand von Originalfunden, die durch zahlreiche Rekonstruktionen ergänzt werden, ein anschauliches Bild von den Lebensumständen

Von Oetz über Kühtai nach Zirl 115

in der Jungsteinzeit machen kann. (Öffnungszeiten Sommer, d.h. 1. Mai–24. Oktober: 9.30-17.30, Führungen täglich um 10.30, 12.00, 13.30 und 15.00, s. auch oetzidorf.at.)

Alte Bielefelder Hütte

Ihr Aufstieg in Oetz beginnt auf der Höhe der oberen Brücke über die Ache. Nehmen Sie hier auf der gegenüberliegenden Seite der Durchgangsstraße den ersten Abzweig linker Hand und folgen Sie der bald einsetzenden Beschilderung in Richtung Schwimmbad. Links am Bad vorbei gehen Sie auf dem Fahrweg zur Kalvarienbergkapelle, wo Sie auf dem Weg scharf nach rechts (südsüdöstlich) abknicken. Nach mehreren langgezogenen Serpentinen verlassen Sie den Fahrweg bei ca. 1.250 m.ü.M. für den markierten Zentralalpenweg mit der Nr. 102A (Variante). Immer dicht bei der Fallinie und damit parallel zum nördlich fließenden Ederbach bringt Sie dieser Weg an das obere, blinde Ende eines Wirtschaftsweges (ca. 1.680 m.ü.M.). Hier setzen Sie links des Wirtschaftsweges auf dem Bergweg durch die Wiesen fort und treffen oberhalb noch einmal auf eine Spitzkehre. Besonders mit Gepäck geht es sich ab hier auf dem Wirtschaftsweg angenehmer, und bis zur Acherbergalm (1.893 m.ü.M.) ist diese landschaftlich schöne Variante auch nur 700 m länger. Gegenüber der Alm, auf der Sie leider nur im Notfall übernachten können, beginnt der Bergweg zur Neuen Bielefelder Hütte, dem Sie hier für die ersten Meter folgen, um danach rechts zur Alten Bielefelder Hütte (2.160 m.ü.M., zerstört) abzuzweigen. Generell südöstlich und nur mit einer kleinen Kehre bei einem Bach zum Ende des Aufstieges erreichen Sie das Fundament dieser Hütte, die 1951 durch eine Staublawine zerstört wurde, auf dem Bergweg Nr. 147.

Am Th.-Streich-Weg

Da es sich bei dem Niederriß durch die Staublawine bereits um die zweite Zerstörung der Hütte durch eine Naturgewalt handelte, kam für den damaligen Vorsitzenden der DAV-Sektion Bielefeld, Theodor Streich, ein Wiederaufbau der Hütte an derselben Stelle nicht mehr infrage. Für den neuen Standort unterhalb der nördlich gelegenen Roßköpfe sprach neben dem besseren Schutz vor Lawinen auch, daß man die Hütte mit Blick auf das Tourenschigebiet unterhalb des Hochoetz im Winter in Betrieb halten konnte und sich die Zahl der Besucher im Sommer aufgrund des nahegelegenes Klettergebietes noch zusätzlich erhöhen würde. Bis zur Errichtung des Sesselliftes zum Hochoetz Ende der siebziger Jahre bewahrheitete sich diese Überlegung aber nur in der schneefreien Jahreszeit: Die erste Wintersaison auf der Hütte war sogar so still, daß ein Tannenhäher seine Nächte ungestört in der Küche verbrachte.

Vom im Hochkessel gelegenen Fundament der Alten Bielefelder Hütte nehmen Sie den oberen Weg zur Neuen Bielefelder Hütte und biegen beim nächsten Abzweig, der sich noch vor dem Bach befindet, rechter Hand und gegen die Fließrichtung in das Bachtal ein. Nach ca. 250 m überqueren Sie den Wasserlauf auf die linke Seite und setzen den Aufstieg nun in östlicher Richtung am Ausläufer des Wörgegrat-Sattels fort. Innerhalb von 500 m überqueren Sie noch ein letztes Mal den Bach, um erst auf grasüberwachsenem Schutt, dann über feineres Geröll und dicht am Fels den letzten Teil Ihres Aufstiegs in Angriff zu nehmen. Besonders zum Ende hin ist der Steig steil und teilweise ausgesetzt, an den schwierigen Stellen aber immer mit Drahtseilen versichert und genau markiert. Nach einer Rechtsbiegung um die Wörgegratspitze können Sie die Mittertaler Scharte (2.631 m.ü.M.) links oben im Ende des Felskessels sehen.

Der abenteuerliche Theodor-Streich-Weg herunter nach Kühtai, benannt nach dem oben erwähnten Vorsitzenden der DAV-Sektion Bielefeld, wurde 1922 fertiggestellt. Unterhalb des Wörgetalsattels, der im Nordosten in die Hintere Karlesspitze (2.641 m.ü.M.) übergeht, beginnen Sie Ihren Abstieg über schrofigen, mäßig steilen Fels durch das Schotterkar. Bei der ersten großen West-Ost-Serpentine

Blick zurück auf Kühtai

sehen Sie geradeaus einen einzelnen Bergsee vor sich, dessen Abfluß den Bach durch das Mittertal bildet und an dem Sie sich für den weiteren Abstieg grob orientieren können. Auf einem fast ebenen Wegstück kommen Sie durch eine Ansammlung riesiger Felsblöcke, eine Art »steinerne Stadt«, bevor sich der Weg in leichten Schlängelungen den Wiesen des See'lesboden nähert. Hier überqueren Sie den Bach auf die rechte Seite und gelangen bald darauf in einen mit Blaubeerbüschen durchsetzten Zirbenwald. Generell in nördlicher Richtung durchqueren Sie diesen Wald bis vor den Speicher Längental, einen Stausee, der sich bei der Einfahrtsstraße nach Kühtai befindet. An der Südseite des Sees wenden Sie sich nach rechts und umgehen den See bis zum Pumpwerk, um Ihren Weg auf der Zufahrt bis zur unteren Serpentine der Kühtaier Dorfstraße fortzusetzen, wo sich als erste Unterkunft die Dortmunder Hütte befindet.

Von Kühtai über die Flaurlinger Scharte ins Inntal und nach Zirl

Das Sellraintal, in dessen Mittelpunkt Kühtai liegt, wird im Süden durch die Stubaier Alpen und im Norden durch einen Gebirgskamm von Roßkogel, Peider Spitze und Schartenkogel begrenzt, welcher gegen das Inntal liegt. Die natürliche Grenze im Westen ist die Wasserscheide bei der Stockach-Alm, diejenige im Osten eine Schlucht, welche sich die Melach durch eine Mündungsschlaufe zum Inntal gegraben hat.

Erstmals urkundlich erwähnt wird Kühtai im Urbar (Verzeichnis über Besitzrechte eines Grundherren) des Grafen von Tirol um 1280, bevor Kaiser Maximilian 1497 das Jagdrecht erwarb und Erzherzog Leopold in Fortsetzung dieser Tradition ein Jagdschloß errichten ließ, das als heutiges Hotel noch genau diejenige Form besitzt, die ihm Jakob Stöckhl als damaliger Baumeister und Pflegeverwalter gegeben hat.

Zwar ist Kühtai ein beliebter Ausgangspunkt für Sommerwanderungen, doch bildet die Haupteinnahmequelle der Wintersport. Im Vergleich zu den siebziger Jahren hat sich die Lage zwar angeglichen, obschon die Durchgangsstraße an manchen Sommertagen noch immer wirkt, wie Joachim Schorndorff sie in seinem *Auto-Reiseführer Österreich* beschrieben hat: Kühtai sei »gespenstisch ..., wenn man Anfang Juni nichts sieht als geschlossene Hotels und geschlossene Läden.«

Auf der Straße durchwandern Sie das gesamte Dorf in nordöstlicher Richtung und setzen auf ihr auch nach dem kleinen Sattel fort, der sich hinter den letzten Häusern befindet. Auf ca. 1.970 m.ü.M. wechselt der Stockacher Bach, welcher bis dahin links der Straße verläuft, die Seite. Etwa 750 m weiter zweigt auf der linken Straßenseite ein Wirtschaftsweg ab. Über einen durchbrochenen Lawinenschutztunnel für die Landstraße folgen Sie diesem Wirtschaftsweg in einer Biegung und zunehmend nördlich um den Kleinen Mugkogel bis zum Klammbach und wechseln an dessen Ufer bei der ersten geeigneten Stelle die Seite. (Den Weg, wie eingezeichnet, bis zur Brücke beim verfallenen Steinhüttl auszugehen, lohnt sich nur bei Hochwasser, da die Flaurlinger Scharte in gerader Verlängerung der Ausfahrtstraße aus Kühtai liegt, d.h. inzwischen schräg rechts von Ihnen den Wiesenhang hinauf.) Der Steig durch diese Wiesen ist teil-

Von Oetz über Kühtai nach Zirl 119

weise undeutlich, doch ist die Scharte landschaftlich nicht zu verfehlen. Um nicht auf den Stabsteig abzukommen, der am Zirmbach entlang durch das Tal nach Haggen führt, halten Sie sich am Ufer rechts, aber immer aufsteigend, an noch vorhandene Wegspuren, wobei Sie bei ca. 2.150 m.ü.M. innerhalb von 250 m zwei Bachläufe überqueren, die nach unten hin zusammen kommend in einer einzigen Mündung in den Zirmbach fließen.

Der Steig biegt nun weiter nordöstlich ab und überquert innerhalb von 750 m noch einen weiteren Bach, der sich sein Bett um einiges tiefer in den Hang gegraben hat als die beiden vorigen Läufe. Jenseits dieses Baches kommen Sie auf einen exponierten Wiesensattel (ca. 2.200 m.ü.M.), welcher oberhalb der Schafhütten (2.143 m.ü.M.) liegt. Die Flaurlinger Scharte (2.400 m.ü.M.) befindet sich nun genau nördlich; Ihr Steig ist ab diesem Sattel wieder gut zu finden.

Beim Abstieg zur jenseitigen Weibeslacke (2.350 m.ü.M.) unterhalb des Schartenkogels stoßen Sie auf keinerlei Schwierigkeiten, ebensowenig beim darauffolgenden, weitgehend geraden Stück bis zur Abbruchkante oberhalb der Pollinger Melchweid. An dieser Hangkante gabelt sich der Bergweg jedoch, und die Spuren für den Abstieg werden undeutlich. Der gute Steig nach links Richtung Rietzer Grieskogel bedeutet mit Blick auf Ihr nächstes Ziel, die Flaurlinger Alm, einen erheblichen Umweg, so daß Sie sich besser am unterhalb in der Talsenke verlaufenden Kanzingbach orientieren, den Sie anhand von Wegresten und Viehtritten über den beweideten Hang erreichen können. Wenn Sie Ihren Abstieg mit Hilfe der Viehtritte genau dort beginnen, wo der eindeutige, fast horizontale Steig in Richtung Grieskogel einsetzt, und im groben der Fallinie folgen, nähern Sie sich innerhalb von 100 Höhenmetern einer weichen Abbruchkante, der Sie nach links ausweichen. Danach erreichen Sie das Bachufer über einen sanften Wiesensattel rechts von sich. Folgen Sie nun dem Bach in Fließrichtung und wechseln Sie der Bequemlichkeit halber innerhalb der nächsten 200 m auf den Bergpfad am gegenüberliegenden Ufer (nicht eingezeichnet), der nach weiteren

300 m wieder auf die rechte Bachseite zurückkehrt. Auf einem steinigen, an sich aber gut begehbaren Pfad kommen Sie nach knapp zwei Kilometern an eine Gabelung, bei der links ein Wirtschaftsweg zur Flaurlinger Alm (1.613 m.ü.M.) einsetzt.

Auch über die Alm hinaus, bei der Sie für ein Getränk oder eine kleinere Jause einkehren können, folgen Sie diesem Wirtschaftsweg, der Sie immer dicht entlang des Kanzingbachs bis zum einsetzenden Asphalt vor dem Schwaighof führt (ab der Alm ca. 5,5 km). Auf der Asphaltstraße gehen Sie weiter bis in den Kern von Mooslehen/Fritzens und wechseln bei der Kreuzung auf die Straße am Hang (Richtung: Staklhöfe/Pollingberg), die dicht unterhalb einer Hochspannungsleitung verläuft. Auch in der nächsten Siedlung halten Sie sich weiter am Hang, biegen aber ca. 200 m hinter der Kapelle rechts auf den Peter-Anich-Weg ab. (*Achtung:* die Bezeichnung steht für einen Wanderweg, d.h. sie ist kein Straßenname.) Dieser Weg führt Sie nun zumeist oberhalb der Hochspannungsleitung bis nach Hattingberg. Dort angekommen, wandern Sie über die Landstraße bis nach Hatting hinunter und folgen der Straße geradeaus durch den Ort bis zur ersten Kreuzung nach der Unterführung unter der Bahnlinie. In die dort abzweigende Wohnstraße biegen Sie rechts ein und gehen beim nächsten Straßenabzweig wiederum rechts, um hinter den letzten Häusern auf einen schnurgeraden Feldweg zu kommen, der den links gelegenen Inn-Bogen wie eine Sehne durchschneidet. Ab der Brücke in der Nähe eines Feuchtbiotops, das Sie innerhalb der nächsten 1,7 km erreichen, ist das Ziel Zirl eindeutig ausgeschildert. An der Brücke über den Inn mündet Ihr Wanderweg in eine der Hauptzufahrtsstraßen des Ortes.

17 Von Zirl nach Schwaz (Karwendel-Süd-tour)

Auf einem kaum begangenen Weg durch den Flieserwald oberhalb von Hochzirl steigen Sie binnen weniger Stunden zum Solstein Haus auf, von dessen Terrasse sich eine großartige Aussicht durch das Brunntal über Zirl und die dahinterliegenden Innauen bietet. Hinter der Kristen Alm erwarten Sie idyllische Waldweiden, bevor Sie auf einem für Autos gesperrten Fahrweg durch schier endlos-schöne Waldabschnitte zur Pfeis Hütte aufsteigen. Ab hier zeigt sich das Karwendel von seiner besten Seite: Über das abenteuerliche Stempel Joch machen Sie einen Ihrer bisher steilsten Abstiege, der Sie zum Wilde-Bande-Steig bringt. Unterhalb von Lafatscher- und Bachofenkar gelangen Sie an ausgesetzten, von Latschen überzogenen Hängen zum Lafatscher Joch, dem Durchlaß zum Halleranger Haus. Hinter dem sanften Überschall Joch beginnt die längste Talwanderung der gesamten Tour: Über insgesamt 22 km führt Sie ein gut markierter Steig an zahlreichen Wasserfällen und naturbelassenen Flußabschnitten durch das wilde und unverbaute Vomper Loch, wobei der mit Leitern versicherte Katzenleiter Steig einen letzten, technischen Höhepunkt darstellt.

Markierungen: Schilder uneinheitlich, aber durchgängig, zusätzlich immer Farbmarkierungen auf Steinen, rot oder rot-weiß. **Karten**: Österreichische Karte 1:50.000 (»ÖK 50 BMV«), Blatt Nr. 117 »Zirl« und Nr. 118 »Innsbruck«, alternativ zu beiden freytag&berndt, Wanderkarte 1:50.000, WK 323, »Karwendel«. **Unterkünfte**: Zirl, Solstein Haus, Pfeis Hütte, Halleranger Haus, Halleranger Alm, Karwendelrast, Schwaz. Anschluß an das Netz der ÖBB: Zirl, Schwaz. **Tagesetappen**: 3 Tage: Z.-Solstein Haus (3 Std.), Solstein Haus-Halleranger Haus (8,5 Std.), Halleranger Haus-S. (9,5 Std.), 4 Tage: Z.-Pfeis Hütte (8,5 Std.), Pfeis Hütte-Halleranger Haus (4 Std.), Halleranger Haus-Karwendelrast (8 Std.), Karwendelrast-S. (1,25 Std.).

Achtung! *Aufgrund der Steilpassagen beim Stempel Joch und im Vomper Loch sind Schwindelfreiheit und insbesondere sehr gute Trittsicherheit wichtige Voraussetzungen für die Bewältigung dieses Wegabschnitts. Der Weg verläuft meistens über 2.000 m.ü.M., d.h. genügend Kondition (oder weniger Gepäck) tragen entscheidend zum Erfolg bei. Eine Kletterausrüstung im eigentlichen Sinn ist nicht nötig, da alle fraglichen Stellen fest mit Drahtseilen, Leitern etc. versichert sind, doch verlangt insbesondere der* dritte Teilabschnitt *überdurchschnittliche Wandererfahrung in alpiner Umgebung. Durch die starke Reflexion am Kalkfels besteht im gesamten Karwendelgebirge verstärkte Sonneneinstrahlung. Sonnenbrille und guter Lichtschutz sind unbedingt erforderlich.*

Von Zirl zum Solstein Haus

Am Ende der Brücke über den Inn beginnt die Bahnhofstraße, welche Sie bis zu einem dreieckigen kleinen Platz durchgehen, von dem gegenüber und schräg rechts die Kirchstraße abzweigt. Auf der Kirchstraße gelangen Sie in den oberen Teil des Ortes. Sehenswert ist hier die prunkvoll ausgestattete Pfarrkirche zum heiligen Kreuz, welche erstmals 1391 schriftlich erwähnt wurde und deren Turm aus der Zeit Kaiser Maximilians stammt. In der oberhalb von Zirl gelegenen, 500 m hohen Martinswand verstieg sich dieser jagdbegeisterte Kaiser im Jahr 1493, als er eine Gemse verfolgte, und konnte nur mit Not gerettet werden. Am Ort des Happy Ends, einer Höhle auf ungefähr halber Höhe, befindet sich bis heute eine Kreuzigungsgruppe.

Typischer als die Herz-Jesu-Prozession, welche in Zirl alljährlich zehn Tage nach Fronleichnam abgehalten wird, sind für den Ort die Kräuterweihe in der Pfarrkirche (15. August) und der Erntedankumzug (3. Sonntag im Oktober), bei dem sich ein Aufmarsch mit Tieren und einer Erntedankkrone vom Dorfplatz bis zur Hauptschule bewegt, wo zum Abschluß der Prozession eine Festmesse abgehalten wird.

Ähnlich prachtvoll wie die Kirche sind auch die Wandbemalungen an vielen der alten Zirler Häuser, die Sie leicht mit ein paar kleinen Abstechern vom Dorfplatz aus, meistens rechter Hand, besichtigen können.

Vom Dorfplatz, der am oberen Ende der Kirchstraße liegt, gehen Sie geradeaus in die Mühlgasse und folgen ihr rechts abknickend bis zur Unterführung unter der Nordumfahrung. Ausgeschildert ist

Von Zirl nach Schwaz

Ort	m.ü.M.	Std.	km	km ges.
Zirl	622	0	0,0	0,0
Abz. Weg Nr. 213	1.050	1	2,2	2,2
Soln Alm	1.644	1 1/2	4,6	6,8
Solstein Haus	1.896	3/4	1,9	8,7
Kristen Alm	1.348	1	3,3	12,0
Abz. Fahrweg Scharnitz	1.176	3/4	2,6	14,6
Mösl Alm	1.262	1/4	0,9	15,5
Beginn Steilanstieg	1.536	1 3/4	4,8	20,2
Pfeis Hütte	1.922	1	2,0	22,2
Abz. Weg Nr. 221	2.060	1/4	0,8	23,0
Stempeljoch	2.215	1	1,3	24,3
Beginn Wilde Bande Steig	1.900	1/4	0,5	24,8
Lafatscher Joch	2.081	1 1/2	2,9	27,7
Halleranger Haus	1.768	3/4	2,1	29,8
Überschall Joch	1.912	1/2	1,3	31,1
Hütten in der Au	1.077	2 3/4	6,4	37,5
Beginn Katzenleiter Steig	1.145	2	4,5	42,0
Jagdhütte am Zwerchbach	1.030	3/4	1,8	43,8
Kneipp Anlage am Stubbach	965	1 3/4	4,9	48,7
Karwendelrast	800	3/4	2,3	51,0
Vomp	563	1/2	1,8	52,7
Schwaz	545	3/4	3,3	56,0

bereits jetzt Hochzirl bzw. das gleichnamige Krankenhaus und der Bahnhof. Die markierten Abschneider in den unteren Serpentinen der Hochzirler Straße bedeuten kaum eine Erleichterung für den Aufstieg (es sei denn, Sie gehen mit sehr wenig Gepäck), so daß Sie am besten erst nach der dritten Spitzkehre der Straße, d.h. ca. 1,9 km nach dem Beginn bei der Unterführung, rechts auf den Abzweig zum Wanderweg Nr. 213 abgehen. Still und steil führt Sie dieser Weg generell nordöstlich durch eine Reihe lichter und idyllischer Waldpanoramen zur Soln Alm (1.644 m.ü.M.) hinauf, von wo aus Sie das Solstein Haus erstmals sehen können. Gut einen Kilometer vorher passieren Sie die Talstation der Materialseilbahn bei Ober-

Solstein Haus

bach. Der Wald lichtet sich nun zusehends und wird nach der Überquerung des Ehnbaches fast vollständig durch Hangbewuchs mit Latschen ersetzt, die neben den hellen Kalkfelsen, welche nun ebenfalls immer häufiger ans Tageslicht treten, als das natürliche Wahrzeichen des Karwendelgebirges – wie der Nördlichen Kalkalpen überhaupt – gelten. Hinter dem Ehnbach knickt der Bergweg südöstlich ab und erreicht das Solstein Haus (1.805 m.ü.M., mit Übernachtungsmöglichkeit) in einer langgezogenen Linksbiegung.

Vom Solstein Haus zur Pfeis Hütte

Der Alpenpark Karwendel, an dessen südlicher Grenze das Solstein Haus liegt, ist mit dem Gründungsjahr 1928 eines der ältesten Schutzgebiete der Ostalpen. Abhängig von der Jahreszeit gibt der Park einen tiefen Einblick in die Vielfalt der alpinen Flora: von zarten Glockenblumen in Pastellfarben bis hin zu den kräftigen Blüten und Blättern des Platenigl. Die schroffen Strukturen des Kalkmassivs bereichern die Formenvielfalt ebenso wie die auf ihnen lebenden Flechtenkulturen, eine Symbiose aus Algen und Pilzen, deren Farben von gelb über dunkelrot bis orange reichen.

Ab dem Solstein Haus folgen Sie den Wegweisern zur Kristen Alm (1.348 m.ü.M.) und halten sich dabei immer in der Nähe des gleichnamigen Baches, der Sie noch über die Alm hinaus bis an den für allgemeinen Verkehr gesperrten Fahrweg von Scharnitz bringt. Hier biegen Sie rechts ein – Weg Nr. 221 – und sehen nach einem kleinen Steilstück rechts auf einer Wiesenlichtung die Mösl Alm (1.262 m.ü.M.), bei der Sie für ein Getränk oder eine Jause einkehren können. Entlang des Gleirsch Baches gehen Sie den Fahrweg bis zu seinem Ende aus (1.536 m.ü.M.), wo der Steilanstieg zur Pfeis Hütte beginnt. Erst noch am Wasser, dann am Hang unterhalb der Kaskar Spitze gelangen Sie in einer Rechtskurve bis zum Oberlauf des Baches, den Sie in südlicher Richtung überqueren. Spätestens ab diesem letzten Wegstück können Sie die Pfeis Hütte (1.922 m.ü.M., Übernachtungsmöglichkeit) auf dem kleinen Plateau unterhalb der Rumer Spitze sehen.

Von der Pfeis Hütte zum Halleranger Haus

Die Pfeis Hütte wurde 1926/27 durch den Zweig Innsbruck des Österreichischen Alpenvereins errichtet und hat ihr ursprüngliches Aussehen bis heute bewahrt. Sowohl in der Gaststube als auch in vielen der Gastzimmer sind die originalen Holzvertäfelungen noch erhalten. Sämtliche Renovierungsarbeiten, die ab 1998 durchgeführt wurden, um die Hütte modernen Umweltstandards anzupassen, wurden unter größtmöglicher Schonung der vorhandenen Bausubstanz durchgeführt. Eine leistungsstarke Solaranlage sorgt jetzt für den größten Teil der Beheizung und stellt auch das Warmwasser für die Duschen und sanitären Anlagen zur Verfügung. Eine mehrstufige Kläranlage gewährleistet den Schutz der fragilen Umwelt.

Vom Hütteneingang gehen Sie zurück bis zum letzten Abzweig und nehmen dort den rechten Pfad, der sich mäßig ansteigend an der Flanke der Talsenke emporzieht. Nachdem Sie einen kleinen, nicht markierten Pfad (rechts) zu einer Jagdhütte beim Talboden liegengelassen haben, gehen Sie beim nächsten Abzweig links auf den Weg Nr. 221 Richtung Stempel Joch. Im unteren Bereich läuft dieser Weg gerade auf das Joch zu, um dann beim Schutt im Anstieg nach rechts Richtung Pfeiser Spitze abzubiegen und zwei engere Serpentinen zu schlagen. In einer langen Diagonale nähern Sie sich danach wieder dem linken Außenrand des Kessels und gelangen

Stempel Joch

wenige Meter hinter einer Spitzkehre direkt vors Joch.

Von der Haller Amtsäge im Gleirschtal wurde ehemals der Bedarf des Haller Salzberges an Grubenholz gedeckt, so daß man die von Ästen und Zweigen befreiten »Rundhölzer« – im Volksmund Stempel genannt – bis zum oberen Talende schleifte und dort durch das Stempel Joch und über die Halde in das ostseitige Halltal abrollen ließ. Auf diese frühere Nutzungsart ist es wohl unter anderem zurückzuführen, daß der Steig vom Stempel Joch herab nunmehr einer so starken Erosion ausgesetzt ist, daß er durch die Belegschaft des Halleranger Hauses jedes Jahr neu ausgelegt und mit Eisenhaken, Seilen und Baumstämmen versichert werden muß. Kurz vor jeder erneuten Versicherung ist der Verlauf des Steiges in dem sandigen, rotgrauen Schutt kaum mehr zu erkennen; doch halten Sie deswegen trotzdem nicht – wie es jedes Jahr viele Wanderer tun – den nach rechts fortsetzenden Pfad zur Pfeiser Spitze (2.317 m.ü.M.) für den richtigen Weg. Nicht nur durch die beschriebene Spitzkehre ist das Stempel Joch (2.215 m.ü.M.) eindeutig ausgewiesen, sondern auch landschaftlich als tiefer Einschnitt in der Kammlinie, wobei sich rechts neben dem Durchstieg ein spitzer Grat in der Form einer Zwergenmütze erhebt, gefolgt von drei weiteren runderen, bevor der Grat in einem Sprung weit in die Höhe steigt. Der Ausgang aus der Halde hinter dem Stempel Joch befindet sich etwa 100 Höhenmeter unterhalb links am Fels (Farbmarkierung). Hier beginnt auch der immer noch abenteuerliche, aber längst nicht mehr so beschwerliche Wilde-Bande-Steig, benannt nach einer 1877 gegründeten Bergsteigergruppe, die eine enge Verbindung zu den Salzberger Knappen hatte und den Steig in Eigeninitiative baute.

Hinter dem Sockel der Stempel Joch-Spitze verläuft der Wilde-Bande-Steig in einem bizarren Wechsel durch das Bachofen- und Latscherkar, durch gemütliche Abschnitte mit humusreichem Boden und Latschenkiefer-Bewuchs unterbrochen. An den beiden Abzwei-

Halleranger Haus

gen vor dem Lafatscher Joch gehen Sie links; der ursprüngliche Weg mit der Nr. 222 setzt am letzten der Abzweige rechts zum Speckkar fort.

Nach dem Lafatscher Joch (2.081 m.ü.M.) erwartet Sie eine weitgezogene Senke, zu deren Ende Sie über eine Geröllhalde hinab in den Wald- und Wiesenstreifen entlang des Lafatscher Baches steigen, in dem auch das Halleranger Haus (1.768 m.ü.M.) liegt, wo Sie einkehren und übernachten können. (Übernachtungsmöglichkeiten bestehen auch in der wenige Meter entfernten Halleranger Alm.)

Vom Halleranger Haus durch das Vomper Loch zur Karwendelrast

Vom Halleranger Haus gehen Sie östlich und erreichen innerhalb weniger Meter die Halleranger Alm, wo Sie auf dem Weg Nr. 224 nach rechts zum Überschall Joch (1.912 m.ü.M.) fortsetzen. Hinter dem Joch verläuft der Weg noch für gut einen Kilometer relativ eben, fällt dann aber links des Vomper Baches steil in eine Senke ab und nähert sich am vorläufig tiefsten Punkt dem Sockel der Hochkanzel. Am Ende des Sockels wechseln Sie mit den Markierungen die Seite des Baches, wonach sich das Tal mit dem Einsetzen des Laubwaldes allmählich zu einer Aue weitet. Im letzten Drittel der Aue passieren Sie auf einer Lichtung zwei auf der rechten Seite gelegene Hüt-

Zerstörter Steg im Vomper Loch

ten (1.077 m.ü.M.) und halten sich danach an die Farbmarkierungen Richtung Bach, mit denen Sie den Wasserlauf kurz vor der Bärenklamm ein weiteres Mal überqueren. (Den ohnehin schwer zu findenden Abzweig nach rechts zur Prügelklamm lassen Sie liegen.) Der Weg klimmt nun teilweise steil am Fels in den Hangwald südsüdöstlich der Eiskarl Spitze, verläuft aber weiterhin parallel zum Vomper Bach und überquert dabei mit einem Holzsteg den Zufluß eines kleinen Wasserfalls, der vom Ödkarl gespeist wird. Etwa 700 m nachdem Sie einen weiteren Wasserlauf überquert haben, gabelt sich der Pfad und Sie entfernen sich – nur schwach ansteigend – links um den Hang herum vom Vomper Bach in nördlicher Richtung in das Zwerchloch. Bereits an der linken Talflanke beginnt hier der Katzenleiter Steig, welcher Sie – Nomen est Omen – über eine Vielzahl von Sprossen in das Tal herab und zu dessen Schluß in einer Kehre zur Jagdhütte Zwerchbach (1.030 m.ü.M.) an der rechten Talflanke zurückführt. (Bald nach dem Beginn des Steiges können Sie die Hütte gegenüber sehen.) Nähern Sie nun sich wieder dem Vomper Bach und setzen Sie Ihren Weg parallel zur Fließrichtung auf ca. 1.100-1.000 m.ü.M. durch den Naßtalwald fort. Auch beim Abzweig vor dem Stub Bach halten Sie diese Richtung und kommen so über eine kleine Schlaufe im Bachtal zu einer Art »Kneipp-Anlage«, wo Sie nicht nur Wasser treten, sondern unter einer freistehenden, solar geheizten Brause auch duschen können.

Nachdem Sie den Bach überquert haben, mündet der Wanderweg in eine ruhige Fahrstraße, die Sie bis unmittelbar vor die Karwendelrast (ca. 800 m.ü.M.) rechts am Ortseingang von Vomperberg bringt, wo Sie sowohl einkehren als auch übernachten können.

Von der Karwendelrast bis nach Schwaz

Katzenleiter Steig

Mangels Alternativen ist dieser Wegabschnitt leider alles andere als schön: Er folgt immer der Straße und führt zuletzt durch ein Gewerbegebiet. Bei der Ausfahrt aus der Karwendelrast gehen Sie rechts und setzen Ihren Weg beim Straßenabzweig zu den Almhöfen von Vomperberg geradeaus fort. Eng von zwei bewaldeten Hügeln umschlossen, führt Sie die Straße nun nach Vomp herunter, durch das Sie geradeaus in den Kern bis zur Kirche gehen. Hier biegen Sie links ab und unterqueren innerhalb von 500 m die Autobahn. Beim ersten Abzweig danach gehen Sie wiederum links und kommen entlang des Gewerbegebietes allmählich auf Höhe des Bahnhofs. Kurz vor dessen Ende gehen Sie rechts, unterqueren die Gleise und kommen rechts zu einer Imbißbude. An der T-Kreuzung dahinter gehen Sie links und folgen der neuen Straße bis zur Barbarabrücke, die Sie über den Inn in das Zentrum von Schwaz führt.

18 Von Schwaz nach Ried im Zillertal

Der folgende Wegabschnitt durch die Tuxer Alpen ist in erster Linie eine Verbindung zwischen dem Karwendelgebirge und den Kitzbüheler Alpen, welche Ihnen nach dem wilden Vomper Loch wie ein großer Spaziergang durch eine gemäßigt alpine Kulturlandschaft vorkommen wird. Nach einem Aufstieg über Schloß Freundsberg auf den Grafenast wandern Sie entlang von Ferienalmen im Wald bis zum Gamssteinhaus mit einer breiten Aussicht auf die Almenlandschaft um die östlich liegende Wetterkreuzspitze (2.256 m.ü.M.). Bereits am Losassattel beginnt Ihr Abstieg Richtung Finsingbach, in dessen schattigem Tal Sie bis in die Auen vor Ried gelangen.

Markierungen: Meistens Holzschilder, uneinheitlich und nicht durchgängig, hin und wieder rote Farbmarkierungen. **Karten**: Österreichische Karte 1:50.000 (»ÖK 50 BMV«), Blatt Nr. 119 »Schwaz« und Nr. 120 »Wörgl«. **Unterkünfte**: Schwaz, Gamssteinhaus, Ried. **Bahnen** mit Anschluß an das Netz der ÖBB: Schwaz, Ried (Zillertalbahn). **Tagesetappen**: 1 Tag: S.-R. (8,5 Std.), 2 Tage: S.-Gamssteinhaus (3 Std.), Gamssteinhaus-R. (5,5 Std.).

Von Schwaz zum Gamssteinhaus

Abhängig vom Tag Ihrer Ankunft können Sie in Schwaz einen Stadtrundgang besonderer Art erleben, eine als Schauspiel gestaltete Stadtführung, bei der an vier Stationen lebensnah vorgeführt wird, wie der Alltag in der größten Silberbaumetropole des Mittelalters aussah, damals, »als die Erde noch eine Scheibe war.« Ab dem 8. Juni begegnen Sie im Sommer an jedem Dienstag ab 19.30 einem Ablaßprediger, dem berühmten Arzt Paracelsus, dem größten Händler des ausgehenden Mittelalters, Jakob Fugger, und weiteren Persönlichkeiten dieser Zeit (Infos: Tourismusverband Silberregion Karwendel, (0)5242/63240).

Die Pfarrkirche Unserer lieben Frau, von der aus Sie diesen Wegabschnitt starten, ist die größte gotische Hallenkirche Tirols. Das Kirchdach ist mit 15.000 Kupferplatten bedeckt; die Einweihung der Kirche in ihrer heutigen Form fand 1502 statt, nachdem die ursprüngliche Pfarrkirche wegen des großen Bevölkerungszuwach-

Von Schwaz nach Ried im Zillertal 131

ses um 1490 erweitert werden mußte. Als Besonderheit entstand eine vierschiffige Kirche mit zwei architektonisch gleichrangigen Hauptschiffen, einem linken für die Bürger und einem rechten für die Knappen.
Von der Barbarabrücke auf die Pfarrkirche zukommend,

Gamssteinhaus

gehen Sie bei der Kirche in die rechte Seitengasse und folgen der bald darauf einsetzenden Beschilderung zur Burg Freundsberg.
Die Burg wurde im 12. Jahrhundert erbaut und war der Stammsitz der Herren von Freundsberg, einem der bedeutendsten Adelsgeschlechter Tirols. Seit 1947 dienen die Räumlichkeiten als Museum der Stadt. Neben einer Ausstellung zum Bergbau mit dem mittelalterlichen Schwazer Bergbuch, das die Ausbeute verschiedener Rohstoffe auf zeitgenössische Weise darstellt, wird in einem anderen Stockwerk das bäuerliche Leben im 19. Jahrhundert anhand von Einrichtungsgegenständen, reich bemalten Truhen und Kästen dokumentiert. Im Obergeschoß befindet sich eine Waffensammlung mit Beispielen aus dem 16. und 17. Jahrhundert. (Öffnungszeiten: April-Oktober täglich 10.00-17.00, sonntags freier Eintritt, Tel.: (0)5242/63967.)
Auch nach der Burg bleiben Sie auf dem asphaltierten Fahrweg und folgen weiterhin der Beschilderung für die verschiedenen Berggasthäuser beim Grafenast. Nachdem Sie über ein Steilstück, das sich dicht an der Fallinie entlangzieht, zum Schmadlegg gekommen sind, knickt der Asphaltweg rechts ab und läuft als Weg Nr. 313 weitgehend horizontal zur Bergstation des Schiliftes Grafenast (1.347 m.ü.M.) hinüber. Erst auf den letzten 750 m endet der Asphalt, bevor Sie beim Schilift in einer Linkskurve zum ersten Berggasthof kommen. Auf der nun beginnenden Straße setzen Sie Ihren

Ort	m.ü.M.	Std.	km	km ges.
Schwaz	545	0	0,0	0,0
Burg Freundsberg	740	3/4	1,2	1,2
Berggasthäuser am Grafenast	1.347	1	3,1	4,3
Weißenbach	1.500	3/4	2,0	6,3
Gamssteinhaus/Loassattel	1.680	1/4	1,0	7,3
Abz. Niederleger Alm	1.590	1/4	1,5	8,8
Finsingbach	1.320	3/4	1,8	10,6
Himmelreichhütte	1.200	3/4	3,4	14,0
Oberhauser	1.630	1 1/4	3,9	17,9
Ried i. Zillertal	573	2	4,4	22,3

Weg, der nach wie vor die Nr. 313 trägt, zum Loassattel (1.683 m.ü.M.) und dem dicht davorliegenden Gamssteinhaus fort. Fast ausschließlich im Wald halten Sie bei den Abzweigen in der Wochenendsiedlung immer die Höhe und Richtung, um ca. 1,5 km hinter der Siedlung den Weißenbach zu überqueren. An den beiden Abzweigen danach gehen Sie jeweils links und kommen so ca. 3 km nach dem Ende der Siedlung in zwei engen Fahrweg-Serpentinen zum Paß hinauf.

Vom Gamssteinhaus nach Ried

Das Gamssteinhaus (1.683 m.ü.M.) bietet nicht nur einen Brunnen mit Trinkwasser, verschiedene Jausen und Übernachtungsmöglichkeiten, sondern auch regelmäßig ein großes Gamsteinfest und verschiedene Hüttenkonzerte mit Zillertaler Country oder Jazz.

Nach der Schranke beim Loassattel, den Sie vom Gamssteinhaus sehen können, bleiben Sie weiterhin auf dem Fahrweg und gehen beim ersten Abzweig links. Etwa einen Kilometer weiter sehen Sie unter sich die Gebäude der Niederleger Alm und zweigen auf deren Zufahrt ab. Durch die Wiese hinter dem Almhof gehen Sie zum untenliegenden Waldrand, wobei Sie hin und wieder den Spuren eines wenig genutzten Steiges begegnen. Ein Durchlaß durch den

Von Schwaz nach Ried im Zillertal 133

Weidezaun befindet sich am linken, unteren Ende der Wiese. Ihr Pfad – zwar nicht markiert, aber meistenteils gut sichtbar – knickt hinter dem Zaun nach ca. 50 m in östlicher Richtung in den Wald ab und trifft innerhalb von 200-300 m auf die Talstraße von Hochfügen her. Folgen Sie dieser Straße nach links bis zur ersten T-Kreuzung, auf die Sie ca. 750 m nach der Überquerung des Hundsbaches stoßen. Hier nehmen Sie den rechten Abzweig hinunter zum Finsingbach und gehen, nachdem Sie den Bach auf einer Brücke überquert haben, auf dem Waldweg am gegenüberliegenden Ufer stromab.

Nach gut 2 km sehen Sie links von sich die Himmelreichhütte (1.200 m.ü.M.) im Wald, an deren Brunnen Sie Ihre Trinkwasservorräte auffrischen können. Noch einmal 1,5 km weiter wird der Weg deutlich schmaler, um ca. 5 km nach der Hütte bei einer Ansammlung von Almhöfen oberhalb von Finsing in eine Straßenserpentine zu münden. Hier gehen Sie rechts aufwärts zum Seehüter (1.846 m.ü.M.), einem Almhof mit Jausenstation, der rechts von der Wirtschaftsstraße am Hang des Kupfnerberges gelegen ist. Bald nach dem Hof mündet die Straße wieder in den Wald, wo Sie den ersten Abzweig rechts zum Schönblick liegenlassen und statt dessen über die Serpentinen immer abwärts in die Zillerau zum Platzlstall wandern (d.h. auch die anderen abzweigenden Waldwege lassen Sie liegen und folgen stets dem Hauptweg). Am Waldrand nehmen Sie den rechten Weg nach Großried und gehen durch den Ortsteil hindurch bis zum Zentrum von Ried mit der Kirche. Zur Station der Zillertalbahn gelangen Sie auf der Querstraße, indem Sie dieser nach links bis dicht vor das Zillerufer folgen.

19 Von Ried im Zillertal nach Aschau

Nun wird es weitläufig: Oberhalb des langgezogenen Märzengrunds steigen Sie bis zum Sonnenjoch auf, das nicht nur im Sommer bei Wanderungen, sondern auch im Winter ein beliebtes Ausflugsziel für Schitouren ist. Über den Hahnenkopfkamm und eine Reihe Gipfel um den Breiteggern (1.981 m.ü.M.) gelangen Sie auf der längsten Kammwanderung der gesamten Tour bis zur Neustattalm, von wo Sie nach Kelchsau mit ein paar Gasthöfen absteigen. Von dort kommen Sie entweder in einer weiteren, langen Tagesetappe über den Steinbergstein (2.215 m.ü.M.), die Gastwirtschaft Gamskogelhütte (1.109 m.ü.M.) und das Gerstinger Joch (2.035 m.ü.M.) bis zur Labalm (1.264 m.ü.M.), oder in einer gemäßigten Variante zum Steinberghaus und erst am folgenden Tag über das Gerstinger Joch und die Labalm bis nach Aschau.

Markierungen: Meistens Holzschilder, uneinheitlich und nicht durchgängig, hin und wieder rote Farbmarkierungen, in den Hochlagen Steintürmchen oder Holzstäbe. **Karten**: Österreichische Karte 1:50.000 (»ÖK 50 BMV«), Blatt Nr. 120 »Wörgl« und Nr. 121 »Neunkirchen/Großvenediger«. **Unterkünfte**: Ried, Erla Hütte, Gasthaus Moderstock, Fuchswirt, (Kelchsau,) Steinberghaus, Labalm, Aschau. **Bahnen** mit Anschluß an das Netz der ÖBB: Ried (Zillertalbahn). **Tagesetappen**: 3 Tage: R.-Erla Hütte (9,5 Std.), Erla Hütte-Steinberghaus (9,5 Std.), Steinberghaus-A. (9 Std.), 3 Tage: R.-Fuchswirt (12,5 Std.), Fuchswirt-Steinberghaus (7,75 Std.), Steinberghaus-Labalm (8,25 Std.), (Labalm-Aschau ca. 50 min.).

Von Ried im Zillertal über das Sonnenjoch bis nach Kelchsau

Achtung! *Aufgrund der einsamen Gegend, durch die dieser Teilabschnitt führt, befindet sich die nächste Unterkunft am Weg, der Fuchswirt in Kelchsau, ca. 12 Fußstunden (!) vom Ausgangspunkt entfernt. Alternativ bestehen zwischen Sonnenjoch und Schwaigberghorn Abstiegsmöglichkeiten vom Kammweg zur Erla Hütte (9,5 Stunden) und zum Gasthaus Moderstock (10,25 Stunden), die beide im Langen Grund an der Mautstraße liegen. Brechen Sie also entweder unmittelbar nach Sonnenaufgang in Ried auf und buchen Sie beim Fuchswirt wegen der begrenzten Bettenzahl vorab, oder legen Sie sich von vornherein auf eine der Alternati-*

Von Ried im Zillertal nach Aschau 135

ven fest, sofern Sie nicht mit dem Zelt unterwegs sind. Die Otto-Leixl-Hütte (1.911 m.ü.M.) vor dem Sonnenjoch ist eine reine Selbstversorgerhütte der Akademischen Sektion München des DAV mit beschränktem Zugang ausdrücklich nur für Sektionsmitglieder! – Auf der Kammwanderung vom Sonnenjoch bis zur Neustattalm gibt es keine Brunnen, daher sollten Sie spätestens ab der Kotahütte am Ende des Märzengrundes reichlich Trinkwasser mitnehmen, bei warmen Wetter mindestens 3 l pro Person.

An der Station der Zillertalbahn überqueren Sie die Gleise und gehen geradeaus weiter zur Uferpromenade. Dieser folgen Sie nach rechts Richtung Kaltenbach, wo Sie die Brücke hinüber nach Stumm überqueren. An der großen T-Kreuzung im Ort gehen Sie links und halten sich dann geradeaus auf der breiten Straße zur Antoniuskapelle. Kurz vor dem Berghang setzt die Beschilderung der Wanderwege ein: Hier nehmen Sie den Weg hinauf zur Jägerklause und setzen noch kurz vor der Klause auf der Straße nach Hinterberg und zur ebenfalls schon ausgeschilderten Jausenstation Almluft fort, wo der Asphaltbelag endet.

Hinter dem großen Parkplatz der Almluft beginnt Ihr Einstieg in die westlichen Kitzbüheler Alpen: Nehmen Sie nach der ersten Spitzkehre des Fahrweges den rechten Abzweig und folgen Sie ihm weitgehend horizontal. Zwischenzeitlich verschmälert sich der Weg zu einem einfachen Bergpfad, um schließlich wieder breiter – und kurz nach einem kleinen Wasserfall – zum unten fließenden Märzenbach abzuknicken. Unmittelbar hinter dem Wasserfall und noch vor dem Einsetzen der Serpentinen gehen Sie links auf einen neuen Bergpfad ab, auf dem Sie weiter am Hang entlang und leicht aufsteigend über zwei größere Wasserläufe hinweg zu der Zufahrt einer Jagdhütte kommen. Auf dieser Zufahrt nähern Sie sich nun dem Talgrund und folgen ihm ab der T-Kreuzung taleinwärts bzw. stromauf. Gegen den Talschluß hin schlägt der neue Fahrweg vier enge Serpentinen; auf dem anschließenden geraden Straßenstück erreichen Sie Schorsch's Kotahütte (ca. 1.700 m.ü.M., in der

Karte eingezeichnet als Kothüttenalm) mit einem letzten Trinkwasserbrunnen vor dem Sonnenjoch und dem Kammweg bis zur Neustattalm.

Vor der Hütte halten Sie sich links zur Hochbergalm, zweigen aber nach der letzten Serpentine rechts auf einen markierten Bergweg ab, mit dem Sie innerhalb von ca. 15 Minuten zur öffentlich nicht zugänglichen Otto-Leixl-Hütte und einer darüber liegenden, kleinen Bergkapelle mit Tisch und Bank innerhalb der Umzäunung kommen. Der Steig zum Sonnenjoch beginnt am nahegelegenen Steinturm und verläuft südöstlich; er ist anfangs gut markiert, wird in den Hangwiesen vor dem Niederjoch aber undeutlich. Ein verendender Abzweig führt rechts zu einem kleinen Wasserloch genau unterhalb des Niederjoches; ca. 750 m vor diesem Flecken knickt der Steig zum Sonnenjoch scharf nach links und in nordnordöstliche Richtung ab, um sich rasch dem Kamm zum Joch zu nähern. Auf dem Sonnenjoch (2.292 m.ü.M.) befinden sich ein Gipfelkreuz und eine Art Steintisch; ab dem Kamm ist es daher nicht mehr zu verfehlen.

Trotz mehrerer Wegweiser ist die Kammroute selbst leider nicht ausgeschildert: Mit dem Großen Beil links von Ihnen, auf den ein braunes Holzschild mit weißer Schrift hinweist, setzen Sie Ihren Weg geradeaus, genau östlich und keinesfalls absteigend fort, wobei Sie allmählich auf die rechte Seite des Hahnenkopfkammes gelangen. (*Achtung! Die deutlicheren Wegspuren in dieser Richtung führen Sie falsch links hinunter in den Kühbachgrund.*) Ab dem Ende des Hahnenkopfkammes beim Siedeljoch (1.689 m.ü.M.) ist der Weg dann nicht nur eindeutig durch die Landschaft vorgegeben, sondern auch sehr gut markiert: Über den Hengstkogel (1.803 .ü.M.), das Kleinberger Niederhorn (1.868 m.ü.M.), die Wildkarspitze (1.961 m.ü.M.), den Breiteggern (1.981 m.ü.M.) und das Schwaigberghorn (1.990 m.ü.M.) gelangen Sie nach diesem letzten Gipfel auf dem rechtsseitigen Abstieg bis zu den Gebäuden der Neustattalm (1.566 m.ü.M.), wo Sie erstmals wieder Ihre Trinkwasservorräte auffrischen können.

Von der Alm folgen Sie dem Fahrweg abwärts und steigen bei der ersten Kreuzung links die Serpentinen hinunter. An der Kreuzung münden Sie in einen ebenen Fahrweg ein und setzen auf ihm nach links zur Alpmessaualm fort. (*Achtung!* Der Wanderweg von der Neustattalm bis zur Alpmessaualm ist im mittleren Teil kaum markiert und von daher nicht zu empfehlen!) Hinter dem Gebäude der Alpmessaualm

Schwaigberghorn

führt Sie ein Bergweg erst noch nördlich, danach abknickend östlich durch den im unteren Teil gerodeten Wald auf die Forststraße nach Kelchsau. Auf einem geraden Wegstück zweigt hier die Zufahrt zum Gasthof Fuchswirt ab, der am Hang oberhalb der Landstraße parallel zur Kelchsauer Ache gelegen ist.

Wenn Sie nicht mit dem Zelt unterwegs sind und diese enorme Tagestour aufteilen möchten, gibt es dafür zwei Möglichkeiten: Vom Siedeljoch steigen Sie südwestlich zur Bergstation eines Schiliftes aus dem Langen Grund ab und folgen dem dort einsetzenden Fahrweg hinunter zur Erla Hütte (1.213 m.ü.M.). Eine längere Variante führt vom Kleinberger Niederhorn südlich über den Heuboden und die Kleindostalm (1.458 m.ü.M.) in den Langen Grund hinunter, wo Sie stromab innerhalb von gut 2 km zum Gasthaus Moderstock (1.018 m.ü.M.) kommen. Von beiden Unterkünften aus können Sie am nächsten Tag den Weg durch das Tal auf der Mautstraße fortsetzen, wonach Sie in Durach, einem vorgelagerten Ortsteil von Kelchsau, wieder auf die Hauptroute stoßen.

Von Kelchsau nach Aschau

Auch in diesem Teilabschnitt sind die Unterkünfte rar gesät. Die Hauptroute bis zur Labalm ist entweder nur mit Zelt zu bewältigen, oder durch einen Abstecher zum Steinberghaus (s.u.). Vom Stein-

Die Alpen West–Ost

Ort	m.ü.M.	Std.	km	km ges.
Ried i. Zillertal	573	0	0,0	0,0
Großmärz Antoniuskapelle	600	1/2	1,3	1,3
Jausenstation Almluft	1.212	2 1/4	5,1	6,4
Jagdhütte am Märzenbach	1.405	1 1/2	2,9	9,3
Schorsch's Kotahütte	1.700	1 1/2	4,5	13,8
Otto-Leixl-Hütte	1.911	3/4	1,8	15,6
Sonnenjoch	2.292	1	1,9	17,5
Siedeljoch	1.689	1 1/2	4,1	21,6
Schwaiberghorn	1.990	2	5,3	26,9
Neustattalm	1.566	1	2,2	29,1
Alpmessaualm	1.222	1	2,8	31,8
Ghf. Fuchswirt (Kelchsau)	826	3/4	1,8	33,6
Jausenstation Sonnblick	1.100	1	2,7	36,3
Lodronalm	1.700	1 1/2	2,4	38,7
Lodron	1.925	3/4	1,1	39,8
Steinbergstein	2.215	1 1/2	3,6	43,4
Lagfeldenalm	1.668	1	2,4	45,8
Gamskogelhütte	1.109	1	2,9	48,7
Fahrweg zur Miesenbachalm	1.492	1 3/4	4,8	53,5
Schwarzkarkogel	2.089	1 3/4	2,4	55,9
Gestinger Joch	2.035	2	5,5	61,4
Haglanger Alm	1.550	1 1/4	2,2	63,6
Labalm	1.264	1	1,6	65,2
Abz. Ortseingang Aschau	1.011	3/4	3,7	68,9

berghaus können Sie jedoch in einer Variante wieder an die Hauptroute anknüpfen und so ca. 3 km Talweg sparen, die Sie sonst doppelt wandern müssen.

Vom Fuchswirt in Kelchsau gehen Sie auf der Hauptstraße nach rechts und überqueren bei der Brücke in Durach die Kelchsauer Ache. Der Lodron (1.925 m.ü.M.), den Sie als nächstes besteigen, ist bereits ausgeschildert. Am angenehmsten gestaltet sich Ihr Aufstieg im unteren Teil über die Jausenstation Sonnblick (ca. 1.100 m.ü.M.), wonach Sie im Wald mittels mehrerer markierter

Abschneider zwischen den einzelnen Fahrwegserpentinen bis zur Lodronalm (1.700 m.ü.M.) hinaufkommen. Beim einzigen Abzweig nach dem Sonnblick halten Sie sich rechts und gehen generell immer in ostsüdöstlicher Richtung. Von der Lodron Alm aus liegt der Gipfel genau südöstlich und ist innerhalb von ca. 45 Minuten zu erreichen. Um dem Steig zu folgen, müssen Sie beim Aufstieg aus dem kleinen Kessel hinter der Alm erst nach rechts ab und folgen dann nach dem letzten Weidezaun immer dem aufsteigenden Pfad. Wichtig: Zwei kaum sichtbare, horizontal abzweigende Steige lassen Sie dabei liegen! Kurz nach einem kleinen Bachbett hinunter in den Lodrongraben wendet sich Ihr Steig südlich und Sie gehen die letzten 100 Höhenmeter dicht bei der Fallinie durch Wiesen auf den Lodron-Gipfel (1.925 m.ü.M.), der eindeutig durch ein Gipfelkreuz markiert ist.

 Am Gipfel setzen Sie Ihren Weg auf dem Wiesenkamm grob in südlicher Richtung fort und halten sich beim folgenden Abzweig kurz vor dem Wiesboden (1.947 m.ü.M.) rechts. Immer dicht am Kamm gelangen Sie so zum Ramkarkopf (2.062 m.ü.M.) und danach in einer Linkskehre auf den Steinbergstein (2.215 m.ü.M.), dessen Gipfelkreuz mitten in einem Geröllfeld steht.

 Ihre nächsten Stationen sind die hälftig am Hang liegende Lagfeldendalm und die in der Talsenke situierte Gamskogelhütte: letztere beliebt und bekannt für ihre gute Küche, aber ohne Übernachtungsmöglichkeit. Der Abstieg vom Gipfel zur Lagfeldendalm (1.668 m.ü.M.) ist hervorragend markiert und selbst bei dichtestem Nebel problemlos zu finden. Ab der Alm können Sie sich für den weiteren Abstieg bis zur Baumgrenze immer an einem Lift orientieren, den Ihr Steig mehrmals unterkreuzt. (Den Abzweig links hinter der Alm am Hang lassen Sie liegen.) Im Wald zweigt Ihr Pfad schließlich vom Lift ab, ist aber eindeutig geführt bzw. durch Farbmarkierungen ausgewiesen. Nach dem Austritt auf die Wiesen gehen Sie am letzten Abzweig rechts und kommen so ca. 600 m vor der Gamskogelhütte (1.109.ü.M.) auf deren Zufahrtsstraße, die Sie wiederum nach rechts gehen, um die Hütte zu erreichen.

Die nächstgelegene öffentliche Übernachtungsmöglichkeit ist das Steinberghaus (887 m.ü.M.), welches sich etwa 4,5 km talauswärts, d.h. links an der Windauer Ache befindet. Von dort auf das Gerstinger Joch gelangen Sie, indem Sie den Talweg für ca. 1,25 km zurück Richtung Gamskogelhütte gehen und dann links zur Scheibenschlag-Niederalm (1.445 m.ü.M.) aufsteigen. Schon ca. 500 m vor dem Abzweig unterqueren Sie einen Lift, der oben bei der Alm endet. Von der Alm steigen Sie südsüdöstlich auf die Hintenkarscharte (1.829 m.ü.M.) und gelangen dann immer über den Kamm bis zum Gerstinger Joch (2.035 m.ü.M.), das mit einem Gipfelkreuz markiert und bei gutem Wetter aufgrund seiner großen Höhe weithin sichtbar ist.

Gegenüber der Gamskogelhütte befindet sich am anderen Ende der Talwiesen die Tagweidalm, welche von der Hütte bereits zu sehen ist. Für die Hauptroute steigen Sie ab der Alm den vom Schafzüchterverein markierten und gewarteten Steig durch den Wald Richtung Gamskogel auf und überqueren dabei im letzten Drittel des Aufstieges, bei ca. 1.490 m.ü.M., den Miesenbach. Der Pfad knickt nun links (d.h. in östliche Richtung) ab und mündet wenig oberhalb in einen Fahrweg. Hier gehen Sie nach rechts die letzten Serpentinen bis zur Miesenbachalm (2.005 m.ü.M.) hinauf, folgen nun aber nicht mehr dem gut markierten Steig Richtung Gamskogel bzw. Gamsbeil, sondern halten sich dicht bei der Hütte genau östlich in ein kleines, steiles Seitental, in dessen Mitte ein dünner Bach fließt. Folgen Sie hier den Wegspuren gegen die Fließrichtung und halten Sie sich, nachdem Sie den Talboden zur Hälfte durchschritten haben, auf der linken Uferseite. Schräg über sich sehen Sie am diesseitigen Hang ein namenloses Joch zwischen dem südlich gelegenen Westerachkopf (2.096 m.ü.M.) und dem nördlichen Schwarzkarkogel (2.089 m.ü.M.). Etwa 50-60 Höhenmeter über Ihnen verlaufen am Hang einige horizontale Viehtritte, zu denen Sie nun aufsteigen. Den Viehtritten folgen Sie für 300-400 m aufwärts zum Talschluß und beginnen dort, links abknickend, anhand der wieder einsetzenden Wegspuren Ihren Steilanstieg zum Joch.

Der Kammweg ab dem Joch (2.005 m.ü.M.) ist landschaftlich eindeutig vorgegeben und entweder mit kleinen Steintürmchen oder ca. 50 cm langen Holzstäben mit roter Spitze markiert. Über den Schwarzkarkogel (2.089 m.ü.M.), den Großen und den Kleinen Tanzkogel (2.097/1.974 m.ü.M.) gelangen Sie in eine Senke bei der verfallenen Haglanger Hochalm mit einem wunderschönen Ausblick auf den Großen Rettenstein als östlichen Nachbarn. Hinter der Senke beginnt der am Kamm einsetzende Aufstieg zum Gerstinger Joch mit seinem weithin sichtbaren Gipfelkreuz (2.035 m.ü.M.).

Vom Gipfel des Jochs setzen Sie den Weg genau in östlicher Richtung auf dem Kamm fort und folgen dem gut markierten Abstieg über den Hangsattel mit herrlichen Aussichten in das Unterer-Grund-Ache-Tal vor dem Großen Rettenstein. Bei der Haglangeralm (ca. 1.550 m.ü.M.) mündet der Steig schließlich in einen Fahrweg; hier befindet sich auch wieder ein Brunnen mit Trinkwasser. Gehen Sie auf dem Fahrweg für ca. 700 m abwärts und biegen Sie dann rechts auf den Steilabstieg zur Labalm (1.264 m.ü.M.) ab, wo Sie sowohl einkehren als auch übernachten können.

Der Zufahrt zur Alm folgen Sie abwärts bis an das Ufer der Unterer-Grund-Ache und biegen bei der Kreuzung links in die Mautstraße ein. Immer dicht am Wasser gelangen Sie auf dieser Straße über die Passierstelle zum Naturpark und über die vorgelagerten Rast- und Parkplätze bis an den Ortseingang von Aschau (von der Labalm 3,7 km).

20 Von Aschau nach Zell am See

Nach einer Talwanderung durch den Naturpark zwischen Großem und Kleinem Rettenstein steigen Sie über Steilwiesen in die einsame, von Seen und Mini-Tälern durchzogene Hochlandschaft oberhalb der Kesselbodenalm auf. Ein gemütlicher Abstieg zum Trattenbach und ein wenig begangener Pfad durch den Näßlinger Wald bringen Sie autofrei bis vor Paß Thurn mit seinen Raststätten und Familienhotels. Gleich danach wird es wieder einsam: Durch den Höhenwald oberhalb von Hollersbach und Mittersill gelangen Sie zu den Hochwiesen beim Maurerkogel, wo sich der Einstieg zum berühmten Pinzgauer Spaziergang befindet, der mit fast 30 km der längste vollständig durchmarkierte Höhenweg der gesamten Strecke ist.

Zum Ende dieses »Spazierganges« haben Sie von der Schmittenhöhe eine großartige Aussicht auf Zell am See und den gegenüberliegenden Hundstein, über den sich Ihre Route im nächsten Wegabschnitt zum Hochkönig-Gebiet fortsetzen wird. Auf dem traditionsreichen Abstieg über die Breiteckalm und die Mittelstation gelangen Sie unmittelbar in das Ortszentrum von Zell am See.

Markierungen: Bis zum Paß Thurn meistens Holzschilder, uneinheitlich und nicht durchgängig, hin und wieder rote Farbmarkierungen. In den Hochlagen bis zum Beginn des Pinzgauer Spazierganges kaum Markierungen, aber weitgehend eindeutige Wegverhältnisse, danach weiße Metallschilder mit schwarzer Schrift und Farbmarkierungen weiß-rotweiß. **Karten**: Österreichische Karte 1:50.000 (»ÖK 50 BMV«), Blatt Nr. 121 »Neunkirchen/Großvenediger«, Nr. 122 »Kitzbühel« und Nr. 123 »Zell am See«. **Unterkünfte**: Aschau, Paß Thurn, Bürglhütte, Pinzgauer Hütte, Schmittenhöhe, Zell am See. **Bahnen** mit Anschluß an das Netz der ÖBB: Zell am See (Giselabahn). **Tagesetappen**: 2 Tage: A.-Bürglhütte (11 Std.), Bürglhütte-Schmittenhöhe (10 Std., Abfahrt nach Z.a.S. mit der Seilbahn), 3 Tage: A.-Paß Thurn (5,5 Std.), Paß Thurn-Bürglhütte (5,5 Std.), Bürglhütte-Schmittenhöhe (10 Std., Abfahrt nach Z.a.S. mit der Seilbahn), 3 Tage: A.-Paß Thurn (5,5 Std.), Paß Thurn-Pinzgauer Hütte (12 Std.), Pinzgauer Hütte-Z.a.S. (6,5 Std.), 4 Tage: A.-Paß Thurn (5,5 Std.), Paß Thurn-Bürglhütte (5,5 Std.), Bürglhütte-Pinzgauer Hütte (7,75 Std.), Pinzgauer Hütte-Z.a.S. (6,5 Std.).

Von Aschau zum Paß Thurn

Vom Ort gehen Sie zurück bis zum Eingang in den Naturpark, nehmen nun aber den linken Abzweig entlang der Oberer-

Grund-Ache, welcher jenseits der Wiesen nach den letzten Häusern beginnt. Immer nahe beim Wasser führt Sie dieser Abzweig bis zu einer Kapelle links neben dem Uferfahrweg. Die Kapelle liegt auf ca. 1.160 m.ü.M. und ist gut 2 km vom Parkeingang entfernt.

Kapelle a.d. Oberer-Grund-Ache

Links neben der Kapelle beginnt der mit Farbmarkierungen ausgewiesene Bergweg hinauf zur Stadlbergalm (1.650 m.ü.M.). Noch im Wald treffen Sie hier nach dem ersten Steilstück auf einen Fahrweg, auf dem Sie für ca. 100 m nach rechts gehen, um gegenüber auf die Fortsetzung des Steiges zu treffen. Nach dem Austritt aus dem Wald erreichen Sie die Almgebäude durch die Steilwiesen. Am Hof gehen Sie auf der Zufahrt nach rechts, um dort nach wenigen Metern den Bergweg auf der linken Seite zum Kleinen Rettenstein und zur Blauen Lacke zu nehmen. Bei 1.828 m.ü.M. erreichen Sie den Kamm; der Kleine Rettenstein liegt nun genau geradeaus vor Ihnen. Hier folgen Sie dem Kammweg für ca. 50 m, zweigen dann aber nach links in den Kessel unterhalb des Berges ab und gehen horizontal am Hang Richtung Blaue Lacke (Bergsee, 1.886 m.ü.M.). Von der Lacke halten Sie auf die nun östlich vor Ihnen liegende Kammlinie zu, wo Sie über ein namenloses Joch in das Gebiet der Gaux Hochalm gelangen. Beim Abstieg durch die Wiesen in südöstlicher Richtung (schräg rechts) halten Sie sich zuerst an das obere Ende eines Schiliftes, bei dem ein Wirtschaftsweg einsetzt, der Sie kurz vor dem Gauxjoch (1.739 m.ü.M., Ende eines weiteren Schiliftes bei einer Hütte), auf den Fahrweg hinunter zur Trattenbachalm bringt. Biegen Sie hier rechts in den Fahrweg ein; die Trattenbachalm erreichen Sie über drei langgezogene Serpentinen in generell südlicher Richtung.

Ort	m.ü.M.	Std.	km	km ges.
Abz. Ortseingang Aschau	1.011	0	0,0	0,0
Abz. Kapelle	1.160	3/4	2,2	2,2
Stadlbergalm	1.650	1	1,6	3,8
Joch zur Gaux Hochalm	1.828	1/2	1,4	5,2
Blaue Lacke	1.866	1/4	1,3	6,5
Gauxjoch	1.739	3/4	1,7	8,2
Trattenbachalm	1.628	1/4	0,9	9,1
Wegweiser »Paß Thurn«	1.320	1/2	1,5	10,6
Paß Thurn	1.274	1	4,0	14,6
Abz. Brenntligenalm	1.316	1	3,6	18,2
Hörgeralm	1.768	2	4,5	22,7
Maureregg	1.964	3/4	2,2	24,9
Sintersbach Hochalm	1.850	1/4	0,9	25,8
Steinkuchen b.d. Kesselalm	1.800	1	1,9	27,7
Abz. Haslach Hochalm	2.005	1 1/4	4,0	31,7
Sommertor	1.939	1	3,1	34,8
Klingerltörl Unterstand	2.095	2	6,7	41,5
Klammscharte Unterstand	1.993	1 1/2	3,4	44,9
Rohrertörl	1.918	3/4	1,9	46,8
Almwirtschaft Kettingför	1.820	3	9,1	55,9
Mittelstation	1.326	1 1/2	4,4	60,3
Zell a. See	750	1 3/4	4,7	65,0

Ab der Trattenbachalm (1.628 m.ü.M.) nähert sich der Fahrweg dem gleichnamigen Bach und taucht dabei zugleich in den Wald ein. Gut anderthalb Kilometer hinter der Alm sehen Sie auf der linken Seite ein offenes Felsstück beim Weg, worauf innerhalb der nächsten Minuten auf der gegenüberliegenden Seite ein hölzerner Wegweiser zum Paß Thurn folgt. Hier gehen Sie rechts ganz in das Bachtal ab und überqueren innerhalb der nächsten 10 Minuten eine Brücke. Danach steigt der Pfad am gegenüberliegenden Hang zu einem Almgebäude empor, bei dem Sie sich jedoch unterhalb halten, um schließlich dem nächsten Holzschild zum Paß Thurn zu folgen (von links unten kommend

Von Aschau nach Zell am See 145

geradeaus fortsetzen). Der
Weg hält sich nun nahezu
horizontal im Wald und steigt
erst auf den letzten Metern
mäßig zu einem kleinen Sattel
an, hinter dem Sie von links
her auf einen Schotterweg
treffen. Auch auf diesem
Weg setzen Sie geradeaus
fort, folgen beim nächsten

Paß Thurn

Abzweig aber nicht dem Wegstück rechts um den Hang, sondern
steigen über die links verlaufende Serpentine und ein letztes, kurzes
Waldstück bis zur Landstraße ab. Paß Thurn (1.274 m.ü.M.) und
seine beiden Hotels befinden sich nun innerhalb der nächsten 500 m
rechts von Ihnen.

Vom Paß Thurn nach Zell am See

Der Pinzgauer Spaziergang stellt, da er ausnahmslos durch Grasberge verläuft, zwar keine hohen Anforderungen an Trittsicherheit und Schwindelfreiheit, ist aber aufgrund seiner Höhe – er verläuft fast immer um die 2.000 m.ü.M. – den Witterungen ungeschützt ausgesetzt. Selbst im Hochsommer besteht, besonders nach jeder Schlechtwetterphase und im jährlichen Mittel immer um den 15.-20. August, die Gefahr eines plötzlichen Kälteeinbruchs mit Hagelstürmen und Schneefall. Im August 1986 geriet eine neunköpfige Wandergruppe in ein solches Unwetter, bei dem schon am späten Vormittag der Schneefall einsetzte. Obwohl zu diesem Zeitpunkt ein Abstieg gefahrlos möglich gewesen wäre, setzte die Gruppe ihre Wanderung fort und blieb, nachdem ihre Lage sich verschlechtert hatte, nicht einmal zusammen, sondern ließ ihre schwächeren Mitglieder hinter sich zurück. Die ersten fünf Wanderer erreichten schließlich mit völliger Erschöpfung ihr Ziel, wohingegen drei der Vermißten trotz einer großangelegten Suchaktion mit 170 Bergrettungsleuten und elf Suchhunden nur noch tot, eine halbe Fußstunde von der Bürglhütte entfernt, geborgen werden konnten.

Ab dem Beginn des Pinzgauer Spazierganges bei der verfallenen Kesselalm gibt es folgende Abstiegsmöglichkeiten: Von der Senke der Kesselalm: Bürglhütte (1.699 m.ü.M., bewirtschaftet u. ausgeschildert). Von der Haslach Hochalm, am äußersten Punkt des Hanges, d.h. genau südlich vom Pihappenkogel: zur Sonnenberghütte (1.900 m.ü.M., auf dem Weg ins Tal nach Uttendorf am ersten Abzweig ca. 250 m links) und zur Brandstättalm (1.600 m.ü.M., direkt am Weg ins Tal). Vom Sommertor: beim Gipfelkreuz und Beginn des linksseitigen Panoramaweges nach rechts (!) über Nr. 10 und zugleich Nr. 747 »Uttendorf« zur Viertalalm (1.625 m.ü.M.), direkt am Weg.

Danach stehen beim Klinglertörl (2.059 m.ü.M.) und bei der Klammscharte (1.993 m.ü.M.) zwei Unterstandshütten offen. Ab dem Rohrertörl (1.918 m.ü.M.) ist die östlich gelegene Pinzgauer Hütte (1.700 m.ü.M., Übernachtungsmöglichkeit) am schnellsten zu erreichen: am ersten Abzweig rechts, am zweiten Abzweig links, am dritten Abzweig rechts.

Vom Paß Thurn, der Grenze zwischen Tirol und Salzburg auf 1.274 m.ü.M., folgen Sie dem Wegweiser »Mittersill« auf der linken Straßenseite, der in Sichtweite hinter dem Schild für den Paß steht. Auf einem Wirtschaftsweg, der zugleich als Mountainbiketrail ausgewiesen ist, gelangen Sie binnen weniger hundert Meter zu einer T-Kreuzung und biegen dort links ein. Innerhalb weniger Meter passieren Sie einen Schlagbaum und gehen danach durch ein gerodetes Gebiet. Nach einer ersten Kehre nähern Sie sich dem Bärenfilz, einer anderen Spitzkehre am Schluß des Tales, in das Sie nun hineinlaufen. Hier überqueren Sie den Bach und gehen auf der gegenüberliegenden Seite entlang der schönen Waldwiese wieder talauswärts bis zur ersten Kreuzung, wo Sie links zur Schellenbergalm, Brenntlingalm und Hörgeralm abzweigen. An der nächsten Gabelung bei 1.409 m.ü.M. gehen Sie noch einmal links und folgen dann dem Fahrweg über sein Ende bei der Brenntlingalm (1.800 m.ü.M.) hinaus bis zur kurz vor einem Bach gelegenen Hörgeralm (1.768 m.ü.M.). Nach der Überquerung des Baches und eines zweiten Bachbettes, das hinter der nächsten Hangnase verläuft, gehen Sie gleich links ab und folgen den Wegspuren entlang des Bachbettes in die Hochwiesen vor dem Maureregg (1.964 m.ü.M.). Das Egg befindet sich links des Maurerkogels (2.129 m.ü.M.) und ist landschaftlich nicht zu verfehlen, da es durch ein eigenes Gipfelkreuz ausgewiesen wird. Hinter dem Egg erwartet Sie ein Wiesenrücken, fast so platt wie ein Waschbrett, auf dem im Sommer häufig eine Herde Haflinger weidet.

Diesen Rücken gehen Sie bis zum Ende aus und halten sich dann rechts, um den Bach vor der Sintersbach Hochalm (ca. 1.850 m.ü.M.) zu überqueren, die Sie ab hier schon sehen können. Bei den Gebäuden der Alm halten Sie sich ostnordöstlich und steigen auf dem Pfad hinter der Alm durch die Geröllhalde zur links gelegenen Öffnung im Höhenzug zwischen Maurerkogel (nun erster Gipfel rechts) und Geißstein (erster Gipfel links). Hinter dem Durchstieg, der auf der anderen Seite mit einem Gipfelkreuz markiert ist, gibt es leider keinen Wegweiser zum Pinzgauer Spaziergang, weshalb Sie sich per Ausschluß orientieren: Der Weg nach links dicht beim Höhenzug bildet den Aufstieg auf den Geißstein, der Weg nach rechts entlang der Senke (gut sichtbar, fast horizontal) führt über die Roßwegscharte hinab nach Thalbach. Ihr Weg – geradeaus – führt genau östlich in die Hochwiesen der Kesselalm und hält sich dabei anfangs an der rechten Talseite, um nach der Überquerung eines Wasserlaufs zur Mitte des kleinen Hochtales hin abzufallen. In der Mitte dieses kesselartigen Tales, ca. 1,25 km nach dem Durchstieg, befindet sich ein künstlich errichteter Steinkuchen, auf dem ein Wegweiser des Österreichischen Alpenvereins, »S. Oberpinzgau«, den Beginn des Spazierganges markiert. Außer der schwarzen Schrift befindet sich auf dem weißen Untergrund auch ein roter, nachträglich hinzugefügter Pfeil, so daß Sie an diesem Orientierungspunkt absolut sicher sein können, auf dem richtigen Weg zu sein.

Von dem Steinkuchen führt auch der Steig zur 100 Höhenmeter tiefergelegenen Bürglhütte (1.699 m.ü.M.) ab, wo Sie nicht nur einkehren, sondern auch übernachten können. (Aufgrund der begrenzten Bettenzahl sollten Sie im Falle einer Übernachtung rechtzeitig reservieren.) Ab dem genannten Beginn ist der Pinzgauer Spaziergang sehr gut markiert und sein Verlauf durch die Grasberge ist – bei gutem Wetter – an den exponierten Stellen auf mehrere Kilometer hin absehbar. Auch Ludwig Purtscheller äußert sich in *Der Hochtourist in den Ostalpen* begeistert über den Spaziergang und veranschlagt für den gesamten Weg vom Geißstein bis zur Schmittenhöhe eine Wanderzeit von nur 7 Stunden, falls man dabei keinen der nahegelegenen Gipfel besteigt. Empfehlenswert seien aber zumindest Exkurse auf den Zirmkogel (s.u.), den Hochkogel und den Sonnberg. Auch der »Rundblick« vom Weg selbst sei »prächtig«, aufgrund der großen Länge des Spazierganges auf die Dauer aber »ermüdend«.

Wasser bietet der Weg wegen der zahlreichen Bachläufe, die ihn kreuzen, reichlich. Nach der Umwanderung des Pihappenkogels (2.117 m.ü.M.) nähert sich der Höhenweg zum ersten Mal dem Kamm und trifft dort kurz vor dem Sommertor (1.939 m.ü.M., Gipfelkreuz) auf den ihn schneidenden Panoramaweg, der ansonsten ausschließlich auf der Südseite des Höhenzuges verläuft. Bis zum Klinglertörl (2.059 m.ü.M.) verläuft der »Spaziergang« dann wieder deutlich unterhalb des Kammes, doch haben Sie am Törl bei der Unterstandshütte die Möglichkeit zu einer Variante über den Kamm, einschließlich der Besteigung des Zirmkogels (2.215 m.ü.M.). Beim Törl öffnet sich auch erstmalig die Aussicht auf das gegenüberliegende Panorama der Hohen Tauern und des Großvenedigers. – Für die Variante gehen Sie am Abzweig vor der Unterstandshütte links, d.h. schräg zurück auf den Sattel, bis Sie auf den Abstieg vom Hochkogel treffen. Hier setzt Ihr Weg nach rechts und in südöstlicher Richtung ein, er ist zwar nicht markiert, aber als Kammweg nicht zu verfehlen. Folgen Sie keinesfalls der Beschilderung ins jenseitige Tal (Seetörl, Saalbach), sondern nehmen Sie die Graskuppe in einer V-Kehre nach Südostsüd, wobei Sie sich innerhalb von 750 m wieder in östliche Richtung wenden. – Der Abstieg vom Zirmkogel ist wegen des unterhalb gelegenen Geröllfeldes teilweise rauh. Die Wegspuren sind undeutlich, doch bietet die zweite Unterstandshütte an der Klammscharte (1.993 m.ü.M.), wo Sie wieder auf die Hauptroute stoßen, einen eindeutigen Orientierungspunkt. Beim Rohrertörl (1.918 m.ü.M.) nähern Sie sich noch ein weiteres Mal dem Kamm, bevor Sie, wieder unterhalb, auf einem Stück Wirtschaftsweg zum Abzweig zur Pinzgauer Hütte gelangen (Übernachtungsmöglichkeit, ausgeschildert).

Für die Hauptroute gehen Sie an diesem Abzweig links und können bald nach der Kesselscharte das Ende des Schiliftes auf dem Kettingkopf sehen, das Sie unterqueren, um schließlich auf einem Wiesenhang zwischen zwei Waldstreifen zur Almwirtschaft beim Kettingför abzusteigen. Die Talstation des Liftes lassen Sie hier rechts liegen und nehmen statt dessen, sobald Sie nach der Hütte auf den Fahrweg kommen, den steil ansteigenden Abzweig gegenüber, auf dem Sie innerhalb von ca. 1 km auf den Kamm vor der Schmittenhöhe gelangen. Das gleichnamige Hotel befindet sich nun links von Ihnen; der geradeaus fortsetzende Fahrweg bildet den Abstieg hinunter nach Zell am See.

Bei gutem Wetter haben Sie von der Schmittenhöhe eine einzigartige Aussicht nicht nur auf Zell und seinen See, sondern vor allem auf die Glocknergruppe mit dem Großen Wiesbachhorn und dem Kitzsteinhorn, die Hohen Tauern und die Kapruner Stauseen.

Der Abstieg von der Schmittenhöhe folgt immer dem alten Fahrweg und bringt Sie über die bewirtschafteten Stationen Breiteckalm (1.767 m.ü.M.), Glocknerhütte (1.583 m.ü.M.) und Mittelstation (1.326 m.ü.M.) zur östlichen Einfahrtstraße von Zell am See.

21 Von Zell am See über den Hochkönig nach Pfarrwerfen

Ab dem Zeller Grand Hotel fahren Sie mit einer Personenfähre zum Stadtpark von Thumersbach. Eine schattige Allee und die ruhige Straße durch den Thumersbacher Graben bilden hier die Einstimmung für Ihren steilen, aber überwaldeten Aufstieg zum Hundstein und dem dicht beim Gipfel liegenden Statzer Haus. Von dort gelangen Sie über pittoreske Grasberge, einsame Almen und stille Waldabschnitte an den Filzen Sattel, der natürlichen Brücke zum Hochkönigsockel. Nach einer fest versicherten Kletterei durch den Kamin oberhalb des Birgkars kommen Sie in die mondartige Kalksteinlandschaft um den Hochköniggipfel und betreten mit dem Matras Haus auf 2.941 m.ü.M. den höchsten Punkt der gesamten Fernwanderung.

Zwischen den Gletscherresten der Übergossenen Alm erreichen Sie über einen gewaltigen, buckelwiesenartig gewellten Kalksteinrücken den Steilabstieg zur Ostpreußen Hütte. Ihr letzter Wegabschnitt nach Pfarrwerfen führt Sie über gut ausgebaute Waldwege in die Imlau und von dort bis direkt in das Ortszentrum.

Markierungen: Bis zum Hochkönigsockel meistens Holzschilder (uneinheitlich), sowie durchgängig Farbmarkierungen. Ab der Erich Hütte bis zum Matras Haus durchgehend Farbmarkierungen, ergänzt durch Blech- oder Holzschilder. Auf der Übergossenen Alm rot markierte Holzstäbe und gelegentlich Farbmarkierungen. Ab der Ostpreußen Hütte uneinheitliche Holzschilder, selten Farbmarkierungen. **Karten**: Österreichische Karte 1:50.000 (»ÖK 50 BMV«), Blatt Nr. 123 »Zell am See«, Nr. 124 »Saalfelden« und Nr. 125 »Bischofshofen«. **Unterkünfte**: Zell am See, Statzer Haus, Dienten, Erich Hütte, Matras Haus, Ostpreußen Hütte, Pfarrwerfen. **Bahnen** mit Anschluß an das Netz der ÖBB: Zell am See (Giselabahn), Pfarrwerfen. **Tagesetappen**: 3 Tage: Z.a.S.-Erich Hütte (11 Std.), Erich Hütte-Ostpreußen Hütte (9 Std.), Ostpreußen Hütte-P. (2,5 Std.), 3 Tage: Z.a.S.-Dienten (8,5 Std., Abfahrt mit dem Lift), Dienten-Matras Haus (8 Std.), Matras Haus-P. (6,5 Std.), 4 Tage: Z.a.S.-Statzer Haus (4,5 Std.), Statzer Haus-Erich Hütte (7 Std.), Erich Hütte-Matras Haus (5 Std.), Matras Haus-P. (6,5 Std.).

Achtung! *Aufgrund der Steilpassagen beim Aufstieg von der Erich Hütte auf den Hochkönig sind Trittsicherheit und Schwindelfreiheit wichtige Voraussetzungen für die Bewältigung dieses Wegabschnitts! Der Kamin im ersten Drittel des Aufstieges, der auf einer Leiter durchquert wird, ist ca.*

1,2 m breit. Achten Sie ggf. vor dem Aufbruch darauf, daß Ihr Rucksack entsprechend schmal gepackt ist. Alternativ zur Hauptroute gibt es einen einfacheren, aber längeren Aufstieg über die Mitterfeld Alm zum Matras Haus. Informationen hierzu bekommen Sie in der Erich Hütte. Durch die starke Reflexion am Kalkfels besteht im Hochköniggebiet verstärkte Sonneneinstrahlung. Sonnenbrille und guter Lichtschutz sind unbedingt erforderlich.

Von Zell am See auf den Hundstein

Zell am See zählt zu den ältesten bajuwarischen Siedlungen im Pinzgau. Zur Gründungszeit verlief über das Hochtor am Großglockner eine wichtige Handelsverbindung von Nord nach Süd, weshalb sich die Niederlassung am See rasch entwickelte. 1357 wurde Zell »Markt«, ab 1810 trägt der Ort den heutigen Namen. Seit 1928 besitzt man Stadtrechte. Mit der Eröffnung der Giselabahn im Sommer 1875 beginnt Zells Erfolgsgeschichte als Urlaubsort. Die frühen Reiseführer aus Zells Zeit als Sommerfrische loben einerseits die Schönheit des Ortes und die traumhaft-ideale Lage zwischen den Hochgipfeln am See, bemerken anderseits aber auch schon, daß die liebliche Stätte von Gästen und Touristen »häufig überfüllt« sei (*Grieben's Praktisches Reisehandbuch für Österreich,* 1904). Das ist in der Gegenwart nicht anders: Nach einem Einbruch in den Kriegsjahren zählt man bereits 1950 wieder 180.000 Übernachtungen, bis der Zusammenschluß mit Kaprun zur »Europa-Schiregion« die Zahlen schließlich explodieren läßt – auf heute über zwei Millionen pro Jahr.

Der sogenannte Vogt- oder Kastnerturm im Ortszentrum wurde bereits vor 1.000 Jahren urkundlich erwähnt und ist inzwischen der Sitz des Heimatmuseums. Auf vier Stockwerken liefert er ein breites Panorama zur regionalen Geschichte, unter anderem alte Hüttenbücher aus der Frühzeit des Fremdenverkehrs, Gedichte und Anekdoten des Zeller Lokalpoeten Nussko, sowie eine Sammlung

Grand Hotel Zell am See

von historischen Schiern, Schi- und Wanderschuhen aus den ersten Anfängen bis in die siebziger Jahre (geöffnet Mai bis Oktober, Mo-Fr 14.00-18.00, bei Schlechtwetter 12.00-18.00, Tel.: (0)664/4626 253, Adresse: Stadtplatz, Eingang nördlich von der Kreuzgasse her).

Unmittelbar südlich des Grand Hotels an der Esplanade befindet sich der Fähranleger für Rundfahrten über den See mit einer separaten Anlegestelle für »Überfahrten/Lake Crossings«. Stündlich, zu Hochzeiten sogar halbstündlich, gelangen Sie hier für wenige Euro zum gegenüberliegenden Stadtpark von Thumersbach, dem Ausgangspunkt dieses Wegabschnitts.

Der Zeller See ist vier Kilometer lang, 1,3 Kilometer breit und hat ein Fassungsvermögen von 175 Mio. Kubikmetern. Aufgrund seines Schilf- und Moosgebietes, das nicht nur für die hervorragende Wasserqualität sorgt, sondern wegen der vielen Laichplätze auch einen reichen Fischbestand sichert, wurde das Gewässer 1973 von der Salzburger Landesregierung unter Naturschutz gestellt. Im Sommer erreicht das Wasser fast immer Warmbadetemperaturen, bleibt aber durch die natürliche Reinigung im Schilf nahezu keimfrei und behält seine Trinkwasserqualität.

Vom Fähranleger am Stadtpark in Thumersbach folgen Sie dem Fußweg unter der Allee genau östlich und setzen Ihren Weg auf der anschließenden Straße in dieser Richtung fort. Immer in der Nähe des Thumers Baches verlassen Sie den Ort und gehen die ruhige Straße für ca. 4 km bis zu ihrem Ende durch, wobei Sie hin und wieder auf kleinere Wanderwegabschnitte am gegenüberliegenden Bachufer ausweichen können. Oberhalb des Straßenendes, d.h. links am Hang steht die Pension Waldheim; wenige Meter taleinwärts

Von Zell am See ü. d. Hochkönig nach Pfarrwerfen 153

Ort	m.ü.M.	Std.	km	km ges.
Zell a. See	750	0	0,0	0,0
Abz. Pension Waldheim	1.055	1 1/4	4,0	4,0
Jagdhütte	1.650	1 1/4	3,1	7,1
Abz. Ochsenkopf/Hundstein	1.931	1	1,9	9,0
Hundstein	2.117	3/4	1,1	10,1
Hochkasern	2.017	1 1/2	3,6	13,7
Kling Spitz	1.988	1/4	0,8	14,5
Abz. Grünberg	1.528	1 1/4	3,2	17,7
Grünberg	1.700	1/2	1,3	18,9
Lift Gabühel nach Dienten	1.636	1/4	1,0	19,9
Parkplatz Filzensattel	1.291	1 1/4	3,6	23,5
Pichl Alm	1.430	3/4	1,8	25,3
Erich Hütte	1.546	1	3,2	28,5
Abz. Taghaube	1.716	1	1,2	29,7
Kamin	2.075	1/2	1,0	30,7
Abz. im Birgkar	1.900	1/2	0,7	31,4
Durchstieg Hochkönigplateau	2.788	2 1/4	2,6	34,0
Matras Haus	2.941	3/4	1,3	35,3
Biwakhöhle	2.350	2	4,5	39,8
Hochwiesen unterm Floßkogel	2.200	1/2	0,9	40,7
Senke Steingrube	1.900	1/2	1,0	41,7
Abz. Gamskarkogel	1.870	1/4	0,9	42,6
Wiesen Rettenbachalm	1.720	1/2	0,7	43,3
Ostpreußenhütte	1.630	1/4	1,0	44,3
Gabelung Weg Nr. 60	1.413	1	2,9	47,2
Beginn Asphaltstraße	900	3/4	3,3	50,5
Pfarrwerfen	553	1	2,8	53,3

und schräg gegenüber finden Sie das Ziel dieses Unterabschnittes, den Hundstein, auf einem Holzschild deutlich ausgewiesen. Der erste Teil Ihres Anstieges verläuft in engen Serpentinen durch den Hangwald zwischen Tauben- und Krinnbach, die am Zusammenfluß den Thumersbach bilden. Nach dem ersten Anstieg schneidet der Steig nach links versetzt einen anderen Weg und klettert anschließend weitgehend geradeaus, immer oberhalb des links fließenden

Taubenbaches bis zu ein paar letzten Serpentinen vor einer Jagdhütte (1.650 m.ü.M.) hinauf. Ab hier folgt ein beinahe ebenes, wie zur Entspannung geschaffenes Wegstück auf den Kamm zwischen Ochsenkopf (südlich) und Hundstein (nördlich). Beim Abzweig auf dem Kamm gehen Sie links und unterqueren danach den Hundstein ca. 150 Höhenmeter unterhalb seines Gipfels, um zuletzt in einer langgezogenen Rechtskehre zum höchsten Punkt (2.117 m.ü.M.) aufzusteigen. Wegen der phantastischen Sonnenauf- und -untergänge, die es von hier aus zu bewundern gibt, ist das gleich neben dem Gipfel liegende Statzer Haus als Ort für Übernachtungen besonders beliebt.

Vom Hundstein auf den Filzensattel

Verlassen Sie den Gipfel auf dem Fahrweg, doch nehmen Sie nach wenigen hundert Metern den Abzweig rechts, der unter anderem für den Arnoweg ausgeschildert ist und zum Hochkasern bzw. Kling Spitz führt. Nach mehreren engen Serpentinen kommen Sie an eine T-Gabelung, wo Sie wiederum rechts gehen und immer dicht beim Grat in südöstlicher Richtung auf den Gipfel des Ochsinger (1.979 m.ü.M.) steigen. Am Ochsinger wendet sich der Pfad nordöstlich, verläuft aber immer noch in unmittelbarer Nähe des Grates. Nach dem Gipfel des Hochkasern (2.017 m.ü.M.) kommen Sie über das letzte Stück des Kammes innerhalb von ca. 750 m zum etwas niedrigeren Kling Spitz (1.988 m.ü.M.), wo Ihr Abstieg beginnt.

Von hier verläuft Ihr Weg über einen langen Wiesenrücken in genau nördlicher Richtung auf das Hochkönig-Massiv zu. Nun bietet sich eine der besten Panoramaaussichten über die gesamte Gegend. Nach dem ersten Steilstück wandern Sie über die sogenannte Marbach Höhe Richtung Ger Alm und nehmen hierfür den rechten Weg bei der höchsten Linie des Wiesenrückens. Den Abzweig zur Alm lassen Sie schließlich links liegen, um Ihren Weg schräg rechts zur Letten Alm, ebenfalls ausgeschildert, fortzusetzen.

Von Zell am See ü. d. Hochkönig nach Pfarrwerfen 155

Nun gehen Sie für knapp 2 km unterhalb und rechts des Kammes in nordöstlicher Richtung, bis Sie – noch auf demselben Weg – den Ausläufer vom Grinnköpfl in einem Linksbogen umwandern. Bis zur Letten Alm (ca. 1.500 m.ü.M.), die auch eine Jausenstation ist, verläuft ihr Weg dann fast geradeaus. Bald nach der Alm erreichen Sie den unteren Waldrand und lassen die Fortsetzung des Weges zur Sommerer Alm und ins Tal rechts liegen. Stattdessen biegen Sie auf den Wirtschaftsweg nach links ab. Von ihm zweigt innerhalb weniger Meter auf der rechten Seite ein schmaler Steig auf den Höhenrücken im Wald ab, auf dem Sie innerhalb von gut einem Kilometer durch stille Waldabschnitte und Lichtungen in die Nähe des Grünberg-Gipfels (1.714 m.ü.M.) gelangen. Hier hält sich der Weg stets rechts unterhalb des Gipfels und schwenkt dabei in nördliche Richtung. Kurz vor den Schiliften beim Gabühel erreichen Sie schließlich die Kammlinie. Auf den letzten Metern öffnet sich der Wald zu einer größeren Lichtung, und Sie können links die Bergstation eines der Lifte erkennen.

Hochkasern

Auch auf der Lichtung halten Sie sich dicht bei der höchsten Linie und kommen so in einer Rechtsbiegung an die Bergstation des Sesselliftes von Dienten. Der Sessellift ist ganzjährig in Betrieb; Kontakte und Details für eine Übernachtung in Dienten finden Sie im Service-Teil.

Für die Fortsetzung der Route nehmen Sie bei der Bergstation des Sesselliftes den dort einsetzenden Fahrweg und kommen innerhalb weniger hundert Meter zur rechts liegenden Gamsbühelhütte (1.598 m.ü.M.). Auch hier bleiben Sie auf dem Fahrweg, unterqueren mit ihm mehrmals den Sessellift, um schließlich nach einem geraden Wegabschnitt (ca. 1 km) an eine Spitzkehre zu gelangen, von der Sie Aussicht auf die verschiedenen Almweiden und Höfe unterhalb des Hochkönig-Massives haben. Nach der Spitzkehre kreuzt Ihr Fahrweg einen anderen Hangweg, in den Sie nach links einbiegen (den kaum sichtbaren Steig geradeaus zur nahen Pureck Alm, deren Lage Sie erst jetzt erahnen können, lassen Sie liegen). Innerhalb von 250 m gehen Sie am nächsten Abzweig rechts und wandern nun parallel zur Landstraße – und oberhalb links von ihr – bis zum Parkplatz beim Filzensattel, den Sie mit dem Ende des Weges erreichen.

Vom Filzen Sattel zum Matras Haus auf dem Hochkönig

Vom Parkplatz folgen Sie dem eindeutig ausgeschilderten Fußweg zur Pichl Alm (ca. 1.430 m.ü.M.), halten sich dort aber, noch unterhalb der Almgebäude, weiter auf dem Hauptweg und folgen der Beschilderung zur Erich Hütte. Die kleineren Abzweige zu den Jagdhäusern und Almgebäuden lassen Sie allesamt liegen und bleiben stattdessen immer auf dem Verbindungsweg am Hang, der sich in generell südöstlicher Richtung einem Bach vor der am tiefsten liegenden Rohrmoos Alm (1.195 m.ü.M.) nähert. An der Gabelung ca. 150 m vor dem Bachufer gehen Sie links, queren den Bach, und wandern danach genau östlich am Hang über zwei weitere Wasserläufe, um zuletzt für ca. 75 m nach Süden abzuschwenken. Am nun folgenden Abzweig gehen Sie geradeaus, wonach der Pfad wieder in seine ursprüngliche, östliche Richtung schwenkt. Ohne einen weiteren Abzweig erreichen Sie die gleich unterhalb der Erich Hütte liegende Schönberg Alm.

Falls Sie sich in Ihrer Entscheidung über den Aufstieg auf den Hochkönig nicht sicher sind, finden Sie auf der Erich Hütte (1.546 m.ü.M.) zusätzliches Informationsmaterial zu den verschiedenen Varianten. Maria Bürgler, die Pächterin, steht Ihnen außerdem gerne mit individuellen Ratschlägen und Hinweisen zur Seite. Der im folgenden beschriebene Aufstieg bis zum Hochkönigplateau ist körperlich und

Von Zell am See ü. d. Hochkönig nach Pfarrwerfen 157

technisch herausfordernd. Er überwindet insgesamt rund 1.600 Höhenmeter, verlangt Trittsicher- und Schwindelfreiheit, aber keine spezielle Kletterausbildung. Beginnen Sie ihn ruhig und besonnen – und frischen Sie bei der Erich Hütte, mangels Quellen am Weg bis zum Matras Haus, noch einmal Ihre Trinkwasservorräte auf.

Ausstieg a.d. Kamin (gegenüber, Blick zurück)

Von der Hütte folgen Sie den Markierungen in nordöstlicher Richtung und steigen für ca. 40 Minuten den Almwiesenrücken zum Abzweig (1.716 m.ü.M.) bei der Taghaube hinauf. Durch den neu eingerichteten Klettersteig »Königsjodler« ist die Markierung an dieser Stelle irreführend: Halten Sie sich an diesem Abzweig in Richtung des Klettersteiges und folgen Sie den Markierungen weiter aufwärts bis zu einer Scharte, wo der eigentliche Beginn des Steiges noch einmal mit einem Hinweisschild »Klettersteig – Nur für Geübte ...« markiert ist. Hier lassen Sie den Abzweig zum Steig unbedingt liegen und folgen stattdessen dem markierten Bergpfad, der bald darauf durch einen mit Metallleitern versicherten Kamin zum Durchstieg in das Birgkar führt. Teilweise steil und rutschig, fällt der Pfad danach ab, um schließlich am Felsmassiv (linker Abzweig) wieder aufwärts zu einer Schutthalde zu führen und sich damit vom Grat, in dem sich der Kamin befindet, endgültig abzuwenden.

Für den Rest des Aufstieges zum Plateau wechseln Schutt- und Geröllpassagen in ständig veränderlichem Rhythmus. Der Pfad ist nun aber sehr sorgfältig mit rot-weißen Farbmarkierungen ausgewiesen.

Hinter dem Durchstieg zum Plateau (2.788 m.ü.M.) halten Sie sich rechts und folgen der Beschilderung zum Matras Haus. Dieser letzte Wegabschnitt ist im Vergleich zum vorigen wieder technisch einfach, lädt zur Entspannung ein und belohnt Sie mit Aussichten in die bizarre Mondlandschaft um den Hochköniggipfel. Erst während der letzten ca. 15 Minuten zum Matras Haus (2.941 m.ü.M.) sind noch einmal etwas mehr als 100 Höhenmeter zu überwinden.

Anläßlich des 50jährigen Regierungsjubiläums von Kaiser Franz-Josef wurde das Matras-Schutzhaus im Jahr 1898 errichtet und noch im Sommer desselben Jahres eingeweiht. 1912 erging auf Veranlassung von Erzherzog Franz Ferdinand eine Verfügung, den Bau wieder abzutragen, da er sich in einem der kaiserlichen Jagdreviere befand. Nachdem der Präsident des Österreichischen Touristen Klubs Franz Eduard Matras, beim Kaiser vorgesprochen hatte, konnte die Verfügung aber aufgehoben werden. Durch einen Brand in der Küche wurde das alte Matras Haus im Mai 1982 völlig zerstört. Dank der Initiative des damaligen Klubpräsidenten Dr. Hans Bossmüller und der großen Beliebtheit des Hauses als Ausflugsziel begann man noch im selben Jahr mit einem Neubau. Das Matras Haus in seiner heutigen Gestalt wurde drei Jahre später am 1. September 1985 eingeweiht.

Vom Matras Haus zur Ostpreußen Hütte

Ähnlich wie die Blümlisalp in der Schweiz, so war der Sage nach auch das Hochgebiet nördlich des Matras Hauses nicht immer eine eisüberzogene Landschaft, sondern einst eine fruchtbare Almwiese, die eine saftige Weide für Hunderte von Kühen bot und den Bewirtschaftern zu viel Freude und Reichtum verhalf. Eine Heerschar lustiger Sennerinnen hauste dort, die Milch, Butter und Käse in Hülle und Fülle besaßen und in deren Keller unzählige Flaschen der besten Weine aus Salzburg lagen. Ihre Kühe schmückten die Älplerinnen mit Glocken aus reinem Silber, und den Stieren überzogen sie ihre Hörner mit Gold. Und als der Reichtum noch immer kein Ende nehmen wollte, da pflasterten sie neben den Almhöfen eine große Fläche mit Butter aus, denn darauf glitten ihre Füße wie von selbst im Takt ihrer lustigen Lieder und Weisen. Das wußten auch die Jägersleute der Gegend zu schätzen, die den Sennerinnen häufig einen Besuch abstatteten, um es sich bei ihnen gut gehen zu lassen. Weil der Übermut der Sennerinnen aber keine Grenzen kannte, wandten sie sich eines Tages sogar an die Hölle, um auch den Herrn der Unterwelt samt seiner Gefährten einmal bei einem Fest zu bewirten. Zu den Teufelshörnern gewandt, riefen sie ihre Einladung einfach in den Wind.

Spiel, Tanz und berauschender Trank müssen kein menschliches Maß mehr gekannt haben in dieser Nacht. Als die Uhr aber zwölf schlug, erhob sich draußen ein eiskalter Wind. Es heulte über die Almen, pfiff durch alle Ritzen und Fugen der Höfe, die Felsen wogten wie ein Ozean, der Himmel riß seine Schleusen auf, und über den Frevel ergoß sich mit eins eine mächtige Flut, um sogleich zu Eis zu erstarren.

Doch was geschah mit den Sennerinnen? Nun, angesichts dieser Rache des Himmels, so geht die Rede, habe sich der Teufel als Kavalier erwiesen. Er habe die Einladung der Sennerinnen stehenden Fußes erwidert und sie mit in sein feuriges Reich genommen. Wer's nicht glaubt, der sehe sich nur die vielen Teufelslöcher an, die bis heute in den Felsen der Übergossenen Alm zu finden sind und die alle geradewegs in die Hölle führen.

Der Gletscher der Übergossenen Alm ist in den letzten Jahren stark zurückgegangen. Sein Erscheinungsbild hat also kaum etwas mehr mit dem zu tun, wovon die Sage berichtet, doch fast genausowenig mit dem, was die meisten Karten heute verzeichnen. Aufgrund der raschen Veränderungen wird der Abstieg über das Gletschergebiet jährlich neu ausgelegt. Einerseits macht ihn das zwar so gefahrlos wie möglich, aber andererseits wird dadurch jede detaillierte Beschreibung hinfällig, sobald sie im Druck ist. Bis zum Abstieg in die Steingrube, die das Ende des Kalksteinrückens um die Übergossene Alm bildet, läßt sich deshalb verbindlich nur folgendes sagen: Die Route verläuft generell nordöstlich und ist frei von langgezogenen Serpentinen oder Abweichungen von dieser Himmelsrichtung. Der gesamte Wegverlauf ist mit senkrecht stehenden Holzstäben markiert, die an schwierigen oder unübersichtlichen Stellen – z.B. bei Kletterpassagen durch Kalkfels-Spalten o.ä. – durch Farbmarkierungen ergänzt werden. Auf den flachen Buckeln finden Sie zusätzlich Steintürmchen. Alle Markierungen befinden sich grundsätzlich immer in Sichtweite. Eine gute halbe Stunde vor dem Abstieg in die Steingrube befindet sich rechts vom Weg eine Biwakhöhle (ca. 2.350 m.ü.M.), die zwar nicht trocken ist, Ihnen aber bei einem überraschenden Wetterumschwung sicheren Schutz in der ansonsten völlig ausgesetzten Gegend bietet.

Nach den ersten Hochwiesen unterhalb des Floßkogels beginnen Sie an der Südseite des Eiblecks Ihren Abstieg in die Steingrube, wobei sich der Weg beim steilsten Stück zur Mitte der Grube hin bewegt, um danach wieder an den Hang zurückzukehren und zuletzt auf den auslaufenden Kamm des Eiblecks zu klimmen. Am Abzweig zum Gamskarkogel (rechts) bietet sich Ihnen erstmals eine Aussicht auf die Ostpreußen Hütte, welche sich nun, der Kammlinie weiter folgend, genau vor Ihnen am Ende einer Serie von Almwiesen oberhalb der Waldhänge vom Blühnbachtal (links) und der Imlau (rechts) befindet. Nach einem letzten Stück Steig mit steilen Serpentinen, auf dem Sie den Felskamm des Eibleck hinter sich lassen, wandern Sie auf einem angenehmen Pfad über diese Almwiesen auf die Ostpreußen Hütte (1.630 m.ü.M.) zu.

Von der Ostpreußen Hütte bis nach Pfarrwerfen

Vor der Hütte folgen Sie dem Weg nach links und gehen ca. 1,5 km dahinter an der nächsten Kreuzung rechts. Der neue Weg, welcher vom Materiallift der Ostpreußen Hütte heraufkommt, verläuft nun halb über Wiesen und halb durch Wald, aber immer dicht bei der höchsten Linie, um sich nach weiteren 1,75 km aufzugabeln. Hier folgen Sie dem Wegweiser mit der Nr. 60 auf den Wanderweg nach

rechts, mit dem Sie innerhalb
eines weiteren Kilometers auf
den Waldweg aus der Imlau
kommen. Der Wanderweg
Nr. 60 führt laut Karte zwar
bis nach Pfarrwerfen hinunter,
besteht aber heute nur
noch aus einzelnen Abkürzungen
zwischen den Serpentinen
des Waldweges, ist

Blick vom Hochkönig-Gletscher (Abstieg)

kaum gewartet und darum wenig lohnenswert. Folgen Sie im oberen Teil besser dem Waldweg bis zu seinem Ende und gehen Sie die anschließende Asphaltstraße dann in einem Linksbogen bis zum nächsten Waldabschnitt aus (über eine fette Almwiese hinweg sehen Sie zwischenzeitlich das Salzachtal und links gegenüber die Ausläufer des Tennengebirges, an dessen Fuß die Autobahn nach Radtstatt/Lammertal verläuft). Die nun folgende Ansammlung von Almen – schon wieder halb im Wald – durchqueren Sie am unteren Ende, ohne jedoch ins Tal abzusteigen. Auch bei der letzten Spitzkehre setzen Sie geradeaus am Hang fort und folgen einem undeutlicher werdenden Weg, während die Hänge zur Mündung der Imlau weiter zusammenrücken. In einem leichten Rechtsknick kommen Sie schließlich in die ersten Wiesen oberhalb der Au. In Sichtweite des Wasserlaufs setzen Sie hier in Fließrichtung fort und sehen rechts durch die Bäume bald die ersten Häuser des Ortsteils Grießl. Durch den Uferbewuchs führt schließlich ein Weg, der Sie über eine Brücke in diesen Ortsteil bringt. Grießl durchqueren Sie hangabwärts zur Landstraße. Die Brücke über die Salzach, die zugleich den Zugang in das Ortszentrum von Pfarrwerfen bildet, liegt ca. 150 m schräg rechts von Ihnen.

22 Von Pfarrwerfen nach Lungötz

Der Anfang täuscht: Obwohl dieser Wegabschnitt unter einer Autobahn beginnt, erwartet Sie im ersten Abschnitt ein reizvoller Aufstieg entlang des unverbauten Wenger Baches nach Werfenweng. Nach einem wenig ansprechenden, weil langgezogenen Marsch durch den Seitenwald öffnen sich an der Scharte endlich die Lammer Berge mit ihren endlosen Lärchenwäldern – den »urwaldhohen Bäumen«, für welche die Gegend berühmt ist – und einer Vielzahl idyllischer Hangwege und offener Wiesentäler. Kurz vor Lungötz haben Sie zum ersten Mal Aussicht auf den »König Dachstein«, der das Herz Ihres nächsten Wegabschnittes bilden wird.

Markierungen: uneinheitliche Holzschilder, selten Farbmarkierungen. **Karten**: Österreichische Karte 1:50.000 (»ÖK 50 BMV«), Blatt Nr. 125 »Bischofshofen« und Nr. 126 »Radstatt«. **Unterkünfte**: Pfarrwerfen, A. Proksch Haus, Lungötz. Anschluß an das Netz der **ÖBB**: Pfarrwerfen. Tagesetappen: 1 Tag: P.-L. (8 Std.), 2 Tage: P.-A. Proksch Haus (5 Std.), A. Proksch Haus-L. (3 Std.).

Von Pfarrwerfen zum Anton Proksch Haus

Zur Römerzeit war Pfarrwerfen vermutlich eine Poststation mit dem Namen Vocario. Urkundlich erwähnt wurde der Ort erstmals 1074, hieß aber bis in das 19. Jahrhundert St. Cyriak. An sehenswerter Architektur gibt es nicht nur die spätgotische Pfarrkirche mit ihren Fresken, den Glasgemälden von A. Birkle und drei gotischen Flügelaltären, sondern auch mehrere alte Pongauer Gehöfte in der Umgegend, die teilweise bis in das 17. oder 16. Jahrhundert zurückdatieren. Die überregionale Attraktion ist die oberhalb des nahen Werfen gelegene Eisriesenwelt, die größte bislang erschlossene Eishöhle der Erde, in der schon ab 1920 Führungen durchgeführt wurden. Das gesamte Höhlensystem erstreckt sich über eine Länge von 42 km, von denen jedoch nur ca. 1 km mit Eis bedeckt ist und öffentlich besichtigt werden kann. Der Eingang der Höhle liegt in der Westwand des Hochkogels auf ca. 1.650 m.ü.M. Man erreicht ihn von Pfarrwerfen mit der Bahn bis Werfen und einem Linienbus zum Eisriesen-Parkplatz. Infos gibt es unter: eisriesenwelt.at, Tel.: (0)648 / 5248; festes Schuhwerk und warme Kleidung sind empfehlenswert.

Von Pfarrwerfen nach Lungötz

Im Ortskern von Pfarrwerfen überqueren Sie die Bahngleise links des Bahnhofs und halten sich gleich danach an das Ufer des Wenger Baches. Mit ihm als Orientierungshilfe steigen Sie durch den Ort bis zur oberhalb gelegenen Autobahnbrücke, unter der sich eine kleine Station für ein Wasserkraftwerk befindet. Links davon beginnt der Wanderweg entlang des Baches hinauf nach Werfenweng, dem Sie für die nächsten 1,75 km bis zu einer engen Schlaufe in einem 180°-Winkel folgen. Weiterhin dicht am Wasser steigen Sie hier rechts bis zur Landstraße bei Diel hinauf, auf der Sie nun für etwa 2 km nach links bis zum Sattel des Wiesengrunds gehen, dem höchstgelegenen Punkt der Straße, bevor diese als Ortseinfahrt nach Werfenweng in den Wald eintaucht. Schräg rechts vor dem Waldrand sticht hier eine Wohnstraße mit ein paar neuerrichteten Häusern ab, von der Sie nach gut 15 m links in einen Pfad in den Wald hinauf abzweigen, der nach der Passage eines kleinen Sattels in einen Fahrweg mündet. Hier gehen Sie links und halten sich bei den nächsten Wegweisern auf dem Wanderweg mit der Nr. 10 Richtung Tennenblick. Die Abzweige nach Werfenweng (links) und zum Steinbergerhof (rechts, beide Nr. 1a) lassen Sie liegen und wandern den Waldweg stattdessen geradeaus bis zur vor Ihnen liegenden Anhöhe hinauf. Bei der nächsten T-Kreuzung im Wald nehmen Sie den rechten Abzweig (noch immer Nr. 10) und gehen ihn ab hier durch den gesamten Seitenwald für 3 km bis zur Scharte (ca. 1.400 m.ü.M.).

Am nächsten Abzweig, bei dem der Waldweg bereits wieder fällt, gehen Sie hart links und horizontal am Hang entlang, um so auf den Almweg zur Bischling Alm zu kommen. Ihm folgen Sie für gut 800 m, um das letzte Stück der Anfahrt liegenzulassen und stattdessen auf dem Hangweg geradeaus, der landschaftlich schöner ist, direkt zum Anton Proksch Haus (1.586 m.ü.M.) zu wandern. Diese Wegvariante mit der Nummer 10a verläuft weiterhin eben und bietet unter schattenspendenden Lärchen eine Vielzahl idyllisch-einsamer Ausblicke in das rechts liegende Larzenbach-Tal. (Im Anton Proksch Haus können Sie sowohl einkehren als auch übernachten.)

Ort	m.ü.M.	Std.	km	km ges.
Pfarrwerfen	553	0	0,0	0,0
Einmündung Landstraße Diel	720	3/4	2,3	2,3
Abz. Sattel Wiesengrund	830	3/4	1,9	4,2
Scharte	1.400	2 1/4	4,2	8,4
A. Proksch Haus	1.586	1	3,4	11,8
Abz. Laubichl Alm	1.650	3/4	1,4	13,2
Au Alme/Truppenübungsplatz	1.230	3/4	2,1	15,3
Siedlung Lammertal	965	3/4	3,5	18,8
Lungötz	830	3/4	2,8	21,5

Vom Anton Proksch Haus nach Lungötz

Vom Anton Proksch Haus gehen Sie hinab in eine kleine Senke und nehmen hier an der Kreuzung den linken Abzweig in Richtung Dr. Heinrich Hackel-Hütte. Nach etwa 400 m erreichen Sie eine Anhöhe (Gedenkkreuz), wo Sie rechts in Richtung Jochriedl abbiegen und einem Hohlweg folgen. Nach etwa einem Kilometer erreichen Sie einen Sattel, bei dem der Abstieg hinunter zu einem Truppenübungsplatz beginnt (s. Warnschilder und Hinweise, Nr. 64/90 Richtung Au Alm). Auch zu Übungszeiten ist dieser Weg für die Öffentlichkeit immer zugänglich, d.h. es sind dann lediglich keine Abstecher in den Talboden zugelassen. Nach einer Handvoll steiler Serpentinen hinunter in das Übungsgebiet läuft der Weg rechts des Hartbaches zu den hintersten Gehöften des Lammertales und bietet Ihnen erste Ausblicke auf das Dachsteinmassiv. Ein kurzes Wegstück weiter, in einer Aulandschaft, entspringt die Lammer. Ebenfalls in unmittelbarer Nähe befinden sich im »Lammertaler Urwald« die höchsten Bäume Österreichs. Beide Naturdenkmäler sind ausgeschildert. Gehen Sie weiter talauswärts entlang der Lammer bis nach Lungötz. Der Weg ist zuletzt asphaltiert, doch werden Ihnen für die nächsten 2,75 km noch zahlreiche Ausweichmöglichkeiten direkt zum Bachufer angeboten.

23 Von Lungötz nach Gröbming (Dachstein-Tour)

Durch das Neubachtal nähern Sie sich der Hofpürgl Hütte, Ihrem Zugangstor zum Dachsteingebirge. Über den Linzer Steig und den Reißgang gelangen Sie in die Kalkstein-Hochlandschaften beim Kleinen Gosaugletscher und zur Adamek Hütte unmittelbar im Nordwesten des Hohen Dachsteins. Bei der Umwanderung des Hohen und Niederen Kreuzes hinüber zur Simony Hütte kommen Sie gletscherfrei zum Hohen Trog, dem höchsten Punkt dieses Wegabschnitts mit einer weiten Aussicht auf den Hallstätter Gletscher an der Nordostseite des Dachsteingipfels. Der Kaiser Franz Josef-Reitweg am Fuß der Simony Hütte bietet eine willkommene Erleichterung für den Wegabschnitt zur Dachsteinalm. Auf dem Weg zum Steirischen Dachsteinplateau begrüßen Sie Latschenkiefern und kleine Buckelwiesen inmitten von steindurchsetzten Mini-Tälern, bevor Sie ab der Brünner Hütte über kräftige Almen und die Schlucht zwischen den Öfen ins Tal gelangen. In einer Kneipp-Anlage am Beginn der Fahrstraße können Sie Ihre Füße für die bewältigten Anstrengungen belohnen.

Markierungen: bis zur Hofpürgl Hütte uneinheitliche Schilder, oft nur Farbmarkierungen, im gesamten Dachsteingebiet weiße Metallschilder mit schwarzer Schrift, auf den Kalkfelsen senkrecht stehende Holzstäbe, immer Farbmarkierungen, rot oder rotweiß. **Karten**: Österreichische Karte 1:50.000 (»ÖK 50 BMV«), Blatt Nr. 126 »Radstatt«, Nr. 127 »Schladming« und Nr. 128 »Gröbming«. **Unterkünfte**: Lungötz, Hofpürgl Hütte, Adamek Hütte, Simony Hütte, Dachsteinalm, Brünner Hütte, Gröbming. Anschluß an das Netz der **ÖBB**: Gröbming. **Tagesetappen**: 3 Tage: L.-Adamek Hütte (11 Std.), Adamek Hütte-Dachsteinalm (7,5 Std), Dachsteinalm-G. (10 Std.), 4 Tage: L.-Hofpürgl Hütte (4 Std.), Hofpürgl Hütte-Adamek Hütte (6 Std.), Adamek Hütte-Dachsteinalm (7,5 Std.), Dachsteinalm-G. (10 Std.), 5 Tage: L.-Hofpürgl Hütte (4 Std.), Hofpürgl Hütte-Adamek Hütte (6 Std.), Adamek Hütte-Simony Hütte (5 Std.), Simony Hütte-Brünner Hütte (8,5 Std.), Brünner Hütte-G. (8,5 Std.).

Achtung! *Aufgrund der Steilpassagen im Reißgang und auf dem Linzer Steig sind Trittsicherheit, Schwindelfreiheit und alpine Erfahrung wichtige Voraussetzungen für diesen Wegabschnitt. Durch die starke Reflexion am Kalkfels besteht im gesamten südlichen Dachstein-Gebiet verstärkte*

Sonneneinstrahlung. *Sonnenbrille und guter Lichtschutz sind unbedingt erforderlich.* Von der Hofpürgl Hütte bis einschließlich zur Dachsteinalm gibt es keine Brunnen oder sonstigen Trinkwasserquellen. *Von den Hütten sollten Sie also immer reichliche Wasservorräte mitnehmen, an sonnigen Tagen mindestens 3 l pro Person.*

Von Lungötz zur Hofpürgl Hütte

Urlaubende Familien kennt das Lammer Tal zweifellos besser als Fernwanderer, obwohl auch von letzteren einige durch Lungötz kommen, weil der Ort an einer der bequemsten Verbindungsstrecken zwischen Tennengebirge und Dachsteinregion liegt. Böse Zungen unter den Fernwanderern behaupten allerdings, selbst die Hauptsraße durch Lungötz sei so einsam, daß man auf ihr seine Wäsche wechseln könne. Einen Waschsalon für die schmutzigen Sachen suche man aber vergebens.

Von Lammertal kommend, biegen Sie im Ortskern von Lungötz links in die Hauptstraße ein. Nach ca. 500 m queren Sie die Straße und zweigen rechts in das Neubachtal ab. Bei den letzten Häusern beginnt eine Au: Über einem Hof, der am Ende der Wiesen zwischen ein paar Nadelbäumen und einer Birke hervorschaut, können Sie am Horizont den Dachsteingipfel erkennen. Folgen Sie weiter dem Tal bis zum Schichlbauer. Ab der Schranke beginnt eine Schotterstraße; nach und nach wird es etwas steiler. Auf dem Wanderweg Nr. 59/601 Richtung Arzberg Alm/Hofpürgl Hütte kommen Sie via Stierbichl und Möser Alm bis zu einem Abzweig über das Wasser zur Ellmau Alm. Diesen Abzweig lassen Sie liegen und nehmen statt dessen den rechten Weg hinauf in den Lindeggwald, den Sie nach ca. 750 m für einen markierten Pfad verlassen, der weiterhin zur Arzberg Alm und Hofpürgl Hütte, Nr. 601, ausgeschildert ist. Kurz zuvor haben Sie einen Zulauf zum Neubach überquert.

Von Lungötz nach Gröbming 167

Ort	m.ü.M.	Std.	km	km ges.
Lungötz	830	0	0,0	0,0
Ende Schotterstraße/Neuhaus	875	3/4	3,5	3,5
Abz. Ellmau Alm	1.110	1	2,8	6,3
Abz. Arzberg Alm	1.350	1 1/4	2,4	8,7
Hofpürgl Hütte	1.705	1	2,3	11,0
Rinderfeld/Reißgang	1.752	1	3,3	14,2
Reißgangsattel	1.963	3/4	0,7	14,9
Hohes Hochkesseleck	2.283	1 3/4	1,9	16,8
Abz. Windlegerscharte	2.050	1	1,7	18,5
Adamek Hütte	2.196	1 1/2	2,1	20,6
Abz. Weg Nr. 650	2.025	1/4	1,1	21,7
Hoßwand Scharte	2.190	2	2,3	24,0
Steilanstieg Hoher Trog	2.075	1	2,5	26,5
Hoher Trog	2.300	3/4	0,9	27,4
Ausstieg Scharte	2.214	1/2	0,7	28,1
Simony Hütte	2.206	3/4	1,2	29,3
Abz. Weg Nr. 650	2.010	3/4	1,3	30,6
Einmündung Weg Nr. 654	1.790	1	2,5	33,1
Dachsteinalm	1.732	3/4	1,9	35,0
Abz. Weg Nr. 664	1.830	3/4	2,5	37,5
1. Abz. Weg Nr. 666	1.926	1/2	1,3	38,8
Grafenberg Alm	1.783	2	6,6	45,4
Brünner Hütte	1.737	2 1/2	6,1	51,5
Sockel Brandner Urwald	1.597	3/4	1,2	52,7
Seeboden	1.035	1 1/4	2,4	55,1
Kneipp-Anlage Öfen	928	3/4	1,7	56,8
Gröbming	770	1 1/4	4,5	61,3

Nach dem Austritt aus dem Wald gelangen Sie über ein leicht abschüssiges Stück Almwiese an die Spitzkehre einer Fahrstraße. Den Abzweig zur tiefer liegenden Arzberg Alm lassen Sie rechts liegen und steigen statt dessen links durch die Steilwiesen zum Austriaweg auf, wobei Sie nach etwa der Hälfte der Strecke auf einen querlaufenden Verbindungsweg zur Jausenstation Rettenegg Alm (rechts gelegen) stoßen. Der Weg Nr. 601, dem Sie weiterhin folgen, setzt hier leicht versetzt, aber weiter steil aufsteigend fort. An der T-Kreuzung mit dem Austriaweg gehen Sie rechts und sehen die Hofpürgl Hütte (1.705 m.ü.M.) bereits nach wenigen Dutzend Metern vor sich, wenn Sie den Hang des Leckkogels umwandert haben.

Von der Hofpürgl Hütte zur Adamek Hütte (Linzer Steig)

Der Linzer Steig wurde 1904-05 durch die Sektion Linz des Österreichischen Alpenvereines eingerichtet, ist aber kein Bergweg im eigentlichen Sinn, sondern eine markierte und teilweise fest versicherte Route über die Kalksteinfelsen und durch die Moränen nördlich und südlich des Hochkesselkopfes. Trotz der Markierungen ist die Orientierung bei schlechter Sicht schwierig. Nicht zuletzt wegen der Rutschgefahr auf dem Fels sollte die Strecke nur bei einwandfreien Wetterverhältnissen gegangen werden. Trittsicherheit, Schwindelfreiheit und ein gutes Maß an alpiner Erfahrung sind ein Muß. Mangels Brunnen oder anderer Wasserquellen zwischen den Hütten statten Sie sich für die ca. 5stündige Tour reichlich mit Trinkwasser aus. Wegen der erhöhten Reflexion am Kalk sind Sonnenbrille und guter Lichtschutz unbedingt erforderlich. Bis Juni kann der Weg aufgrund von Schneefeldern unpassierbar sein, erkundigen Sie sich im Zweifelsfall bei der Hüttenwirtin.

Auch nach der Hofpürgl Hütte folgen Sie weiterhin dem Weg Nr. 601, der sich nun in einem Rechtsbogen unterhalb der Bischofsmütze an der Kesselwand entlangzieht. Den Abzweig zum Steiglpaß im ersten Drittel lassen Sie links liegen. Unterhalb des Gosausteins verläuft der Weg weitgehend eben und klimmt nur zuletzt auf einen kleinen Wiesensattel, das sogenannte Rinderfeld, wo sich bei mehreren großen Blöcken links der Abzweig zum Reißgang befindet (1.752 m.ü.M.). Vor den nun folgenden Kletterpassagen haben Sie hier noch einmal die Möglichkeit, Ihr Gepäck entsprechend zu befestigen.

Nach dem Abzweig steigen Sie über Schutt zum Einstieg in den Reißgang, der sich am Fuß der fast senkrecht abstürzenden Felsen vom Reißgangsattel befindet. Über gestuften Stein, der zusätzlich mit Drahtseilen versichert ist, gelangen Sie durch die Schlucht bis zum Sattel, wo Sie Ihren Weg nach rechts über das plattenartige Kalkmassiv bis zu einer Kehre fortsetzen, die noch deutlich vor dem unteren Hochkessel liegt. Nachdem Sie hinter der Kehre den Reißgangkogel auf seiner Nordostseite passiert haben, steigen Sie auf einem schmalen, wiederum mit Seilen versicherten Felsband zum Niederen Hochkesseleck empor und setzen hier nur noch schwach ansteigend Ihren Weg bis zum Hohen Hochkesseleck fort. Ab der Flanke haben Sie Sicht auf das jenseitige Gebiet und können mit gutem Auge bald auch die Adamek Hütte im Nordwesten unterhalb der rötlichbraunen, senkrecht abstürzenden Wand von Schreiberwandeck und -kopf erkennen.

Die körperlich anstrengendsten Teile dieses Wegabschnittes liegen nun hinter Ihnen. Ab jetzt verläuft der Steig weitgehend gerade durch das Kar unterhalb des Eiskarlspitzes, wobei sich in der Mitte bei einem großen Felsblock der Abzweig zur Windlegerscharte befindet, den Sie liegenlassen. Zum Ende des Kars klettern Sie in einer nächsten Felszone, die mit Metallstiften und Drahtseilen versichert ist, auf den Rücken des Torsteinecks und gehen diesen in einer weiten Rechtsbiegung bis zum Ende aus. Von ihm absteigend (wiederum versichert), kommen Sie unterhalb des Großen Gosaugletschers auf einen Moränenrücken, wandern danach noch einmal über ein kleineres Kar und gelangen dann auf einem nächsten Moränenrücken zu den letzten Wegmetern vor der Adamek Hütte (2.196 m.ü.M.)

Von der Adamek Hütte zur Simony Hütte

Ähnlich wie der vorige Wegabschnitt ist auch der folgende hauptsächlich eine markierte und teilweise versicherte Route über Kalkstein. Allerdings erwarten Sie nun – abgesehen von einer Steilpassage hinauf zum Hochtrog – fast keine technischen Herausforderungen mehr. Auch die Orientierung ist einfacher und stellt erst bei Sichtweiten unter 400 m ein Problem dar. Schneefelder unterhalb des Hoß Kogels können den Weg allerdings bis Mitte Juni unpassierbar machen. Bitte erkundigen Sie sich beim Hüttenwirt.

Von der Adamek Hütte nehmen Sie den Weg Nr. 614 und halten sich nach einem längeren, generell nordwestlich verlaufenden Stück beim Abzweig rechts. In einer Talsenke treffen Sie binnen der nächsten rund 20 Minuten auf einen Steinkuchen, von dem die Routen sternförmig wegweisen. Hier wechseln Sie auf den Weg Nr. 650 zur Simony Hütte, der dicht am Fuß des Schreiberwandecks vorbeiführt (an der Rückseite befindet sich die Adamek Hütte). Der Weg verläuft nun generell nordnordöstlich und steigt rechts des Grünberg Kogels auf ein kleineres Plateau, um dieses in einem Rechtsbogen zu durchziehen. Wieder in nordnordöstlicher Richtung steigen Sie danach steil zur Hoßwand Scharte (2.190 m.ü.M.) auf, knicken nach der Flanke östlich (rechts) ab und gehen den Hang unterhalb des Hoß Kogels mit einem Linksknick im letzten Drittel aus. Hier beginnt der Steilanstieg zum Hohen Trog, der in südwestliche Richtung schwenkt. Oben auf dem Plateau (ca. 2.300 m.ü.M.) gehen Sie wieder östlich und lassen den Abzweig zum Hohen Ochsen Kogel rechts liegen.

Der Abstieg zur Simony Hütte verläuft anfangs immer in der Scharte zwischen dem Hohen und Mittleren Ochsen Kogel (der letztere liegt zum Ende des Trogs genau links von Ihnen), wobei Sie die burgähnliche Hütte mit ihrem Glockentürmchen nach dem ersten Drittel des Abstieges sehen können.

Von der Simony Hütte bis zur Dachsteinalm

Friedrich Simony (1813-1896) bestieg im Winter 1847 nicht nur als erster den Dachsteingipfel, sondern gilt als Erschließer des gesamten Gebiets. Er war begeisterter Fossiliensammler, hervorragender Zeichner, Maler, sowie einer der ersten Fotografen – wobei alle diese Fähigkeiten in seine umfangreiche Dokumentation des Dachsteingebiets eingegangen sind. 1851 an die Universität Wien berufen, unter anderem mit Adalbert Stifter befreundet, verbrachte der Mitbegründer des Österreichischen Alpenvereins während seiner Expeditionen eine Vielzahl von Nächten im Freien. Bei einer Felswand errichtete er schließlich einen Unterstand, der etwa 100 Höhenmeter unterhalb der heutigen Simony Hütte liegt und sich bis in die Gegenwart als sogenanntes »Simony Hotel« erhalten hat.

Wegweiser bei der Simony Hütte

Von der Hütte nehmen Sie den Weg Nr. 601 und kommen nach den Serpentinen durch den vorgelagerten Fels an den Beginn des Franz Josef-Reitwegs, der anläßlich eines Besuchs des Kaisers im Gebirge angelegt wurde. An der nächsten Gabelung gehen Sie auf den Weg Nr. 650 ab und durchqueren nur schwach abfallend das Taubenkar. Bei den Kreidgruben vereint sich die Route schließlich mit dem Weg Nr. 654, der links von der Wiesberg Hütte kommt. Generell östlich gehen Sie bis in die Senke vor der Dachsteinalm und sehen auf dem letzten Kilometer rechts die dem Krippeneck vorgelagerten Schilifte, welche sich in unmittelbarer Nähe des Almhauses (1.732 m.ü.M.) befinden. Kontakt und Details für eine Übernachtung siehe Service-Teil.

Von der Dachsteinalm zur Brünner Hütte

Vom Almhaus gehen Sie auf dem rechten (östlichen) Weg den kleinen Hang hinauf und unterqueren dabei die Seilbahn zur Bergstation Oberfeld. Am nächsten Abzweig gehen Sie links auf den gut ausgebauten Familienwanderweg und halten sich auf ihm für ca. 2,25 km in südöstlicher Richtung (die beiden linken Abzweige, Nr. 615 und Nr. 660 liegenlassen). Nach ein paar weit gezogenen Serpentinen

Abstieg v.d. Simony Hütte

links des Hirzkar Kogels verlassen Sie diesen Weg für den undeutlicheren Pfad Nr. 664, der weiterhin in östlicher Richtung verläuft und binnen der nächsten 3 km in südöstliche Richtung schwenkt. Mit teilweise großartigen Ausblicken in die von Wiesen und Latschen durchsetzte Landschaft des nördlichen Dachsteingebietes kommen Sie über immer flacher werdende Felspassagen in humusreiche Mini-Täler mit kleineren Weideflecken. Den Dachsteingipfel sehen Sie noch hin und wieder in der Ferne. Bei allen weiteren Abzweigen in diesen Tälern halten Sie sich nun an die Nr. 666 und gelangen schließlich entlang der Almwiesen bei den Lausböden zur Grafenberg Alm (1.783 m.ü.M.), die seit vielen Jahren die zweite Heimat des Wiener Schriftstellers Bodo Hell ist.

Nicht nur mit seiner kunstvoll aus Werbe-, Gesetzestexten und Splittern der Umgangssprache zusammengesetzten Literatur hat Bodo Hell sich einen Namen gemacht, sondern auch als Senner im Dachsteingebiet mit seinem auf der Alm hergestellten Geißkäse – insbesondere aber seiner Aufgeschlossenheit für Vorüberkommende aller Art. Das Gästebuch der Grafenberg Alm ist dick wie ein experimenteller Roman, und die Tagesgäste des kahlköpfigen, 60jährigen Salzburgers zeichnen darin ein fast ebenso vielfältiges Bild, wie es der Gastgeber in seinen literarischen Texten tut.

Verlassen Sie die Grafenberg Alm östlich in Richtung des Grafenberg Sees und gehen Sie beim nächsten Abzweig links auf den höher gelegenen Weg Nr. 618 am Nordhang des Gewässers. Nach der Vereinigung mit der Talroute zum Ende des Höhenzuges gehen Sie generell östlich bis zum Abzweig (1.646 m.ü.M.) zum Hochwiesmahd, den Sie rechts liegenlassen. Ihr Weg schwenkt nun für

Von Lungötz nach Gröbming 173

einen guten Kilometer in südöstliche Richtung ab und nähert sich schließlich in der ursprünglichen Richtung – außerdem weitgehend eben – der Brünner Hütte (1.737 m.ü.M.) beim Stoderzinken, wo Sie einkehren und auch übernachten können.

Nördliches Dachsteingebiet

Von der Brünner Hütte nach Gröbming

Von der Hütte gehen Sie die Almwiesen abwärts und halten sich dabei links an die verfallenen Gebäude der Stoder Alm. Unterhalb zweigt in den Wald ein Forstweg ab, auf dessen rechter Seite nach wenigen Dutzend Metern der Abstieg zum Seeboden und nach Gröbming beginnt. *Achtung:* Der Beginn des Abstieges ist nicht markiert, achten Sie deshalb genau auf die ersten Steigspuren! In engen Windungen führt dieser Weg durch den Brandner Urwald zu einem langgezogenen Sockel, auf dem Sie sich abknickend östlich zum Waldhang unterhalb der Großen Kohlstatt zubewegen. Nach einigen schwächeren Windungen gehen Sie weitgehend gerade und gewinnen dabei durch die Bäume zunehmend Aussicht auf die rechts gegenüberliegende Rote Wand. Kurz vor dem Beginn des Talbodens wird der Weg breiter und mündet schließlich beim Seeboden in den Mountainbiketrail entlang des Gröbming Baches.

Indem Sie dem Trail nach rechts folgen, gelangen Sie über Straßenserpentinen durch die Öfen zur unterhalb gelegenen Kneipp-Anlage (rechts), von der Sie ein Wanderweg mit der Nr. 10 für gut 2 km an der Siedlung Weyern vorbei – und immer dicht am Hangwald – bis kurz vor die Mautstelle an der Durchgangsstraße führt. Bis in den Ortskern nach Gröbming gibt es zu der Durchgangsstraße leider keine Alternative, abgesehen von kurzen Abstechern des Wanderweges Nr. 10, der dem Verlauf der Straße ansonsten folgt.

24 Von Gröbming nach Treglwang

Auf einem gut markierten Wanderweg kommen Sie durch das Ennstal in den Kupferort Öblarn, der in seiner ursprünglichen Dorfstruktur mit vielen alten Höfen und Gasthäusern noch erhalten ist. Auf dem montanhistorischen Kupferweg durchwandern Sie das Walchenbach Tal und steigen über das Lämmertörl nach Donnersbachwald im Herzen der Rottenmanner Tauern ab. Entlang des Lärchkar Baches wandern Sie zunehmend einsamer zum Pustereck Joch und kommen nach einem Kammstück um die Breiteckkoppe in den Bretsteingraben, der ein anschauliches Beispiel von der Einsamkeit und Armut vieler Alpenregionen vor der Zeit des Fremdenverkehrs gibt. Hinter St. Johann und dem Saurüssel erwarten Sie schließlich das Triebental mit einer Passage über das Moartörl nach Treglwang, so ursprünglich und so weitläufig, daß man sich fast in einer Bergwildnis wähnen kann.

Markierungen: uneinheitliche Holzschilder, verschiedene Farbmarkierungen, nur selten die der Alpenvereine. Karten: Österreichische Karte 1:50.000 (»ÖK 50 BMV«), Blatt Nr. 128 »Gröbming«, Nr. 129 »Donnersbach«, Nr. 130 »Oberzering« und Nr. 131 »Kalwang«. **Unterkünfte**: Gröbming, Gasthaus zum Bergkreuz, Mörsbachhütte, Donnersbachwald, Jausenstation Gamperhütte, Bretstein, St. Johann, Franzlbauer, Bergerhube, Treglwang. Anschluß an das Netz der **ÖBB**: Stein (bei Gröbming), Öblarn, Treglwang. **Tagesetappen**: 4 Tage: G.-Donnersbachwald (9 Std.), Donnersbachwald-Bretstein (10 Std.), Bretstein-Gh. Bergerhube (11 Std.), Gh. Bergerhube-T. (6 Std.), 5 Tage: G.-Gh. zum Bergkreuz (3 Std.), Gh. zum Bergkreuz-Mörsbachhütte (5 Std.), Mörsbachhütte-Jstn. Gamperhütte (8 Std.), Jstn. Gamperhütte-Franzlbauer (10 Std.), Franzlbauer-T. (9 Std.).

Achtung! *Die Hangwiese von der Halterhütte zum Pustereck Joch im dritten Teilabschnitt ist bei Regen wegen der extremen Rutschgefahr nicht passierbar! In den Tauern oft nicht markierte Streckenabschnitte und überwachsene Wegstücke. Kompaß und Höhenmesser sind hier zur sicheren Orientierung unentbehrlich!*

Von Gröbming nach Öblarn

Das Gröbmingerland ist bereits seit der Römerzeit besiedelt. Die ältesten Höfe sind aber erst für das 11. Jahrhundert urkundlich

Von Gröbming nach Treglwang 175

bestätigt, nachdem die Gegend von
Slawen und Bajuwaren im Frühmittel-
alter urbar gemacht wurde. Im Jahr
1500 wird die spätgotische Kirche in
Gröbming eingeweiht, deren »Apo-
stelaltar« der größte aller erhaltenen
Flügelaltäre in der Steiermark ist. Mit
der Großen Umfahrung und der
Nordtangente wurde der Ort zu
Beginn der achtziger Jahre vom
Durchgangsverkehr befreit; doch für
vier Tage in jeder Sommersaison sind
die Autos in Gröbming auch heute

Kirche Gröbming

gern gesehene Gäste. Bei der Ennstal Classic, einem Gipfeltreffen der
»Legenden des Motorsports«, kommt es gemäß der Ennstaler Phi-
losophie »Alpen, Freunde, Uhr, Zeit« weniger auf Rundenrekorde
an als das möglichst exakte Einhalten einer Sollgeschwindigkeit von
50 km/h in verschiedenen Sonderprüfungen. Stars finden sich dabei
nicht nur unter den Fahrzeugen – wie z.B. das berühmte Uhlenhaut-
Coupé, konstruiert vom früheren Mercedes-Versuchschef Peter
Uhlenhaut –, sondern auch unter den Fahrern: Für die bisherigen
Rallyes konnten unter anderem Niki Lauda und »Mr. Bean« Rowan
Atkinson gewonnen werden. Infos und Veranstaltungsdaten finden
Sie unter: ennstal-classic.at.

Von der Stoderstraße, bei der sich die Touristinfo befindet, gehen
Sie über den Stoderplatzl zum Kirchplatz, wobei Sie links die Kirche
Maria Himmelfahrt vor Augen haben. Vom gegenüberliegenden
Hauptplatz gehen Sie in die Mitterberger Straße und verlassen auf
ihr den Ort in Richtung der südöstlichen Umfahrung. Hier treffen
Sie auf die ersten Schilder für den Wanderweg Nr. 100, dem Sie bis
Öblarn folgen. Nach der Unterführung unter der Umfahrung gehen
Sie geradeaus über die Wiesen hinauf nach Kaindorf und halten sich
dort immer auf der linken Seite der Hauptstraße. Wenige Meter vor

Die Alpen West–Ost

Ort	m.ü.M.	Std.	km	km ges.
Gröbming	770	0	0,0	0,0
Kaindorf	810	1/2	1,6	1,6
Abz. Häuserl im Wald	805	1/4	1,0	2,6
Öblarn	668	3/4	3,5	6,1
Ghf. zum Bergkreuz	908	1 1/2	5,2	11,3
Weiße Wand	1.280	1	2,3	13,6
Englitztal Hütte	1.322	1/2	1,3	14,9
Ramertal Alm	1.394	1/2	1,2	16,1
Ende Talgrund R.-Tal	1.513	1/4	1,1	17,2
Lämmertörl	1.920	1 1/4	1,5	18,7
Mörsbachhütte	1.303	1 1/4	2,9	21,6
Donnersbachwald	976	3/4	3,1	24,7
Feriendorf Hinterwald	1.150	1 1/2	5,3	30,0
Lärchkar Alm	1.292	1	3,4	33,4
Halterhütte	1.515	1	2,8	36,2
Pustereck Joch	1.913	3/4	1,1	37,3
Breiteckkoppe	2.144	1	2,5	39,8
Abz. Große Windlucke	1.857	3/4	2,1	41,9
Schwabergerhütte	1.511	3/4	2,8	44,7
Jausenstation Gamperhütte	1.339	1/2	1,5	46,2
Bretstein Gassen	1.048	2 1/4	9,8	56,0
Bretstein	1.036	1/2	1,6	57,6
Jagdhütte	1.523	2	4,8	62,4
Saurüssel	1.795	1	1,8	64,2
Jagdhütte	1.427	1 1/4	3,7	67,9
St. Johann a. T.	1.056	1 1/4	2,1	70,0
Abz. Brückenhauser	1.111	3/4	2,7	72,7
Brücke Bärntal Bach	1.285	3/4	2,8	75,4
Brücke Franzlbauern Hütte	1.427	1/2	1,3	76,7
Triebener Törl	1.905	1 1/2	2,8	79,5
Triebener Hütte (verf.)	1.646	1/2	1,0	80,5
Höfe Steiner/Seyfried	1.117	3/4	2,4	82,9
Ghf. Bergerhube	1.198	3/4	3,5	86,4
Moaralm	1.539	1 3/4	3,8	90,2
Moartörl	1.714	1/2	0,9	91,1
Roßeggalm	1.540	3/4	1,0	92,1
Grünkaralm	1.220	3/4	2,7	94,8
Treglwang	745	2	5,3	100,1

der Bushaltestelle biegen Sie links in eine kleinere Straße zum Wald hin ein und gehen dann parallel zur Hauptstraße bis zum Ortsausgang, wo Sie beim Häuserl im Wald die Hauptstraße nach rechts überqueren und gegenüber auf einem stillen, asphaltierten Weg durch die Wiesen auf den Gersdorfer Wald zugehen. Nach einer Rechtskehre im unteren Teil des Waldes nähern Sie sich auf einem geraden Wegstück dem Feuchtgebiet bei der Enns und kommen schließlich beim Schloßbau Gstatt an die Brücke nach Öblarn. Nachdem Sie am anderen Ufer die Landstraße überquert haben, nehmen Sie die kleine Asphaltstraße schräg links zum Bahnhof und gelangen auf ihr in das Ortszentrum.

Von Öblarn nach Donnersbachwald

Im Hochmittelalter nannte sich Öblarn auch »Obelach«. Der Name ist vermutlich aus dem slawischen »obel« abgeleitet und bedeutet »rundes Dorf«. Politisch hat die Siedlung im 19. Jahrhundert Geschichte gemacht, als Erzherzog Johann im Juli 1821 nach Öblarn kam, um als Brautführer an der Hochzeit zu Gstatt teilzunehmen. Der steirische Prinz traf hier auf seine Angebetete, die 17jährige Ausseer Postmeisterin Anna Plochl. Es ergab sich die Gelegenheit zu einer Aussprache – und eine nächste Hochzeit war damit nicht mehr ausgeschlossen. Von Öblarns berühmtester Tochter, der Schriftstellerin Paula Grogger wurde diese Begebenheit in ein Schauspiel verwandelt, das heute alle fünf Jahre im größten Freilichttheater im Alpenraum mit 300 Laienspielern auf dem Marktplatz von Öblarn aufgeführt wird (Termine siehe: festspiel.at).

Wirtschaftlich ist Öblarn durch den Abbau von Kupfer bekannt geworden, der mit der Erschließung des Dreifaltigkeitsstollens und des Glückbaustollens in den Walchen durch Hans Adam Stampfer im 17. Jahrhundert seiner Blütezeit entgegenging. Durch Stampfers technische Neuerungen bei der Trennung des Metalls von Schwefel, Kobalt, Arsen und Eisen entstand das damals überregional berühm-

Am Öblarner Kupferweg

te Rosettenkupfer. Seit 1998 bemüht sich der Bergbauverein Öblarn um die Erhaltung und Restaurierung der montanhistorischen Stätten und hat zudem einen »Kupferweg« eingerichtet, der Ihnen entlang des nächsten Wegabschnittes in 14 Stationen Einblicke in die Besonderheiten des Öblarner Bergbaus gibt. Informationen und Termine für Führungen finden Sie unter: kupferweg.at, Tel.: (0)664/3900 003.

Ab der gut sichtbaren Kirche im Ortskern von Öblarn halten Sie sich rechts des Walchen Baches und folgen diesem gegen die Fließrichtung durch den Ort. Auf dem anschließenden Wirtschaftsweg gehen Sie für 4 km und entlang der ersten Stationen des Kupferweges bis zum Gasthaus zum Bergkreuz (908 m.ü.M.). Etwa 750 m danach endet der Wirtschaftsweg an einem Parkplatz, wo Sie für weitere 750 m den Waldweg entlang des Baches nehmen und dann rechts hinauf zur Weißen Wand abzweigen (Weg Nr. 913). Wenige hundert Meter vor der Wand treffen Sie auf einen zweiten Waldweg vom Parkplatz her und wandern auf ihm die letzten beiden Serpentinen aufwärts. Auf dem geraden Wegstück hinter der Wand gehen Sie dann links ab und erreichen nach ein paar steilen Windungen und einem geraden Wegstück unterhalb des Hirschecks die Englitztal Hütte (1.322 m.ü.M.), gelegen inmitten von zwei größeren Almgebäuden, die beide ein Spitzdach haben.

Zwischen der Alm und einer dahinterliegenden Jagdhütte zweigen Sie links ab und gelangen sanft abfallend auf einen Wirtschaftsweg in das Ramertal, welches Sie über eine weitere Jagdhütte und die Ramertal Alm (1.394 m.ü.M.) bis zum Ende ausgehen. Ab den Almgebäuden halten Sie sich immer links des Baches, bis sich Ihnen auf den letzten hundert Metern vom anderen Ufer ein brei-

Von Gröbming nach Treglwang 179

terer Weg nähert, in den der
Wiesenpfad, auf dem Sie
gehen, zum Ende des Talgrundes einmündet.
Ab hier ist die Markierung
leider undeutlich: Ihr nächster Orientierungspunkt, das
Lämmertörl, befindet sich
südlich von Ihnen. Für das
erste Viertel des Aufstiegs

Blick zurück ins Ramertal

aus dem Talgrund halten Sie sich entlang verschiedener Wegspuren südwestlich auf den Lämmertörlkopf (2.046 m.ü.M.) zu, den höchsten Gipfel der Kette unmittelbar vor Ihnen und rechts neben dem Törl. Nach ca. 15 Minuten sehen Sie schließlich links und horizontal von sich einen freistehenden Baum mit einer Farbmarkierung (weiß-rot-weiß), zu dem Sie abknicken. Von diesem Baum steigt ein Pfad nahezu in Fallinie weiter aufwärts; der Wegverlauf bis zum Törl ist nun wieder eindeutig zu erkennen.
Am Lämmerltörl (1.920 m.ü.M.) queren Sie den Kamm und nehmen am nächsten Abzweig den linken Bergweg hinunter in den Schusterboden, an dessen Ende sich die Mörsbachhütte (1.303 m.ü.M.) befindet, mit Möglichkeit sowohl zur Einkehr als auch zur Übernachtung. Ab hier gehen Sie auf einem gut ausgebauten Waldweg entlang des Mörs Baches immer talabwärts bis nach Donnersbachwald, alle anderen Abzweige lassen Sie liegen. Am Parkplatz kurz vor dem Ort nehmen Sie den rechten Weg, der Sie durch ein stilles Waldstück in die Siedlung führt.

Von Donnersbachwald bis nach Bretstein

An dem kleinen Geschäftszentrum gegenüber des Dorfbrunnens gehen Sie rechts in die Durchgangsstraße. Diese ist im Sommer zwar wenig befahren, aber nicht gerade abwechslungsreich. Bis zum näch-

Donnersbachwald

sten Abzweig in ca. 4 km beim Geldbacher gibt es zu ihr leider keine Alternative. Zum Ende des Donnersbacher Tales mit seinen weit verstreuten Höfen treffen Sie hier auf einen Parkplatz und halten sich dahinter links Richtung Feriendorf Hinterwald. Dieses liegt in der Gabelung zwischen dem Donners Bach (rechts) und dem Lärchkar Bach (links) und ist nicht zu verfehlen. An der linken Seite dieses Feriendorfes – und immer in unmittelbarer Nähe des Lärchkar Baches – wandern Sie nun zunehmend einsamer bis zur Lärchkar Alm (1.292 m.ü.M.), wobei sich Ihr Wanderweg auf den letzten 250 m endgültig mit einem Fahrweg vereint. An der letzten Gabelung vor den Almgebäuden gehen Sie rechts und nähern sich bald darauf dem Ufer des Siebenhütten Baches. Den Abzweig zur Jagdhütte ca. 1,25 km nach der Lärchkar Alm lassen Sie links liegen und wechseln gut hundert Meter dahinter die Seite des Baches. Noch einmal hundert Meter weiter zweigen Sie auf den Pfad zur Halterhütte ab (nicht markiert), der genau unterhalb der Jagdhütte beginnt und sich anfangs dicht beim Ufer des Baches hält.

Die Halterhütte (1.515 m.ü.M.) liegt in einem kleinen gerodeten Kessel und ist halb verfallen. Der in den meisten Karten noch eingezeichnete Steig von der Hütte zum Pustereck Joch ist in der unteren Hälfte praktisch nicht mehr vorhanden. Bei gutem Wetter können Sie jedoch mit Hilfe der Viehtritte durch die Hangwiesen aufsteigen. Bitte versuchen Sie das aber keinesfalls bei Regen oder feuchter Witterung, da die Wiese weiter oben mit teilweise über 30° ansteigt und ein Abrutschen auf dem feuchten, ungemähten Gras lebensgefährlich sein kann!

Vor der Hütte stehend, liegt das Pustereck Joch genau östlich von Ihnen, ist aber von unten nicht sichtbar, weshalb Sie sich hier mit dem Kompaß einen Orientierungspunkt in einer der kleineren Baumgruppen im oberen Drittel des Hanges suchen. Beginnen Sie den Aufstieg entlang der letzten Wegspuren, die von der Hütte nach rechts wegführen, und halten Sie sich dabei anfangs an der rechten Seite einer Lichtung im Hangwald. Nach den ersten ca. 100 Höhenmetern weichen Sie nach links auf die (nun verengte) Lichtung aus und setzen hier Ihren Aufstieg mit einer Kehre zur ersten Baumgruppe an der Kante des oberhalb liegenden Wiesensattels fort, wobei sich das steilste Wiesenstück kurz vor dem Sattel befindet. Weiter oberhalb, bei ca. 1.700 m.ü.M. zweigen Sie schräg nach rechts in Richtung einer kleinen Rinne mit etwas Geröll ab, die – wie Sie nun vermuten können – vom Joch herabführt. Bald nach dem Beginn dieser Rinne stoßen Sie auf Wegspuren, schließlich auch auf Markierungen, welche Sie zuletzt über den Paß in einen kleinen Wiesenkessel führen.

Ab dem Pustereckjoch (1.913 m.ü.M.) halten Sie sich dicht beim Kamm auf dem Höhenweg Nr. 913 und passieren innerhalb der nächsten gut 4 km den Gipfel des Gang Kogels (2.069 m.ü.M.), der Bereiteckkoppe (2.144 m.ü.M.) und des Kreuz Kogels (2.109 m.ü.M.), wobei letzterer eindeutig durch ein Gipfelkreuz markiert ist. Danach macht der Kammweg eine Kehre in Richtung Osten und sinkt bei der Kleinen Windlucke auf einen Tiefpunkt von 1.824 m.ü.M. Etwa 50 m weiter, kurz vor dem Beginn des nächsten Anstiegs auf den Schrattner Kogel, gehen Sie vom Kamm rechts ab und wenden sich gleichzeitig zurück, um nun entlang eines nicht markierten, aber gut sichtbaren Steiges in Richtung des Talschlusses unterhalb des Kreuz Kogels zu wandern. Nach ca. 500 m kommen Sie mittels einer U-Schlaufe – ab hier finden Sie undeutliche Wegspuren – auf einen Sattel am Hang, der dicht mit Latschen bewachsen ist. An dessen Ende führt Sie ein Steig für ein kurzes Stück an einem Bachlauf vorüber; bald danach, etwas tiefer, finden Sie erste

Blick zurück: Abstieg i.d. Bretsteingraben

frische Markierungen, denen Sie in Windungen, aber generell südöstlich in Richtung der Schwaberger Hütte folgen, die sich im Talgrund auf 1.511 m.ü.M. am Ende des einzigen Wirtschaftsweges befindet. Auf dem Wirtschaftsweg erreichen Sie innerhalb der nächsten 1,5 km die Jausenstation Gamperhütte (1.339 m.ü.M.), wo Sie nicht nur einkehren, sondern auch übernachten können.

Auch nach der Hütte gehen Sie weiter auf dem Wirtschaftsweg und gelangen so durch den Bretsteingraben – vorbei an einer Gedenkstätte für die Opfer des Nationalsozialismus und mehreren, seit langem nicht renovierten Höfen – zum Talausgang und nach Bretstein-Gassen, der Mündung des Bretstein Baches in den Puster Bach. Bei der Einmündung in die Landstraße gehen Sie rechts und erreichen auf ihr innerhalb von 1,5 km Bretstein, dessen Kirche genau unterhalb des Keckenfriedenecks am Waldhang liegt.

Von Bretstein bis nach St. Johann am Tauern

Ein Stück hinter der Schule, am Ende einer Aue, gehen Sie links in den Ort hinein bis zur Kirche. Unmittelbar oberhalb des Gotteshauses nehmen Sie den Weg rechts durch die Obstwiesen und wandern auf ihm, immer in Serpentinen aufsteigend und am linken Hang eines Baches, in Richtung Kammhöhe (d.h. alle horizontalen Abzweige, die meist provisorische Wege für Forstarbeiten sind, lassen Sie liegen). Etwa 200 Höhenmeter unterhalb des Kammes führt Sie der Hauptweg nahezu eben nach links. Beim nächsten Abzweig gehen Sie rechts aufwärts und kommen binnen weniger Meter an einer links gelegenen Jagdhütte (1.523 m.ü.M.) vorbei. Am nächstfolgenden

Abzweig setzen Sie Ihren Weg geradeaus fort, bis Sie sich genau in der Mitte einer Kehre um die nächste Hangnase befinden. Hier zweigt nach rechts ein wenig begangener Steig Richtung Hauptkamm ab, dessen Verlauf aber einfach nachzuvollziehen ist, da er sich immer dicht bei der Kammlinie dieser Hangnase hält (im Zweifelsfall schlagen Sie einen kleinen Bogen nach rechts). Durch den Wald, welcher entlang verschiedener Wegspuren von ein paar Hochweiden unterbrochen wird, kommen Sie in generell nordöstlicher Richtung an den Fuß des Saurüssels (1.795 m.ü.M.) und beginnen dort den letzten Teil ihres Aufstiegs. Am Ende einer Lichtung liegt der Gipfel geradeaus vor Ihnen und ist durch eine rot-weiß-rote Metallstange markiert.

Vom Saurüssel sehen Sie schräg links den Eisenbeutel (1.855 m.ü.M.) als nächstgelegenen Gipfel und unterhalb an dessen Hang einen der Forstwege nach St. Johann. Ihr Abstieg vom Gipfel beginnt in entgegengesetzter Richtung über einen kleinen Felsrücken, nach dessen Ende, schon im Wald, Sie eine gewundene V-Kehre durchwandern. Links unterhalb des Saurüssels gehen Sie die nächsten 800 m bis zu einem Wiesensattel zwischen diesem Gipfel und dem des Eisenbeutels, um dort auf die rechte Seite der Kammlinie zu wechseln. Wieder durch Wald, aber entlang wesentlich undeutlicherer Wegspuren, steigen Sie nun – im Zweifelsfall einfach entlang der Fallinie – zu demjenigen Forstweg ab, den Sie vom Saurüssel aus sehen konnten (ca. 350 m).

Der weitere Abstieg nach St. Johann ist in der Orientierung einfach, doch leider langatmig. Auf dem Forstweg gehen Sie nach rechts und halten sich für die ersten Serpentinen immer am Hang zwischen Saurüssel und Eisenbeutel. Auch an einer Spitzkehre auf ca. 1.500 m.ü.M. mit einem Abzweig genau in der Mitte – dieser überquert binnen weniger Meter einen Bach und ist falsch – gehen Sie weiterhin am Hang entlang und kommen nun in genau östlicher Richtung innerhalb gut eines Kilometers zu einer Jagdhütte (1.427 m.ü.M.), an der der Forstweg endet. Unmittelbar hinter der Hütte stoßen Sie auf einen Wanderweg, dem Sie nach links bis zum nächsten Abzweig folgen. Hier gehen Sie rechts und gelangen innerhalb weniger hundert Meter auf einen Wirtschaftsweg, der Sie über die Hänge zwischen Eisenbeutel und St. Johann zum nördlichen Ende des Ortes führt. Am einzigen Hof gehen Sie dabei rechts. Falls Sie St. Johann nicht besuchen möchten, können Sie Ihren Weg am Hof auch geradeaus an der sogenannten Schattseite fortsetzen; in diesem Fall steigen Sie erst bei Gingler auf die Landstraße ab und gehen hier für die Hauptroute links Richtung Wirtshaus Brückenhauser.

Von St. Johann nach Treglwang

Auch in der Gegend von St. Johann siedelten bereits die Römer, was durch Nachweise zur Poststation Sabatinca dokumentiert ist, die an einer der wichtigsten römischen Handelsstraßen durch die Steiermark gelegen war. Nach dem Einzug der Slawen und der Bajuwaren wurde eine neue Straße durch das Pölstal angelegt, auf der man Waren aus dem Venezianer Raum nach Norden und im Gegenzug Salz aus Aussee in den Süden transportierte. Mit Blick auf den modernen Tourismus hat sich die entscheidende Funktion St. Johanns kaum gewandelt: Auch heute sind die meisten Gäste auf der Durchreise – entweder nach oder von Italien.

Unmittelbar nördlich der Kirche gehen Sie rechts von der Landstraße in eine Seitenstraße ab und verlassen auf ihr parallel zum Pölsenbach den Ort. Hinter den letzten Häusern nehmen Sie den Abzweig links in die Aue und wandern hier, immer noch parallel zum Bach, für rund 2 km bis zum Anfang eines Wirtschaftsweges, der Sie kurz vor dem Wirtshaus Brückenhauser zurück auf die Landstraße führt. Nach diesem Wirtshaus und einer Bushaltestelle sehen Sie rechts die Mündung des Bärntal Bachs in den Pöls Bach; am nächsten Abzweig verlassen Sie die Landstraße in dieser Richtung für das Bärntal bzw. die Franzlbauernhütte, die nach den ersten Metern ausgeschildert ist. Der Abzweig überquert innerhalb von wenigen

Von Gröbming nach Treglwang 185

hundert Metern den Bärntal
Bach und hält sich dann nach
ein paar Schlenkern beim
rechten Ufer. Nach ca. 2 km
wechseln Sie die Bachseite für
den breiteren Fahrweg links
des Wasserlaufs und kom-
men nach weiteren 1,25 km
an eine Brücke in unmittelbarer Nähe der Franzlbauern-

Am Triebener Törl

hütte (1.427 m.ü.M.), wo Sie einkehren und übernachten können.
Etwa 300 m nach der Brücke gehen Sie am nächsten Abzweig rechts
Richtung Triebener Törl (ausgeschildert) und folgen den Farbmarkierungen durch den Wald und die oberhalb liegende Karlandschaft.
Hinter dem Triebener Törl (1.905 m.ü.M.) steigen Sie auf der linken
Seite einer Senke, in der eine mit Bäumen und Geröllbrocken durchsetzte Steilwiese liegt, zur verfallenen Triebener Hütte (1.646 m.ü.M.)
ab, die Sie bald nach dem Beginn des Abstieges sehen können. Das nun
unterhalb von Ihnen liegende Triebental ist besonders für Schitouren
beliebt und vom Massentourismus völlig verschont: Keine Diskos,
keine Bars, keine Supermärkte – überhaupt nichts, was nur im Ent-
ferntesten an Fremdenverkehr oder Gewerbe erinnern würde. Das
Gasthaus Bergerhube bietet ein paar Komfortzimmer, einige Landwir-
te vermieten privat Übernachtungsgelegenheiten, was die bisher einzigen Zugeständnisse an die Zeit sind.
Auf dem an der Triebener Hütte einsetzenden Schotterweg gehen
Sie in nordöstlicher Richtung für ca. 2,4 km bis zu zwei Höfen an
einer dreiarmigen Kreuzung (Steiner und Seyfried, 1.117 m.ü.M.).
An der dreiarmigen Kreuzung gehen Sie rechts und folgen nun für
die nächsten 3,5 km dem Verlauf des Trieben Baches bis zur Bergerhube (1.198 m.ü.M.), an der Sie nach der Überquerung von zwei
dicht hintereinanderliegenden Brücken kommen. An der Gabelung
vor dem Gasthof gehen Sie links und überqueren binnen weniger

Dutzend Meter auf einer nächsten Brücke den Grünbach. Auf dem neuen Weg halten Sie sich anfangs Richtung Bärensuhlsattel, Moaralm und Moartörl, die alle in unregelmäßigem Wechsel ausgeschildert sind. Nach dem ersten Steilanstieg lassen Sie die Abzweige zum Bärensuhlsattel liegen und folgen nun der zunehmend besseren Beschilderung zur Moaralm, die auf dem letzten Wegstück durch den Wald bebildert ist und ein paar kurze Texte zur Alm und ihrer Umgebung enthält (weiße, in Kunststoffolie eingeschweißte Farbdrucke).

Unterhalb der Moaralm (1.539 m.ü.M.) setzen Sie Ihren Weg durch die Almwiese fort und beginnen, nachdem Sie den Königsbach überquert haben, mit dem Aufstieg aus der Senke zum Moartörl (1.714 m.ü.M.), das sich nun nordnordwestlich zwischen den Gipfeln des Triebenfeldkogels und des Moarkogels befindet. Auf der Paßhöhe gibt es zwei Wegweiser zu diesen Gipfeln; diese lassen Sie liegen und gehen stattdessen geradeaus auf den gegenüber einsetzenden Wasserlauf in die Roßegggrube zu (ab hier keine Beschilderung mehr). Bald nach ihrem Beginn wechseln Sie auf die linke Seite der Grube und gehen nun – ab dem Törl für ca. 1 km – abwärts zur Roßeggalm (ca. 1540 m.ü.M.). Hier setzt ein breiterer Weg ein, der Sie nach einer Jagdhütte in einer Z-Kehre über den Wasserlauf führt und dann in einem weiten Rechtsbogen von ihm abzweigt. Nach einem nur schwach abfallenden Wegstück durchwandern Sie bei der Grünkaralm (mehrere Gebäude auf einer kleinen Lichtung im Hangwald) eine U-Schlaufe und nehmen bei den weiteren Gabelungen bis nach Treglwang immer die abfallenden Abzweige. Nach der Grünkaralm führt der Weg zum unteren Teil des Roßegggrabens zurück, überquert dort mit einer Brücke den Grünkarbach und läuft dann in Serpentinen immer rechts eines anderen Grabens nach Tobeitsch herunter; den linken Abzweig nach der Brücke lassen Sie liegen. Durch die Häuseransammlung von Tobeitsch gehen Sie geradeaus durch und kommen nach einer Unterführung unter der Autobahn direkt in den Ortskern von Treglwang.

25 Von Treglwang nach Eisenerz

Nach einem technisch einfachen Aufstieg über die Almwiesen und durch den Hangwald oberhalb von Treglwang erwartet Sie ab dem Blaseneck die längste Kammwanderung der gesamten West-Ost-Tour. In über dreißig Kilometern durchwandern Sie die Eisenerzer Alpen entlang der Hauptkammlinie und halten sich dabei weitgehend oberhalb von 2.000 m.ü.M. Von wenigen, fest verseilten Stellen abgesehen, ist der Weg ungefährlich, aber niemals eintönig. Außer über Kämme und Grate mit herrlichen Tief- und Fernblicken führt er über paradiesische Almwiesen, durch lichte Hochwälder und kleine Moore. Zum Abschluß des Höhenzuges erwartet Sie die Reichensteinhütte als erste offizielle Einkehr- und Übernachtungsmöglichkeit. Innerhalb des letzten Unterabschnittes steigen Sie in der Nähe des Erzberges – eines traditionsreichen Abbaugebiets und einer weithin bekannten Sehenswürdigkeit – in das Ortszentrum von Eisenerz ab.

Markierungen: keine während des Aufstiegs von Treglwang bis zur Baumgrenze. Auf dem Kammweg Farbmarkierungen und Gipfelkreuze, selten weiße Blechschilder mit schwarzer Schrift. **Karten**: Österreichische Karte 1:50.000 (»ÖK 50 BMV«), Blatt Nr. 131 »Kalwang«, Nr. 132 »Donawitz« und Nr. 101 »Eisenerz«. **Unterkünfte**: Treglwang, Leobner Törl (Zeltstelle), Brunnecksattel (Zeltstelle), Reichensteinhütte, Eisenerz. Anschluß an das Netz der **ÖBB**: Treglwang, Eisenerz. **Tagesetappen**: 3 Tage: T.-Leobner Törl (6 Std.), Leobner Törl-Reichensteinhütte (10 Std.), Reichensteinhütte-E. (4 Std.), 4 Tage: T.-Leobner Törl (6 Std.), Leobner Törl-Brunnecksattel (3 Std.), Brunnecksattel-Reichensteinhütte (7 Std.), Reichensteinhütte-E. (4 Std.).

Achtung! *Entlang des Höhenzuges der Eisenerzer Alpen gibt es nur wenige, dafür aber sehr verläßliche Quellen, die allesamt weiter unten genannt sind. Frischen Sie unbedingt bei jeder Gelegenheit Ihre Trinkwasservorräte auf! – Wegen der großen Länge, der wenigen Unterkünfte und der kaum vorhandenen markierten Abstiege ist der folgende Wegabschnitt nur mit Zelt oder Biwakschlafsack zu bewältigen. Aufgrund der regionalen Besonderheiten wird das Lagern über den Tag hinaus an denjenigen Stellen, die im Text genannt sind, geduldet. Wenn Sie ganz sicher gehen möchten, dann bitten Sie die sehr freundliche und hilfsbereite Gemeindeverwaltung in Treglwang um zusätzliche Informationen. (Zu den* *allgemeinen legalen Bestimmungen für das freie Zelten in Österreich s. Serviceteil.) – Eine markierte Abstiegsmöglichkeit vom Kammweg führt vom Zeiritzkampel, dem höchsten Gipfel zur Mitte des Wegabschnitts, über die Gössingeralm in das Johnsbachtal.*

Von Treglwang auf das Blaseneck

Urkundlich erwähnt wurde der Ort erstmals 1265 als »Traglbanch«; aber weit interessanter ist, was die Sumpfgeister sich in einer mondhellen Nacht erzählt haben, wie und auf welche Weise Treglwang zu seinem Namen kam. In unvordenklichen Zeiten war in der Gegend nämlich nur ein Weiler mit vier Höfen, und als die Bauern eine Zusammenkunft hatten, um ihrem Ort einen Namen zu geben, da entbrannte ein Streit, weil jeder seine Vorstellung durchsetzen wollte, ohne daß diejenige der anderen schlecht oder unsinnig gewesen wäre. Schließlich kam der Landesfürst auf Visite, woraufhin man sich mit der Bitte an ihn wandte, die Auseinandersetzung zu schlichten. Der Fürst fragte die beiden reichsten Bauern nach ihrem Namen: »Trögl!« antwortete der eine, und »Wang!« der andere. »Nichts ist leichter, als diesen Streit zu beenden«, erklärte daraufhin der Fürst. »Der Ort soll Tröglwang heißen!« Und fast so heißt er auch bis heute.

Auf der Haupt- und Durchgangsstraße in Treglwang folgen Sie den Schildern zum Bahnhof und gehen dort durch die Unterführung unter den Gleisen hindurch. Am unmittelbar dahinter liegenden Abzweig halten Sie sich links und wandern auf dem asphaltierten Fahrweg auf einen Bergausläufer mit Almwiesen und einem Sendemast oberhalb eines kleinen Waldstreifens hinauf. Nachdem Sie den Sendemast noch im Wald passiert haben, schneiden Sie am zweiten Hof dahinter (Kendler-Hof) rechts durch die Wiese zur oberhalb verlaufenden Wegserpentine ab. Hier setzen Sie Ihren Aufstieg links fort und kommen nach ein paar Serpentinen an ein gerades Wegstück mit einem Hochsitz (rechts, Blick ins Tal auf Treglwang). Bald

Von Treglwang nach Eisenerz

Ort	m.ü.M.	Std.	km	km ges.
Treglwang	745	0	0,0	0,0
Kendler-Hof	950	3/4	2,2	2,2
Kendler-Alm	1.400	1 1/2	3,5	5,7
Blaseneck	1.969	2	3,4	9,1
Leobner	2.036	1	3,6	12,7
Abz. b. Leobner Törl	1.739	3/4	2,3	15,0
Abz. b. Hinkareck (Antonikrz.)	1.932	1	5,4	20,4
Zeiritztörl	1.854	1/4	1,3	21,7
Zeiritzkampel	2.125	3/4	1,9	23,6
Brunnecksattel	1.619	1	2,3	25,9
Saukogel	1.678	1 1/4	5,5	31,4
Abz. Teichenegg	1.780	1	3,8	35,2
Wildfeld	2.043	1	2,4	37,6
Abz. Niedertörl	1.652	1	3,8	41,4
Hohe Lins	2.028	1 3/4	3,6	45,0
Reichensteinhütte	2.136	1 1/4	3,7	48,7
Ende Theklasteig	1.271	2 1/4	4,3	52,9
Gsollkehre	932	3/4	3,6	56,5
Eisenerz	736	1	4,2	60,7

darauf knickt der Waldweg in Richtung des Gebirgskammes ab, wobei Sie am Ende einer Scharte den Dennerbach überqueren. Den Abzweig nach rechts in der Spitzkehre lassen Sie liegen, überqueren oberhalb noch ein weiteres Mal den Bach und wandern nun bis zu einem freistehenden Baum an einer dreiarmigen Gabelung. Der Baum ist bereits vom Tal herauf zu sehen. Hier nehmen Sie den Abzweig schräg nach rechts, gehen an der nächsten Gabelung links und erreichen so die Kendler-Alm (ca. 1.400 m.ü.M.).

Der Steig zum höchstgelegenen Forstweg beginnt hier beim Brunnen (Trinkwasservorräte!). Auf dem Forstweg angekommen, gehen Sie nach links und stoßen innerhalb von ein paar hundert Metern auf die Fortsetzung des Steiges bis zum Höhenweg. *Achtung:* Wegen Erdarbeiten ist der Beginn dieser Fortsetzung nur schwer erkennbar und durch keine Markierung ausgewiesen! Erst noch durch

Hangwald, dann durch nur licht mit Bäumen durchsetzte Hochwiesen gelangen Sie innerhalb der nächsten ca. 20 Minuten auf den Bergweg zwischen Mödlinger Hütte und Blaseneck. Hier gehen Sie rechts und finden bald die ersten Farbmarkierungen, außerdem gelegentlich Wegweiser zur hinter Ihnen liegenden Hütte (weiße Blechschilder mit schwarzer Schrift). Nachdem Sie die Baumgrenze hinter sich gelassen haben, wendet sich der Steig in einer Linksbiegung in Richtung des Gebirgskammes, wobei Sie zuletzt über einen Wiesengrat auf das Blaseneck (1.969 m.ü.M.) kommen.

Vom Blaseneck zur Reichensteinhütte

Der Kammweg über die Eisenerzer Alpen ist gut markiert und durch die Landschaftsform meist eindeutig vorgegeben. Vom Blaseneck wandern Sie auf dem Kamm nach rechts und besteigen als nächstes den etwas tieferen Sonnleitkogel (1.908 m.ü.M.). Hinter dem Haberltörl wandern Sie auf den Leobner (2.036 m.ü.M.), hinter dem der Bergweg in einer nach links gerichteten Z-Schlaufe zur Leobner Mauer absteigt. Innerhalb der nächsten 1,5 km kommen Sie an eine Weggabelung und gehen dort links zum Leobner Törl (1.739 m.ü.M.). Beim nächsten Abzweig dahinter gehen Sie rechts. Die am Törl gelegene Almwiese ist ideal zum Zelten und hat zudem den Vorteil, daß sie sich in der Nähe einer Quelle befindet, an der Sie auf der Fortsetzung des Bergweges direkt vorbeikommen (Heiligenbrunn).

Ab nun verläuft der Kammweg generell südöstlich über die Lahnerleitenspitze (2.027 m.ü.M.) und den Speikkogel (1.992 m.ü.M.) bis zum Hinkareck (1.932 m.ü.M.). Am unmittelbar dahinter stehenden Antonikreuz gehen Sie links und am nächsten Abzweig, der binnen weniger hundert Meter folgt, rechts. In nordöstlicher Richtung steigen Sie danach zum Zeiritztörl (1.854 m.ü.M.) ab und setzen Ihren Weg an der Gabelung geradeaus zum Gipfel des Zeiritzkampels fort. Der linke Pfad an dieser Gabelung ist eine markierte Abstiegsmöglichkeit, die Sie bei einem Schlechtwettereinbruch unbedingt nutzen sollten. Er führt zuerst nordwestlich zurück zum Kammerlkogel und steigt dann über die Kammeralm nach Radmer und dem Gasthof zum Lugauer ab.

Auch den Gipfel des Zeiritzkampels (2.125 m.ü.M.) überqueren Sie geradeaus und kommen zum Ende des Abstieges, d.h. ein Stück vor dem Brunnecksattel (1.619 m.ü.M.), an ein Grasplateau, das sich wiederum gut zum Zelten eignet. Etwas abseits des Sattels befindet sich eine Quelle, die am Sattel durch einen Wegweiser ausgeschildert und über einen stark genutzten Pfad leicht zu finden ist.

Vom Brunnecksattel wandern Sie generell östlich zum Antonikogel (1.580 m.ü.M.) und setzen Ihren Weg nach dem Gipfelkreuz nahezu horizontal bis zum Saukogel (1.678 m.ü.M.) fort, den Sie an seiner Nordflanke umwandern. Nach dem Sausattel umwandern Sie den Parenkogel ebenfalls nördlich und gehen danach am Abzweig hinter der Almwiese beim Kragelschinken rechts, wobei Sie den Abzweig ins Tal, der kurz danach folgt, liegenlassen. Am letzten Abzweig vor dem Gipfel des Wildfeld (2.043 m.ü.M.) biegen Sie für den Aufstieg zum Stadelstein (2.070 m.ü.M.) links ab, lassen aber auch diesen Gipfel liegen und umwandern ihn stattdessen westlich (d.h. an der linken Flanke). Nach einer weiten V-Kehre gehen Sie am Hochtörl und am Niedertörl geradeaus durch und kommen über den Kamm des Zwölferkogels zum Linseck (1.983 m.ü.M.). Ab hier führt Sie der Theklasteig über die Hohe Lins (2.028 m.ü.M.) und die Große Scharte (1.861 m.ü.M.) bis zum Abzweig beim Reichhals, wo Sie nach links in den Weg Nr. 05 zur Reichensteinhütte (2.136 m.ü.M.) einbiegen, die von hier knapp 2 km entfernt liegt.

Von der Reichensteinhütte nach Eisenerz

An der Hütte lassen Sie den Aufstieg auf den Eisenerzer Reichenstein liegen und nehmen stattdessen den linken Bergweg, der nach einer Gabelung, an der Sie links gehen, wiederum den Theklasteig bildet.

Der Steig endet am Ortseingang von Präbichl (Bushaltestelle). Hier gehen Sie links auf die Zufahrtsstraße von Eisenerz/Trofeng. Sofern Sie in Eisenerz nicht übernachten möchten, können Sie an der großen U-Schlaufe vor dem Gsoll (nach ca. 3,75 km) direkt nach rechts auf die Hauptroute des nächsten Wegabschnitts abbiegen, die Sie innerhalb von gut 3 km zur Gsollhütte führt. Andernfalls folgen Sie weiter der ruhigen Verbindungsstraße und gelangen über den Ortsteil Trofeng in das Zentrum von Eisenerz.

26 Von Eisenerz nach Neuberg an der Mürz

Östlich von Eisenerz beginnt Ihr Aufstieg in eine der vielfältigsten Bergwelten der Ostalpen, den Hochschwab. Nach einem Steilanstieg hinter dem Eingang der Frauenmauerhöhle betreten Sie die Hochlandschaft vor dem Gebirgsstock und beenden Ihren ersten Teilabschnitt auf der Sonnschienhütte. Der bald darauf erreichte Sackwiesensee lädt zum Baden ein; bei der anschließenden Häuselalm haben Sie noch einmal die Möglichkeit zu einer Einkehr oder Rast, bevor Sie sich entlang des Rauchtalsattels der verkarsteten Hochfläche um den Hochschwab-Gipfel nähern. Weitgehend eben und immer auf ca. 2.000 m.ü.M. gelangen Sie hinter dem Ochsenreichkar zum vorgelagerten östlichen Hauptkamm. Auf seiner Südseite kommen Sie bis zum Abstieg über den Prinzensteig. Über einen bequemen Forstweg wandern Sie danach bis nach Gollrad, von wo aus Sie Ihren Weg über die Hohe Veitsch – eine Mini-Variante des Hochschwab mit eigenem Charakter – bis nach Mürzsteg fortsetzen. Von dort nach Neuberg gelangen Sie durch das Mürztal, oder Sie nehmen für die kurze Talstrecke den Linienbus.

Markierungen: in den Hochlagen Farbmarkierungen und Gipfelkreuze, selten weiße Blechschilder mit schwarzer Schrift. **Karten**: Österreichische Karte 1:50.000 (»ÖK 50 BMV«), Blatt Nr. 101 »Eisenerz«, Nr. 102 »Aflenz Kurort« und Nr. 103 »Kindberg«. **Unterkünfte**: Eisenerz, Häuselalm, Fleischer Biwakschachtel (Selbstversorger), Göriacher Alm, Gollrad, Graf Meran Haus, Neuberg. Anschluß an das Netz der **ÖBB**: Eisenerz, Mürzzuschlag (Busverbindung von/nach Neuberg). **Tagesetappen**: 3 Tage: E.-Fl. Biwakschachtel (8 Std.), Fl. Biwakschachtel-Göriacher Alm (8,5 Std.), Göriacher Alm-N. (7 Std.), 4 Tage: E.-Häuselalm (6 Std.), Häuselalm-Gollrad (8 Std.), Gollrad-G. Meran Haus (5 Std.), G. Meran Haus-N. (5 Std.).

Von Eisenerz zur Sonnschienhütte

Die Geschichte von Eisenerz ist eng verbunden mit dem Abbau des Erzberges, der im Volksmund auch Steirische Pyramide heißt. Trotz des großen Reichtums, den die immer wieder ausgeweitete Ausbeutung besonders im 19. Jahrhundert für die Stadt brachte, findet sich in ihr kaum ein Merkmal patrizischer Kultur. Eine Reihe mehrflügeliger Bürgerhäuser und das alte Rathaus sind alles, was sich an Besichtigenswertem findet – wäre gleichsam »nebenan« nicht das ab

1986 eingerichtete Schaubergwerk mit 30 Erlebnisstationen auf gut 4 km Stollen, die mit der Zeit stillgelegt wurden. (Infos zur Besichtigung: abenteuer-erzberg.at) Von innen her abgebaut wurde der Berg, der seit dem frühen Mittelalter als Erzvorkommen bekannt ist, aufgrund der Erschöpfung des Abbaus von außen seit dem 16. Jahrhundert. Der besondere Aufschwung im 19. Jahrhundert verdankte sich der Einführung moderner Fördersysteme, die durch Kaiser Franz' Bruder, Erzherzog Johann, entscheidend vorangetrieben wurde. Auch sonst hat sich der Erzherzog um die steiermärkische Gegend verdient gemacht: Unter anderem gilt er als der »erste Tourist« auf dem Hochschwab, der das Berggebiet durch seine Wanderungen erschloß und seine Beobachtungen in Tagebüchern dokumentierte.

Verlassen Sie die Stadt auf demselben Weg, wie Sie in sie hineingekommen sind, und gehen Sie entlang des Trofeng Baches durch das Gsoll bis zur hinteren Straßenkehre. Hier, auf ca. 930 m.ü.M., zweigen Sie links auf den Forst- und Wanderweg zur Gsollhütte ab, der bis zum Beginn der Serpentinen – etwa der Hälfte der Strecke – noch in unmittelbarer Nähe des Baches verläuft. An der Gsollhütte auf 1.200 m.ü.M. nehmen Sie den rechten Abzweig und steigen mit ihm über die steile Bergwiese bis zum Wegkreuz am Sattel (1.575 m.ü.M.). Hier nehmen Sie den linken Pfad zum oberen Eingang der Frauenmauerhöhle, lassen dort den Schotterpfad hinauf zum Abhang der Frauenmauer links liegen und halten sich statt dessen auf Ihrer Seite des Kammes rechts Richtung Langsteinhöhle. In unmittelbarer Nähe des Eingangs stoßen Sie auf einen nächsten Forstweg, kurz vor dessen oberem Ende der neu markierte Dr. Koteksteig beginnt, der Sie mit der Bezeichnung Nr. 05 über die Kulmalm (1.424 m.ü.M.) an die Gabelung zur Bärnsbodenalm bringt. Hier halten Sie sich rechts zur Hörndlalm (1.562 m.ü.M., weiterhin Nr. 05) und setzen Ihren Weg dort geradeaus zur Sonnschienütte (1.523 m.ü.M.) fort, wobei Sie den ersten Abzweig nach ca. 1 km schräg links liegenlassen. Am zweiten Abzweig – der

Von Eisenerz nach Neuberg an der Mürz 195

Ort	m.ü.M.	Std.	km	km ges.
Eisenerz	736	0	0,0	0,0
Gsollkehre	932	1 1/4	4,2	4,2
Gsollhütte	1.201	1	2,7	6,9
Wegkreuz Sattel	1.575	1 1/4	1,8	8,7
Abz. Dr. Koteksteig	1.480	1/2	2,2	10,9
Kulmalm	1.424	1/2	1,3	12,2
Sonnschienhütte	1.523	1	2,8	14,9
Sackwiesensee	1.414	1/2	1,8	16,7
Häuselalm	1.528	1/4	1,0	17,7
Hirschgrube	1.900	3/4	1,8	19,5
Fleischer Biwakschachtel	2.100	1 1/4	4,3	23,7
Hochschwab Gipfel	2.277	1/2	0,8	24,5
Schiestlhaus	2.153	1/2	1,2	25,7
Abz. Ochsenreichkar	1.994	1/2	1,4	27,1
Abz. Hutkogel	1.880	1/4	1,1	28,2
Abz. Steinernes Hüttl	1.900	1 1/4	4,6	32,8
Abz. Mieserkogel	1.800	3/4	2,6	35,4
Ende Prinzensteig	1.502	1 1/4	1,9	37,3
Abz. Gollrad	1.200	3/4	3,1	40,4
Gollrad	947	1/2	1,2	41,6
Seebergalm	1.050	3/4	2,5	44,1
Göriacher Alm	1.429	1 1/2	2,1	46,2
Turnauer Alm	1.335	3/4	3,2	49,4
Rotsohlalm	1.413	1/2	2,1	51,5
Graf Meran Haus	1.835	1	1,2	52,7
Hohe Veitsch (Gipfel)	1.981	1/2	0,8	53,5
Abz. Ebenhütte	1.580	1 1/4	4,3	57,8
Ebenhütte	1.444	1/4	0,6	58,4
Senkstein	1.407	1/4	0,8	59,2
Einmündung Landstraße	825	1 1/4	2,0	61,2
Mürzsteg	782	1/4	1,0	62,2
Neuberg a.d. Mürz	730	1	4,0	66,2

nach weiteren 500 m folgt – gehen Sie geradeaus. Auf der Sonnschienhütte können Sie auch übernachten.

Von der Sonnschienhütte zum Schiestlhaus

Der gesamte Gebirgsstock des Hochschwab mißt ca. 30 km in der Länge und ist nicht nur eine »Seelenlandschaft voller Romantik«, sondern bietet auch eine intakte Fauna aus Murmeltieren, Auerhähnen und vor allem zahlreichen Gemsen. Eindrucksvolle Steilwände, die sogenannten »Mauern«, sind genauso bestimmend für das Landschaftsbild wie die harmonisch eingefügten Bergseen, die sanften und satten Hochwiesen und die dunklen Portale der mannigfaltigen Höhlen. Im Gebiet befinden sich die Quellen der Zweiten Wiener Hochquellenleitung, deren Grundstein im Jahr 1900 von Kaiser Franz gelegt wurde. Zu den Besonderheiten der Flora zählen der Aurikel, der Frauenschuh und verschiedene Arten des Enzians.

Von der Sonnschienhütte gehen Sie östlich auf dem Weg Nr. 01/05 zum Sackwiesensee und der gleichnamigen Alm, wobei Sie mehrmals einen Panorama-Fahrweg kreuzen, der auf dem Sattel bei der Alm endet. An der Einmündung nach einem kleinen Feuchtgebiet gehen Sie geradeaus in östlicher Richtung und erreichen innerhalb von wenigen Minuten die Häuselalm (1.526 m.ü.M., Übernachtungsmöglichkeit). Hier sollten Sie unbedingt Ihre Wasserflaschen füllen, da der karge Rücken des Hochschwab bis zum Ende dieses Unterabschnittes keine weiteren »Tankstellen« mehr bietet. Folgen Sie nun der Markierung 801/805 schräg nach links den Häuseltrog hinauf und gleich weiter in den Baumstall. Ab hier wird die Landschaft flacher und Ihr Blick weitet sich. Auch in der Hirschgrube folgen Sie weiter den Farbmarkierungen, d.h. Sie lassen die Stangen für die Schiroute rechts liegen – diese führen ab zum Zinken. Immer rechts unterhalb der Hauptgipfelkette gelangen Sie hinter deren letztem Gipfel, dem Hochwart (2.210 m.ü.M., Gipfelkreuz), auf den Rauchtalsattel, wo Ihre Route leicht nach rechts abknickt und nun bis zur Fleischer-Biwakschachtel (ca. 2.000 m.ü.M.) in genau östlicher Richtung verläuft, von einem kleinen Linksbogen auf den letzten 500 m um den G'hacktkogel abgesehen. Die Schachtel ist ein offener Unterstand für ca. zehn Personen und benannt nach Ferdinand Fleischer, einem Obmann der Alpenvereinsgruppe Voitsthal und einem der besten Kenner des Hochschwab-Gebietes. An der Schachtel halten Sie die Höhe und steigen links des Kammes bis zum Gipfel des Hochschwab (2.277 m.ü.M.) auf.

Fleischer Biwakschachtel

Den einzigen Abzweig, die Nordumgehung des Gipfels, lassen Sie dabei rechts liegen. Nach dem Gipfel und einem Schlenker zur Mitte des Abstieges wendet sich Ihr Weg zuletzt nördlich, um unmittelbar vor dem Schiestlhaus (2.153 m.ü.M.), wo Sie einkehren und übernachten können, mit der Nordumwanderung zusammenzustoßen.

Vom Schiestlhaus bis nach Gollrad

Achtung! *Die Passage des Hochschwab-Kammes bietet zwar technisch keine größeren Schwierigkeiten, ist aber aus Gründen der Orientierung nur bei sehr guten Wetter- und Sichtverhältnissen möglich. Nebel und Schneefall sind auch in den Sommermonaten keine Seltenheit. In beiden Fällen ist die Orientierung gleich Null. Erkundigen Sie sich auf der Hütte unbedingt nach den aktuellen Wetterberichten! Sollten Sie trotz aller Vorsorge von Nebel oder Schlechtwetter überrascht werden, bleiben Sie, wo Sie sind. Warten Sie Wetterbesserung ab und erzwingen Sie keinesfalls einen Abstieg!*

Nach dem Schiestlhaus folgen Sie noch ein letztes Mal der Route 01/05 in östlicher Richtung und verlassen sie dann beim nächsten Abzweig, den Sie links nehmen, um sich unterhalb der Eismauer zu halten. Am Abzweig an der nordöstlichen Flanke der

Schiestlhaus

Eismauer gehen Sie wiederum links und gelangen so in die Scharte vor dem Weihbrunnkessel (1.994 m.ü.M.), wo Sie rechts zum Ochsenreichkar abzweigen. Nach ca. 1,1 km stoßen Sie links auf einen kleinen Abstecher zur einzigen Quelle auf dem Hauptkamm. Dem Abzweig gegenüber befindet sich rechts der Abstieg zur Voitsthalerhütte durch das Kühreichkar.

Zwischen dem Ringkamp (2.153 m.ü.M., Gipfelkreuz) zur Linken und dem Hutkogel (2.035 m.ü.M.) zur Rechten nähern Sie sich nun den Aflenzer Staritzen. Unmittelbar am Fuß der Gipfelkette gehen Sie bis zum Sockel des Severinkogels (2.036 m.ü.M.), um diesen rechts in Richtung Abbruchkante der Bösen Mauer, welche senkrecht ins Tal fällt, zu umwandern. Hinter der Rotlacken verengt sich das Hochplateau, und ab dem Steinernen Hüttl nähern Sie sich dann allmählich dem letzten Kammstück in Richtung des Staritzen Ostgipfels. Hier lassen Sie den rechten Talweg über den Gamssteig liegen, um statt dessen hinter dem vorletzten Gipfel (Mieserkogel, 1.855 m.ü.M.) den Kamm nach links für den Prinzensteig zu verlassen, der Sie zwischen Latschen und – abhängig von der Jahreszeit – satten Alpblumenwiesen auf einen Forstweg bringt, mit dem Sie die letzten Ausläufer der Staritzen bequem in einem Rechtsbogen umwandern. Am einzigen Abzweig nehmen Sie den linken Abstieg hinunter ins Tal nach Gollrad, wobei Sie diesen Forstweg durch markierte Wanderweg-Abschneider abkürzen können. – In einer steileren, aber kürzeren Variante können Sie auch zur Seebergalm absteigen und dahinter wieder an die Hauptroute anknüpfen, sofern Sie nicht in Gollrad übernachten möchten. In diesem Fall nehmen Sie nach dem Mieserkogel den rechten

Weg über die Seeleiten und gehen dort sowohl an der ersten Gabelung als auch an der vierarmigen Steig-Kreuzung hinter dem Lift geradeaus durch. Im Tal orientieren Sie sich an einem Schilift, der den gegenüberliegenden Hang (Gaiberg) hinaufsteigt. Gut 250 m unterhalb geht links der Weg zur Seebergalm ab, der Sie anschließend durch das Lappetal auf die Hohe Veitsch führt.

Von Gollrad nach Neuberg

Verlassen Sie den Ort südlich über die Ausfallstraße, um nach rund 1,5 km das Schloß Brandhof zu passieren. In die nächste Ausfahrt, die ca. 750 m hinter dem Schloß liegt, gehen Sie links hinein und biegen nach 200 m auf den Wanderweg zur Seebergalm ab. Auch hier folgen Sie weiterhin der Markierung 01/05 und gelangen so nach einigen Serpentinen im Wald auf eine Lichtung mit der Göriacher Alm und dem Wirtshaus Strobel (1.429 m.ü.M., Übernachtungsmöglichkeit). An den Gebäuden der Alm nehmen Sie den linken Weg – weiterhin Nr. 01/05 – und wandern weitgehend horizontal bis zur Handhütte. Kurz danach verlassen Sie den Waldweg nach links für den Aufstieg Richtung Schottenkogel, dessen Gipfel Sie rechts herum in einer Z-Schlaufe umwandern. Bei der Turnauer Alm (1.335 m.ü.M.) stoßen Sie wieder auf einen Wirtschaftsweg, den Sie bald nach dem Beginn unterhalb der Rosenfeldalm (1.389 m.ü.M.) mit einem ca. 400 m langen Stück Fußsteig abschneiden können. An der nächsten Gabelung gehen Sie links und erreichen innerhalb knapp eines Kilometers die Rotsohlalm (1.413 m.ü.M.), wo am oberhalb gelegenen Nikolokreuz der steile Teufelssteig auf den Gipfel der Hohen Veitsch beginnt (noch immer Nr. 01/05). Am letzten Viertel des Aufstieges liegt das Graf Meran Haus, wo Sie sowohl einkehren als auch übernachten können. Hinter dem Haus nehmen Sie den aussichtsreicheren linken Weg Nr. 05 bis auf den Gipfel (1.981 m.ü.M.).

Für den Abstieg verlassen Sie die Hohe Veitsch nach rechts in genau östlicher Richtung und halten sich nun an den Weg Nr. 01, wobei Sie bis zum Abzweig zur Ebenhütte und nach Mürzsteg an allen Gabelungen und Kreuzungen geradeaus durchgehen. Ab der Ebenhütte hat Ihr Steig die Nr. 06 B und schlängelt sich dicht entlang der Fallinie bis zur Landstraße nach Mürzsteg. Das Ortszentrum liegt ca. 1 km rechts der Einmündung. Bis nach Neuberg beträgt die Entfernung ca. 4 km. Durch das gesamte Tal führt eine regionale Buslinie, die Mürzzuschlag zur Endstation hat.

27 Von Neuberg/Mürz auf den Hochschneeberg

Der letzte Wegabschnitt Ihrer Alpenfernwanderung bringt Sie in das beliebte Naherholungsgebiet der österreichischen Hauptstadt, die Wiener Hausberge. Von Neuberg mit seinem berühmten Zisterzienserkloster steigen Sie zur Schneealpe auf und wechseln über den Naßkamm auf die Rax. Nach einer fest versicherten, einfachen Kletterei unterhalb des Gamsecks setzen Sie Ihren Weg über die Hochwiesen bei der Heukuppe bis zum Karl-Ludwig-Haus fort. Ihr letzter Abstieg über den Wachhüttelkamm ist mit Leitern und Eisenhaken brandneu versichert und führt durch eines der beliebtesten Klettergebiete des Wiener Umlandes. Eindrucksvolle Felspanoramen und grandiose Tiefblicke reihen sich in minütlichem Wechsel aneinander. Der letzte Aufstieg durch die Weichtalklamm windet sich durch Schluchten, in denen der Himmel teilweise kaum mehr zu sehen ist. Nach der Kienthaler Hütte am Turmstein kommen Sie zum letzten Wald- und Steilwiesenabschnitt vor Ihrem Ziel.

Im Anschluß an das Finale auf dem Hochschneeberg, dem letzten 2.000er vor Wien, können Sie im nahegelegenen Berghaus Hochschneeberg in historisch dekorierten Räumen den Abschluß Ihrer Fernreise feiern.

Markierungen: durchgängig, aber uneinheitlich, Schilder und Farbmarkierungen in Rot, Blau oder Gelb. **Karten**: Österreichische Karte 1:50.000 (»ÖK 50 BMV«), Blatt Nr. 104 »Mürzzuschlag« und Nr. 74 »Hohenberg«. **Unterkünfte**: Neuberg, Zimmermannshütte (Selbstversorger), Ottohaus, Weichtalhaus, Berghaus Hochschneeberg. **Bahnen** mit Anschluß an das Netz der ÖBB: Mürzzuschlag (von Neuberg aus mit dem Linienbus erreichbar), Puchberg am Schneeberg (vom Berghaus Hochschneeberg aus mit der Zahnradbahn »Salamander« erreichbar). **Tagesetappen**: 2 Tage: N.-Ottohaus (10 Std.), Ottohaus-Hochschneeberg (6,5 Std. + 1 Std. zum Berghaus H.), 3 Tage: N-Zimmermannshütte (6 Std.), Zimmermannshütte-Weichtalhaus (6,5 Std.), Weichtalhaus-Hochschneeberg (4,5 Std. + 1 Std. zum Berghaus H.).

Achtung! Der Steig unterhalb des Gamsecks besitzt zwar keine exponierten Stellen, erfordert aber wegen der Nähe zum Fels eine gewisse Trittsicherheit und Schwindelfreiheit. Gleiches gilt für den Abstieg vom Wachhüttelkamm in das Höllental. Die Weichtalklamm ist erst teilweise neu versichert, bei den alten Versicherungen durch – häufig moosige – Baumstämme besteht bei feuchter Witterung, insbesondere bei Regen, extreme Rutschgefahr. Nach langanhaltenden Niederschlägen ist die Klamm nicht passierbar.

Von Neuberg zur Lurgbauernhütte

Das im Ortskern von Neuberg gelegene, weithin sichtbare Zisterzienserkloster ist nicht nur wegen seiner herausragenden Architektur eine weithin bekannte Sehenswürdigkeit, sondern es beherbergt in einem Seitenflügel auch mehrere Museen, unter anderem zum Thema »Kaiser Franz Josef I und die Jagd«. Gegründet wurde der Bau mit der Kirche und dem parallel dazu entstandenen Kreuzgang im Jahr 1327 von Herzog Otto dem Fröhlichen. Heute ist die Anlage eine der wenigen, die in ihrem mittelalterlichen Bestand unverändert erhalten geblieben sind. Der Dachstuhl der Hallenkirche gilt neben demjenigen des Stephansdoms als die größte freitragende Giebelkonstruktion in Österreich. Infos zu den Öffnungszeiten der Museen gibt es beim Tourismusbüro, (0)3857/8321, tourismus@neuberg.at.

An der Rückseite des Klosters gehen Sie auf einem Seitenweg und in Fließrichtung der Mürz durch die Aue und gelangen so in das untere Drittel des Ortes. Hier biegen Sie nach links in die Landstraße ein und setzen Ihren Weg bis zur Pension A. Holzer fort. Gleich nach dem Gebäude gehen Sie links in einen Wirtschaftsweg und folgen der Beschilderung für den Wanderweg Nr. 445. Ausgewiesen ist unter anderem die Schneealpe. Beim Abzweig vor der Brücke halten Sie sich an den linken Waldhang und lassen nach der ersten Serpentine den linken Abzweig liegen, ebenso denjenigen zum Michlbauern zum Ende des ersten Steilstücks durch den Wald. Bei der Kreuzung mit dem Wanderweg Nr. 444 setzen Sie geradeaus fort und kommen schließlich oberhalb der Baumgrenze in eine Mulde mit Geröllbrocken, durch die Sie der Steig die letzten Meter bis zu einem Fahrweg in unmittelbarer Nähe des Kammes bringt. Zur Orientierung: Rechts oberhalb von Ihnen sehen Sie einen Sendemast in der Nähe der Kutaschütte (Unterstand, 1.850 m.ü.M.), an der dieser Fahrweg vorbeiführt. Auf dem Fahrweg gehen Sie weiterhin aufsteigend in Richtung Brandhöhe (1.758 m.ü.M.), wobei Sie Ihr Nahziel, das Schneealpenhaus (1.784 m.ü.M.), in der Verlängerung am Horizont sehen können.

Vom Schneealpenhaus, wo Sie sowohl einkehren als auch übernachten können, gehen Sie geradeaus weiter und kommen binnen weniger hundert Meter an den unter-

Schneealpenhaus

halb in der Wiesensenke verlaufenden Fahrweg, der für den allgemeinen Verkehr gesperrt ist. In ihn biegen Sie rechts ein. Dieser Weg ist Teil der Mürztaler Haute Route, der Sie nun bis auf die Hochwiesen bei der Heukuppe folgen werden. Die Lurgbauernhütte (1.764 m.ü.M.) befindet sich eine knappe Fußstunde entfernt; hinter ihr setzt der Weg als markierter Bergsteig fort.

Von der Lurgbauernhütte zum Weichtalhaus

Der markierte Steig beginnt nördlich der Hütte und läuft über einen Wiesenrücken mit Geröll zu einem kleineren, fast ebenen Wiesenplateau, wo der Weg sich gabelt. Nach rechts haben Sie nun Aussicht in den Knierieselgraben, der vom Naßkamm – Ihrer Passage zur Rax – abgeschlossen wird. An der Gabelung gehen Sie geradeaus auf einen Felsrücken und beginnen nach einem scharfen Rechtsknick mit dem Steilabstieg in eine felsige Mulde. Am Ende passieren Sie die Baumgrenze und setzen auf dem nun rasch breiter werdenden Weg durch den Wald zum Naßkamm (1.210 m.ü.M.) fort. Bei der Gabelung am Ende des Kammes halten Sie sich links – Weg Nr. 801 – und kommen so nach ca. einer Viertelstunde sanften Anstieges zur offenen Zimmermannshütte (1.330 m.ü.M.), in der Sie als Selbstversorger kostenlos übernachten können. (Achtung: Die nachfolgende Gamseckhütte ist privat

Ort	m.ü.M.	Std.	km	km ges.
Neuberg a.d. Mürz	730	0	0,0	0,0
Einmündung Fahrweg	1.790	2 1/4	4,8	4,8
Schneealpenhaus	1.784	1/2	1,7	6,5
Lurgbauernhütte	1.764	3/4	3,6	10,1
Abz. Wiesensattel	1.609	1/2	1,2	11,3
Naßkamm	1.210	1 1/4	2,1	13,4
Zimmermannshütte	1.330	1/2	1,1	14,5
Ende Gamsecksteig	1.849	1 1/2	2,2	16,7
Karl-Ludwig-Haus	1.804	1/2	2,1	18,8
Neue Seehütte	1.670	1	2,8	21,6
Ottohaus	1.644	3/4	3,2	24,8
Einstieg Wachhüttelkammsteig	1.140	1	3,1	27,9
Weichtalhaus	563	1 1/2	2,1	30,0
Ausstieg Weichtalklamm	1.220	2	2,8	32,8
Kienthalerhütte	1.380	1/2	1,1	33,9
Hochschneeberg	2.076	2	2,5	36,4

und bietet keine öffentlichen Übernachtungsmöglichkeiten!) Hinter den beiden Hütten steigen Sie zunehmend steiler durch den Wald bis zu einem Sattel östlich des Hohen Gupf auf (1.554 m.ü.M., Gipfelkreuz) und knicken dort linker Hand, also vom Gipfel weg, in ein Waldstück am Steilhang ab. Nach einer Rechtsbiegung am Ende des Waldes passieren Sie eine etwas rutschige Geröllhalde, oberhalb derer der versicherte Teil des Gamsecksteiges am Fels beginnt. Beim Gamsecksteig handelt es sich um den ersten Felssteig für Touristen im Gebiet der Wiener Hausberge, dessen Verlauf nach vielen Erkundungsgängen zunächst theoretisch festgelegt wurde. Für seine Errichtung waren Felssprengungen erforderlich; alle exponierten Stellen wurden mit Seilen abgesichert. Über die steilste Klippe führt eine Leiter. Nach dem Abschluß der Markierung wurde der Steig im Jahr 1875 eröffnet und schuf damit die Voraussetzungen für die rasch beliebte Dreigipfeltour Schneealpe-Rax-Schneeberg.

Am Ende des Gamsecksteiges, einer fünfarmigen Wegkreuzung beim Beginn der Hochwiesen hinter dem Kamm, gehen Sie schräg links auf den Pfad durch die Wiesen unterhalb der Heukuppe und kommen entlang blauer Farbmarkierungen zum Karl-Ludwig-Haus (1.804 m.ü.M.).

Am Haus setzen Sie Ihren Weg auf den links liegenden Predigtstuhl (1.902 m.ü.M.) fort, von dem sich Ihnen unter anderem eine Panoramaaussicht auf Mürzzuschlag bietet. Auch nach dem Gipfel gehen Sie zumeist dicht bei der nur schwach ausgeprägten Kammlinie und kommen innerhalb der nächsten 40 Minuten durch verschiedene Hochwiesen zu einem Abstieg durch ein Latschengebiet, unterhalb dessen sich die Neue Seehütte (ca. 1.550 m.ü.M.) befindet.

An der Hütte gehen Sie rechts auf den Seeweg – gelbe Markierungen – und lassen den nächsten, rechten Abzweig auf den gut sichtbaren Gipfel des Schröckenfuxkreuzes liegen. Der Seeweg führt in leichtem Auf und Ab durch ein mit Latschen durchsetztes Wildwiesengebiet bis zum Ottohaus (1.644 m.ü.M.), wo Sie sowohl einkehren als auch übernachten können. Etwa auf der Hälfte des Weges sehen Sie das Ziel der Fernwanderung, den Gipfel des Hochschneeberges, zum ersten Mal deutlich vor sich. Der Berg ist eindeutig identifizierbar durch die dicht beim Gipfel liegende Fischerhütte.

Am Ottohaus gehen Sie links zum unterhalb liegenden Praterstern (ein großer Wegweiser) und nehmen dort den rechten Weg Nr. 801 über den Wachhüttelkamm. In raschem Wechsel kommen Sie zuerst durch dichte Latschengebiete und offene Wildwiesenlichtungen, bis der Steig zum Ende eines langgezogenen, nasenartigen Plateaus links in den Hangwald abtaucht. Der versicherte Abschnitt beginnt im letzten Drittel des Hangwaldes. Er verfügt kaum über ausgesetzte Stellen, erfordert aber wegen der vielen – meist grandiosen – Tiefblicke und einiger Felspassagen eine gewisse Schwindelfreiheit. Zum Ende des Steiges biegen Sie nach links in die Landstraße durch das Höllental ein und kommen binnen eines knappen Kilometers zum Abzweig für das Weichtalhaus (563 m.ü.M.) auf der linken Straßenseite. Im Weichtalhaus können Sie nicht nur einkehren, sondern auch übernachten.

Vom Weichtalhaus auf den Hochschneeberg

Der Einstieg in die Weichtalklamm befindet sich unmittelbar hinter dem Haus und ist eindeutig ausgewiesen. Auch der Weg durch die Klamm ist mangels Alternativen problemlos zu finden, bei Nässe wegen der zum Teil alten Versicherungen aus moosigen Baumstämmen jedoch heikel. Bei feuchter Witterung oder nach langanhaltenden Niederschlägen sollten Sie sich beim Wirt des Weichtalhauses unbedingt nach den Zuständen in der Klamm erkundigen.

Am oberen Ende mündet der Klammweg in eine Forststraße. Hier gehen Sie rechts und setzen dann auf dem Ferdinand-Mayr-Weg (gelbe Markierungen) fort, um innerhalb der nächsten rund 20 Minuten zur Kienthaler Hütte unterhalb des Turmsteins zu kommen. Der Turmstein ist ein alleinstehender Felsen, der durch die Wipfel hindurch schon früh sichtbar ist und zu dem ein fünfminütiger Mini-Klettersteig hinaufführt.

An der Gabelung hinter der Kienthaler Hütte nehmen Sie den rechten, blau markierten Abzweig und gelangen nach dem Austritt aus dem Wald und dem Ende eines letzten Latschengebietes auf die Steilwiese zum Hochschneeberg-Gipfel. Der Countdown läuft, und der Gipfel ist durch ein neues, verschraubtes Kreuz aus Edelstahl auf einem Granitsockel schon im unteren Teil der Wiese zu sehen.

Am Ziel, auf 2.076 m.ü.M., haben Sie allen Grund, sich zu einer außergewöhnlichen Leistung zu gratulieren, oder besser noch, von ein paar zufälligen Wandergefährten gratulieren zu lassen: Ihr Ausgangspunkt Montreux liegt nun 1.260 km Fußmarsch hinter Ihnen in westsüdwestlicher Richtung. Genau vor sich am Ende des Hochplateaus sehen Sie den Waxriegel, auf dessen Rückseite sich das Berghaus Hochschneeberg und die Bergstation der Zahnradbahn nach Puchberg befinden. Schräg links erkennen Sie die ersten Ausläufer von Wien und bei gutem Wetter auch dessen Herz, den Stephansdom.

Berghaus Hochschneeberg

Abstieg vom Ziel

Durch das Hochplateau östlich des Hochschneeberges gehen Sie entlang einer Reihe rot markierter Holzstäbe bis zu einer Schotterstraße, die Sie in einem Rechtsbogen um den Waxriegel bis zur Bergstation des Salamanders führt, der ältesten Zahnradbahn Niederösterreichs. Falls Sie mit einer der historischen Lokomotiven unter Dampf abfahren möchten, sollten Sie wegen der großen Beliebtheit dieser Fahrten schon gleich bei Ihrer Ankunft eine Fahrkarte kaufen. Die Details zu einer Übernachtung im Berghaus Hochschneeberg finden Sie im Service-Teil. Da auch die historisch dekorierten Gästezimmer sehr beliebt sind (insbesondere an Wochenenden und während der Hochsaison), sollten Sie auch hier rechtzeitig reservieren.

Teil 3
Service

Vorbereitung & Durchführung

Ausrüstung – Checkliste

FÜR DIE ORIENTIERUNG

Kartenmaterial (Tip: Alle Karten vorher besorgen, um sich in den Tälern die Suche nach den passenden Anschlußblättern zu sparen.) Karten für die gesamte Fernwanderung nach Nummern der Einzelblätter: **Schweiz**: Landeskarte der Schweiz 1:25.000 »Klöntal« (Nr. 1153), »Spitzmeilen« (Nr. 1154), »Sargans« (Nr. 1155), »Schesaplana« (Nr. 1156), »Sulzfluh« (Nr. 1157), »Muotatal« (Nr. 1172), »Linthal« (Nr. 1173), »Melchtal« (Nr. 1190), »Engelberg« (Nr. 1191), »Innertkirchen« (Nr. 1210), »Lauterbrunnen« (Nr. 1228), »Grindelwald« (Nr. 1229), Carte nationale de la Suisse 1:25.000 »Château d' Oex« (Nr. 1245), Landeskarte der Schweiz 1:25.000 »Zweisimmen« (Nr. 1246), »Adelboden« (Nr. 1247), »Mürren« (Nr. 1248), Carte nationale de la Suisse 1:25.000 »Montreux« (Nr. 1264). **Österreich**: Österreichische Karte 1:50.000 (»ÖK 50 BMV«) Nr. 74 »Hohenberg«, Nr. 101 »Eisenerz«, Nr. 102 »Aflenz Kurort«, Nr. 103 »Kindberg«, Nr. 104 »Mürzzuschlag«, Nr. 117 »Zirl«, Nr. 118 »Innsbruck«, Nr. 119 »Schwaz«, Nr. 120 »Wörgl«, Nr. 121 »Neunkirchen/Großvenediger«, Nr. 122 »Kitzbühel«, Nr. 123 »Zell am See«, Nr. 124 »Saalfelden«, Nr. 125 »Bischofshofen«, Nr. 126 »Radstatt«, Nr. 127 »Schladming«, Nr. 128 »Gröbming«, Nr. 129 »Donnersbach«, Nr. 130 »Oberzeiring«, Nr. 131 »Kalwang«, Nr. 132 »Donawitz«, Nr. 142 »Schruns«, Nr. 143 »St. Anton/Arlberg«, Nr. 144 »Landeck«, Nr. 145 »Imst«, Nr. 146 »Oetz«, Nr. 147 »Axams«. **Bezugsquellen**: Schweiz: Onlineformular unter: www.swisstopo.ch; Österreich: www.bev.gv.at

Kompaß, wassergedämpft und mit Peileinrichtung

Höhenmesser (Tip: Kostet in der Anschaffung zwar noch einmal so viel wie ein guter Kompaß, gibt aber zusätzliche Sicherheit bei der Orientierung, v.a. im Nebel und auf überwachsenen Steigen. Mindestens einmal täglich, bei veränderlichem Wetter besser alle 3 Stunden eichen.)

wasserdichte Klarsichthülle für Karte (**GPS**: Zusammen mit den anderen Instrumenten und der meistens guten Beschilderung ist GPS für *Die Alpen West-Ost* unnötig. Laut manchen Quellen besteht außerdem in engeren Tälern die Gefahr, durch Spiegelungen der Funkwellen an Felswänden mißgewiesen zu werden. Ggf. Infos bei den Alpenvereinen anfordern.)

RUCKSACK

Ausstattung: Höhenverstellbar und mit Hüftgurt, ideal sind ein Außenriemen und/oder eine Netztasche für Trinkwasserflasche, Wanderführer,

Karte, Kompaß und Höhenmesser, sowie ein Extrafach für den Schlafsack mit separatem Reißverschluß. Bei einer Tour von Hütte zu Hütte bzw. Pension zu Pension ca. 50-60 l, bei einer Tour mit Zelt ca. 80 l. **Packtips**: Egal was die verschiedenen Ausrüster erzählen und egal wieviel Euro man investiert, wegen ihrer vielen Nähte sind Rucksäcke generell nie wasserdicht. Daran ändern auch Regenhüllen nichts; spätestens bei einem Sturzregen dringt das Wasser über die Trageeinrichtung am Rükken ein. Deshalb: Kleidung, Schlafsack und Proviant separat in wasserdichte Beutel verpacken, das erleichtert auch die Orientierung im Rucksack. Beim Kauf darauf achten, daß die Beutel »unterwasserdicht« sind, d.h. auch dann abhalten, sollte sich Regen im Rucksack sammeln. Ist man mit Zelt unterwegs und wird der Schlafsack naß, ist die Tour in der Regel aus: Dann heißt es absteigen und den Schlafsack trocknen.

SCHLAFSACK

Idealtemperatur: ca. 0°C. Material: Daune wärmt besser und läßt sich beliebig oft komprimieren, ohne daß die Isolierung nachläßt. Kunstfaser ist preiswerter und wärmt im Gegensatz zur Daune auch dann noch etwas, wenn der Schlafsack naß ist. Bei starker Komprimierung wird jedoch die Faser brüchig und der Isolationseffekt läßt nach. Wofür Sie sich entscheiden, ist eine Gewissensfrage.

WANDERSCHUHE

Aus Leder, mit Profil, verstärkter Sohle und federndem Gummikeil. Der Knöchel muß ganz umschlossen werden. Neue Schuhe sollten Sie vor der Tour mit dem Fön warm machen, gründlich einwachsen und ca. 3 x 15 km einlaufen. Eine Membrane (GoreTex® o.ä.) lohnt sich strenggenommen erst bei Tropenwanderungen und kostet einiges extra. Schuhe, die ganz aus Leder sind, bieten nicht nur besseren mechanischen Schutz, sondern sind auch genauso wasserdicht, wenn man sie regelmäßig pflegt. Tip: Die Schuhe bei einer Pause in die Sonne stellen, nach ca. 10 Minuten einwachsen und dann noch einmal kurz in die Sonne stellen, damit das Wachs tief einzieht. Auch bei Schönwetter sollten Sie mindestens alle drei Tage nachwachsen, um den Schutz zu erhalten. Die Schnürsenkel dafür herausnehmen und sowohl die Nähte als auch den vorderen Teil der Zunge besonders gründlich behandeln; hier dringt die Nässe am leichtesten ein.

TELESKOPSTÖCKE

Besonders wenn Sie mit Zelt unterwegs sind und sich weitgehend selbst versorgen, sind Teleskopstöcke eine lohnende Anschaffung. Die Stöcke entlasten Ihren Gleichgewichtssinn, geben Ihnen zusätzlich Trittsicherheit und schonen die Knie, besonders beim Abstieg. Bei entsprechen-

Ausrüstung – Checkliste 213

dem Armeinsatz bringen Sie rund 20% mehr Leistung auf den Weg. Durch die stärkere Durchblutung der Oberarmmuskulatur sind Sie auch vor Verspannungen geschützt, die sonst eine Begleiterscheinung von Tourenrucksäcken sein können.

ZELT

Möglichst leicht, ideal sind 1,5-2 kg. Außerdem: Je kleiner das Zelt, desto besser, weil sich dann auch in Schräglagen ein Platz findet. Nicht an der Qualität sparen, das erste Unwetter in einer Höhenlage bedeutet sonst das Aus. Zu den rechtlichen Bedingungen fürs freie Zelten in der Schweiz und in Österreich s. S. 218ff.

KLEIDUNG (MINIMALAUSRÜSTUNG)

o 1 lange Hose (schnelltrocknend)
o 1 kurze Hose
o 1 Regenjacke (mit Membrane, z.B. GoreTex®, und verstärktem Schulterbereich)
o 1 Regenhose, Reißverschlüsse beidseitig durchgehend und zum Aushaken, so daß sich die Hose nach »Windelprinzip« anziehen läßt
o 1 Fliespullover, keine Wolle o.ä., da diese Materialien schwer trocknen und kaum isolieren, wenn sie naß sind
o 1 Flieshose, s.o., für nachts und bei Kälte in größeren Höhen
o 3 Paar Wanderstrümpfe, verstärkte Fersen und Ballen, Wollmischgewebe, keine reine Synthetik, Blasen sind sonst vorprogrammiert
o 3 Satz Unterwäsche einschließlich T-Shirts. Baumwolle trägt sich am angenehmsten, trocknet aber schlecht; Synthetik ist formstabiler, trocknet hervorragend, bietet aber geringeren Tragekomfort. Tip: dunkle Farben nehmen, damit Flecken und Schmutz nicht auffallen.
o Hut oder Kopftuch
o Sonnenbrille
o Sonnencreme

PROVIANT/VERPFLEGUNG

Am besten ist ein ausgewogener Mix von allem, was wenig wiegt und nicht verdirbt. Fertiggerichte, die man in den Ausrüsterläden bekommt, sind inzwischen zwar sehr schmackhaft, haben jede Menge Kalorien und lassen sich notfalls sogar kalt essen, aber sie kosten eine Menge und man bekommt sie unterwegs nicht nach. Mit dem Angebot entlang der Strecke und ein paar Sachen, die Sie vorab zu Hause organisieren, sind Sie bei Höhen unter 3.000 m besser dran. Die unten gelisteten Vorräte können Sie in den Start- und Zielorten der allermeisten Wegabschnitte ergänzen; gegen den großen Hunger nach dem Abstieg gibt es dort eine Menge mehr.

Von zu Hause mitnehmen
o Traubenzucker (1-2 Doppelpäckchen pro Wandertag)
o Milchpulver, vollfett, in der Apotheke bestellen, ca. 130 g/Woche u. Person fürs Müsli und den Tee, falls frühmorgens keine Alp in der Nähe ist
o Gewürze: Pfeffer und Salz
o Zucker
o Vitamintabletten

Was sich nachkaufen läßt
Frühstück und Zwischenrast
o Teebeutel / Instantkaffee
o Müsli
o Dörrobst/Studentenfutter (Mandeln, Rosinen etc.)
o Müsliriegel
o Schokolade (»... gibt schnellen Schub, aber auch schnellen Abfall« – doch nichts hilft besser gegen schlechte Laune!)
o Hartkäse
o Salami/luftgetrocknete Wurst
o Ölsardinen (kalorienreich)
o Brot

Abendessen (zum Selberkochen)
o Grundnahrungsmittel: Pasta, Risotto, Fertigpüree
o Tomatenpaste aus der Tube
o getrocknetes Gemüse (Erbsen, Mais)
o frisches Gemüse (vorzugsweise für denselben Abend: Zucchini, Paprika, Möhren)
o Kartoffeln (ebenfalls für denselben Abend: in kleine Würfel schneiden, aufkochen und z.B. Gemüse dazugeben)
o Zwiebeln (vitaminreich)
o Thunfisch in der Dose
o Fertigsaucen (und eins der Grundnahrungsmittel, wenn es schnell gehen soll)
o Würfel für klare Brühe (als Vorspeise und um einen hohen Salzverlust auszugleichen)

KOCHER ...
Am besten Brennspiritus- oder Benzin-, denn beides bekommen Sie überall nach (Brennspiritus führt in der Schweiz jeder Coop, in Österreich fast jede Tankstelle).
o 2 Töpfe, ca. 1 l und 1,5 l (ausreichend bis 3 Personen)
o 1 Deckel, passend für beide Töpfe
o Berghaferl (platzsparender Zwitter aus Schale und Becher, gibt es in Ausrüsterläden)

Ausrüstung – Checkliste   215

o Gabel, Löffel
o Taschenmesser mit Schere und Dosenöffner
o 1-2 Trinkwasserflaschen/Person, je ca. 1,5 l
o Brennstoffflasche, ca. 1 l

HYGIENE/PFLEGE

o Handtuch, schnelltrocknend, Leinen oder Synthetik
o Flüssigseife, sollte biologisch abbaubar sein wegen der fragilen Umwelt im Gebirge
o Zahnbürste, Zahnpasta
o Kamm
o ggf. Rasierzeug/Tampons/Binden
o Toilettenpapier (bei Benutzung im Freien mindestens 10 cm tief vergraben, am besten wieder mitnehmen)
o Flüssigwaschmittel
o ca. 5 m Wäscheleine
o Schuhwachs

Zusätzlich bei einer Tour mit Zelt
o Nahtdichter
o 2 Flicken für Zeltboden und -dach (ca. 7 cm x 7 cm)
o kleines Nähzeug

REISEAPOTHEKE

Diese sollte individuell zusammengestellt sein, weshalb das Folgende lediglich Anhaltspunkte gibt. Lassen Sie sich am besten durch einen bergerfahrenen Hausarzt beraten.

Minimalapotheke (bei einer Tour von Hütte zu Hütte bzw. von Pension zu Pension)
o Heftpflaster verschiedener Größen
o 2 Verbandspäckchen
o 1 Rolle Leukoplast (Tip: Um Blasen zu vermeiden, das Leukoplast schon beim ersten Reib- oder Druckgefühl auf die beanspruchten Hautstellen aufkleben. Direkt kleben, d.h. ohne Polster oder Mull, damit das Pflaster nicht arbeitet. Die Füße nur selten waschen und das Pflaster erst wegnehmen, wenn es sich von selber ablöst.)
o 2 Binden mit je ca. 10 cm Breite, elastisch, selbstklebend
o Dreieckstuch mit Sicherheitsnadeln
o Alunotdecke von ca. 2 m x 2 m (wiegt nur 40 g und schützt für Stunden vor Unterkühlung)

Erweiterte Apotheke (für die Tour mit Zelt)
zusätzlich zur Minimalapotheke
o Schmerztabletten
o entzündungshemmende Enzyme zur Behandlung von Verstauchungen u.ä.
o Zinksalbe zur Behandlung von Sonnenbrand
o Fettcreme oder Hirschtalg zur Fußpflege
o Breitband-Antibiotikum
o Fiebertropfen

SONSTIGES

o Taschenlampe
o Desinfektionstabletten für Trinkwasser, z.B. Micropur®
o Signalpfeife
o ggf. Fotoausrüstung

Verhalten in den Bergen

11 REGELN FÜR ALPEN-FERNWANDERER

1. Alpen-Fernwandern beginnt schon vor dem Tag des Aufbruchs: Wenn Sie große Teile oder die Gesamtstrecke von Die Alpen West-Ost gehen möchten, fangen Sie rechtzeitig mit einem Training an, das auf Aufbau und Ausdauer fokussiert ist, z.B. Laufen, Radfahren, Schwimmen und Ballspielen. Überprüfen Sie kritisch Ihr Wissen über die Berge und ziehen Sie zu Themen, bei denen Sie unsicher sind, Ratgeber hinzu.

2. Stellen Sie Ihre Ausrüstung in Ruhe zusammen. Lassen Sie sich in Fachgeschäften beraten und vergleichen Sie die verschiedenen Angebote. Packen Sie Ihren Rucksack des Öfteren zur Probe und bauen Sie Ihr Zelt im Garten o.ä. auf, um sich mit ihm vertraut zu machen bzw. es auf Schäden zu überprüfen.

3. Geben Sie einem Freund, einer Freundin oder Verwandten die Beschreibung derjenigen Streckenabschnitte, die Sie wandern werden, und klären Sie ab, wie Sie von unterwegs Kontakt aufnehmen. Insbesondere wenn Sie alleine gehen, besprechen Sie genau, was getan werden soll, wenn Sie sich nicht wie verabredet gemeldet haben.

4. Vor Ort: Wenn Ihnen ein Wegabschnitt oder ein Teil davon als zu schwierig erscheint, erkundigen Sie sich beim Hüttenwirt, dem Hotelpersonal oder in der Touristinfo nach Alternativen, es gibt sie immer! Hinterlassen Sie auch vor Ort Informationen über Ihren Aufbruch, den Wegverlauf und Ihr Ziel für den nächsten Tourabschnitt. Schreiben Sie sich immer in die Hüttenbücher ein; diese Einträge werden als verbindlicher angesehen als z.b. eine Ankündigung über das Handy. Falls Sie eine Übernachtung reserviert haben und unterwegs umplanen müssen, sagen Sie bei nächster Gelegenheit unbedingt ab (sonst zieht die Bergwacht los, und das kann für Sie teuer werden).

5. Erkundigen Sie sich regelmäßig nach dem Wetterbericht und nehmen Sie die Vorhersagen ernst. Beobachten Sie sorgfältig die Wetterentwicklung und bleiben Sie im Zweifelsfall lieber auf der nächsten Hütte oder kehren Sie um. Beachten Sie die Verhaltensregeln für Gewitter (s. S. 221f.).

6. Kleine Schritte und langsames Gehen beim Auf- und Abstieg – besonders mit Gepäck – schonen Ihre Kondition und die Gelenke. Achten Sie auf Warnzeichen von Dehydrierung und Sauerstoffmangel, vor allem Kopfschmerzen. Legen Sie alle anderthalb Stunden eine lohnende Pause von rund 15 Minuten ein, in der Sie eine Kleinigkeit essen und trinken, auch wenn Sie sich nicht hungrig oder durstig fühlen. Frischen Sie immer rechtzeitig Ihre Wasservorräte auf.

7. Bleiben Sie auf markierten Wegen. Wenn Sie für längere Zeit auf keine Markierungen treffen, gehen Sie zurück und suchen Sie von der letzten Markierung aus nach dem Weg. Queren Sie Schneefelder und Gletscher rasch, aber konzentriert, um sich nicht der Gefahr eines Abbruchs auszusetzen. Meiden Sie nasse Hangwiesen wegen der extremen Rutschgefahr.

8. Bei überraschendem Unwetter, einem Unfall oder wenn Sie sich verirrt haben, bleiben Sie wo Sie sind. Erzwingen Sie keinesfalls einen Abstieg. Schützen Sie sich so gut wie möglich vor Nässe und Unterkühlung und beginnen Sie mit dem alpinen Notsignal (s. letzte Seite). Bewahren Sie Ruhe: Wenn Sie Angaben über Ihren Wegverlauf und das Ziel hinterlassen haben, wird man Sie schnell und zuverlässig finden.

9. Treten Sie keine Steine los und benutzen Sie ausschließlich die als Wander- oder Bergweg markierten Abkürzungen (»Abschneider«) zwischen Wald- und Wirtschaftswegen. Individuelle Trampelpfade fördern die Erosion – besonders im Hochgebirge – und zerstören die Pflanzenwelt. Lassen Sie alle Weidegatter so hinter sich, wie Sie sie gefunden haben.

10. Nehmen Sie Rücksicht auf Tiere und lassen Sie Alpenblumen lieber stehen als im Rucksack welken. Geschützte Arten sind tabu.

11. Betrachten Sie das Gebirge als das, was es ist: eine großartige Natur- und Kulturlandschaft, in den Hochregionen eine der letzten Wildnisse Europas. Bewegen Sie sich mit Respekt und Verantwortungsbewußtsein. Genießen Sie die Stille in den Bergen und stören Sie sie nicht.

»WILDES CAMPIEREN« IN DER SCHWEIZ – INFORMATIONEN DES SCHWEIZER ALPEN CLUBS

Unter den Begriffen »Biwakieren« und »wildes Campieren« versteht der Schweizer Alpen Club folgendes:

- **»Biwakieren«**: Übernachten ohne Zelt, unter freiem Himmel oder in einem Iglu,
- **»wildes Campieren«** – im Gegensatz zum allgemeinen Schweizer Sprachgebrauch: Übernachten für eine bis wenige Nächte in einem Kleinzelt außerhalb von offiziellen Campingplätzen.

Im Folgenden ist nur die Rede von »wildem Campieren«, wobei das Biwakieren aber mit erfaßt ist. In der Schweizer Gesetzgebung gibt es zwischen beidem keine klare Unterscheidung. **Die Schweizer Gesetze zum Thema sind komplex, kantonal unterschiedlich und in einzelnen Kantonen manchmal diffus. Drei Fallbeispiele geben Ihnen Eckpfeiler:**

Fall 1: Das Gelände gehört einem privaten Eigentümer

Hier ist es laut Art. 641 Zivilgesetzbuch grundsätzlich dem Eigentümer überlassen, ob er auf seinem Gelände das wilde Campieren dulden oder verbieten möchte.

Da diese unbeschränkte Verfügungsbefugnis aber nur innerhalb der »Schranken der Rechtsordnung« gilt, sind neben den privatrechtlichen Bestimmungen auch die Gesetzesnormen des öffentlichen Rechts zu beachten:

In Art. 699 ZGB ist festgehalten, daß »das Betreten von Wald und Weide ... in ortsüblichem Umfange jedermann gestattet ist, soweit nicht im Interesse der Kulturen seitens der zuständigen Behörde einzelne bestimmt umgrenzte Verbote erlassen werden.«

Art. 14 des Waldgesetzes (WaG) hält fest: »Die Kantone sorgen dafür, daß der Wald der Allgemeinheit zugänglich ist.«

Art. 16 WaG hält außerdem fest: »Nutzungen, welche keine Rodung im Sinne von Artikel 4 darstellen, jedoch die Funktionen oder die Bewirtschaftung des Waldes gefährden oder beeinträchtigen, sind unzulässig.«

In Art. 5 Abs. 1e der Verordnung über die eidgenössischen Jagdbanngebiete wird bestimmt: »Das freie Zelten und Campieren ist verboten. Vorbehalten bleibt die Benutzung offizieller Zeltplätze. Die Kantone können Ausnahmen bewilligen.«

Das heißt: Mit Ausnahme der **Jagdbanngebiete** wird das »wilde Campieren« nicht explizit geregelt und bleibt genau so lange Sache des **Grundeigentümers**, bis der jeweilige Kanton oder die Gemeinde es in einer eigenen Gesetzgebung explizit gestatten oder verbieten.

Die Sachlage für den **Waldbereich** ist zweideutig, weil es laut Waldgesetz eine Frage der Interpretation bleibt, ob das »wilde Campieren«

»Wildes Campieren«/Freies Zelten 219

gemäß Art. 699 ZGB als eine gesteigerte Nutzungsform des Betretungsrechts betrachtet wird, oder ob es sich bereits um eine nicht geduldete nachteilige Nutzungsform gemäß Art. 16 WaG handelt.

Fall 2: Das Gelände gehört der öffentlichen Hand (Bund, Kanton oder Gemeinde)
Die oben erwähnten Bestimmungen gelten ebenfalls, wenn ein Gelände der öffentlichen Hand gehört. Art. 664 ZGB fügt hinzu, daß »das **Hochgebirge, Gletscher, Schutthalden, Flußbette, Seen** und anderes zur Kultivierung ungeeignetes Land ... nicht Privateigentum sein können und die Kantone Besitzer« sind. Auf kantonaler Ebene gibt es nur wenige Bestimmungen zum »wilden Campieren«. Das »wilde Campieren« im Wald wird in einigen Kantonen generell verboten; organisierte und kommerzielle Veranstaltungen bedürfen meistens einer Bewilligung.
Auf Gemeindeebene kann das »wilde Campieren« auf Gemeindeareal verboten werden, sofern der Kanton nichts anderes angeordnet hat. Gewisse Gemeinden im Berggebiet haben davon Gebrauch gemacht.

Fall 3: Das Gelände liegt in der Nähe von Bergunterkünften

Es gibt Bergunterkünfte, in deren unmittelbarer Umgebung das »wilde Campieren« nicht erwünscht ist. Solange kein behördliches Verbot mit entsprechender Beschilderung vorhanden ist, ist dies nicht bindend.

Was tun Sie in der Praxis?
Wenn Sie einige elementare Verhaltensregeln beachten und Rücksicht auf Mensch und Natur nehmen, ergeben sich mit dem »wilden Campieren« in der Schweiz keine Probleme. Behördliche Verbote müssen klar kommuniziert werden: In solchen Fällen können Sie an den wichtigen Orten (Ausgangspunkten für Touren, Hauptwegen ins Gebiet, Unterkünften etc.) einen Anschlag erwarten. Wird ein ausgewiesenes Verbot z.B. aufgrund von Schlechtwetterverhältnissen nicht beachtet, schützt das vor Strafe nicht.

o Falls Sie Zweifel haben, informieren Sie sich bei lokalen Stellen, ob das »wilde Campieren« an den Stellen, die Sie ins Auge gefaßt haben, tatsächlich erlaubt ist. Auch Unwissenheit schützt vor Strafe nicht: Laut Schweizer Gesetz ist es Ihre Pflicht als Einzelner, diese Informationen einzuholen.

o In Hochgebirgslagen, außerhalb von Schutzgebieten, abseits von Wald und Weiden und ohne explizite behördliche Verbote ist das wilde Campieren in der Regel unproblematisch, insbesondere wenn es sich um eine einzige Übernachtung einer kleinen Anzahl von Personen handelt.

- Im Zweifelsfall gibt es auch fast immer jemanden vor Ort, den Sie fragen können, sei es den Alpsenn, einen Bauern, den Hüttenwart, in der Bergbeiz usw. Wenn Sie das auf eine nette Art tun, bekommen Sie meist eine positive Antwort, auch wenn die Möglichkeit eines etwas willkürlichen Bescheids nicht von der Hand zu weisen ist. Oft ergibt sich aus einer solchen Frage aber auch ein interessantes Gespräch mit einem Einheimischen, natürlich besonders wenn Sie zu jener raren Sorte von Wanderern gehören, die ganz zu Fuß von weit her kommen.

In der Nähe einer Bergunterkunft sollten Sie aus Gründen der Höflichkeit:
- Wünsche, an bestimmten Stellen nicht zu zelten, unbedingt respektieren,
- in der Hütte zumindest etwas zu sich nehmen oder
- für die Benutzung der Infrastruktur einen kleinen Beitrag entrichten.

- In den Naturschutzgebieten ist das »wilde Campieren« ausdrücklich verboten. Aktuelle Informationen über die Grenzen der Schutzgebiete finden Sie im Internet (nationale, teilweise kantonale Inventar- und Schutzgebiete).
- Meiden Sie empfindliche Lebensräume. Dazu zählen besonders: die Übergangsbereiche Wald-Offenland, der obere Waldgrenzbereich, Waldweiden, lockere Baumbestände sowie felsige Abschnitte im Wald, Wildwechsel oder Bereiche mit vielen Wildspuren, Bereiche mit Gehölzgruppen, sträucherreiche Alpweiden und Heidekrautfluren als Lebensräume von Birk- und Auerhühnern.
- Machen Sie möglichst kein Lagerfeuer. Falls doch, treffen Sie Maßnahmen, um die Entstehung von Feuerschäden zu verhindern. Die Lagerstelle dürfen Sie nur verlassen, wenn das Feuer sicher gelöscht ist. Regionale und saisonale Verbote müssen Sie beachten. Papier ist wieder mitzunehmen oder am Ort zu verbrennen.

FREIES ZELTEN IN ÖSTERREICH

Das freie Zelten in Österreich ist durch die einzelnen Bundesländer per Gesetz geregelt. Die Bestimmungen sind nicht einheitlich, trotzdem sollten Sie in Österreich allgemein davon ausgehen, daß das **Zelten außerhalb von Campingplätzen auf der gesamten Staatsfläche – also auch in den Hochgebirgslagen – verboten ist**. Allerdings können Gemeinden auf bestimmten Grundflächen ihres Gebietes Ausnahmen zulassen. In Einzelfällen kann es sich für Sie lohnen, bei der jeweiligen Gemeindeverwaltung anzufragen.
Generell und bundesländerübergreifend **verboten ist das freie Zelten in Natur-, Wild- und Wasserschutzgebieten, sowie in geschützten Biotopen und im Wald.**

Allgemein zugelassen ist hingegen das Biwakieren in Notfällen. Als Notfall gilt allerdings nicht, wenn Sie von der Nacht oder von Schlechtwetter »überrascht« werden. Stattdessen muß das Biwakieren durch einen unvorhergesehenen Anlaß (Unfall o.ä.), der ein Weiterziehen lebensbedrohlich macht oder eine schwerwiegende gesundheitliche Schädigung zur Folge hätte, geboten sein.

Laut Auskunft des Österreichischen Alpenvereines **ist das freie Zelten auf Privatgrund allgemein erlaubt, wenn der Grundbesitzer hierzu seine Zustimmung gibt.**

Was tun Sie in der Praxis?

o Planen Sie Ihre Tagestouren bereits im voraus, so daß Sie möglichst auf öffentlichen Campingplätzen, in Pensionen, Hotels oder auf Hütten übernachten können. Die Infrastruktur für Wanderer ist in Österreich gut ausgebaut und bietet ein reichhaltiges Angebot.

o Fragen Sie jemanden vor Ort und holen Sie die Erlaubnis des Grundbesitzers ein, falls Sie auf einem privaten Grundstück Ihr Zelt aufschlagen möchten. Aufgrund der strikten Gesetzgebung ist diese Erlaubnis Ihre einzige legale Möglichkeit, außerhalb von Campingplätzen frei zu übernachten. Es sei denn, Sie müssen es wegen eines Notfalls.

o Fragen Sie bei Bergunterkünften nach einem Platz in der unmittelbaren Umgebung, wo Sie Ihr Zelt aufschlagen oder biwakieren dürfen. Bieten Sie von sich aus einen kleinen Betrag als Spende bzw. für die Benutzung der Hütteninfrastruktur. Wird Ihre Bitte abgeschlagen, müssen Sie das in jedem Fall respektieren.

o In Natur-, Wild- und Wasserschutzgebieten, sowie in geschützten Biotopen und im Wald ist das freie Zelten in Österreich ausnahmslos verboten. Aktuelle Gesetzesinformationen über die Schutzgebiete finden Sie im Internet.

VERHALTEN BEI GEWITTER

Woran erkennen Sie eine Gewitterwolke?

Gewitterwolken bilden sich aus Haufenwolken, den sogenannten Cumuli, falls diese in eine Höhe von mehr als ca. 10 km steigen. Diese Wolken verändern ihre Gestalt sehr schnell und sind häufig an ihrer vereisten Oberseite zu erkennen. Wenn die Gewitterwolke bereits sehr groß ist, verbreitert sie sich nach oben und bildet eine Kappe aus, den sogenannten Amboß. Das Gewitter steht dann kurz bevor.

Was sind andere Anzeichen für ein Gewitter?

Hitze, Schwüle und ein stark fallender Luftdruck. An markierten Punkten können Sie die Luftdrucktendenz auf Ihrem Höhenmesser ablesen:

Wenn die auf dem Instrument angezeigte Höhe größer ist als die ausgeschilderte, ist der Luftdruck seit Ihrer letzten Eichung des Höhenmessers gefallen. Donner in der Ferne weist eindeutig auf Gewitter hin. Da die Windrichtungen in unterschiedlichen Höhen gegenläufig sein können, muß ein Gewitter im Osten z.B. nicht unbedingt von Ihnen wegziehen, nur weil auf Ihrer Höhe gerade Westwind herrscht.

Was tun Sie bei Gewitter?
Sofern noch genügend Zeit vor dem Losbrechen des Gewitters ist, steigen Sie schnellstmöglich ab oder erreichen die nächste Hütte.
Falls Sie vom Gewitter überrascht werden, entfernen Sie sich von blitzschlaggefährdeten Orten: Gipfeln, Graten, Felsnasen, exponierten Flächen, Hochebenen, Wasserrinnen, Seen, einzeln stehenden Bäumen, elektrischen Leitern wie Haken, Drahtseilen und Metallleitern.
Halten Sie Abstand von Felswänden (mind. 3 m), suchen Sie einen möglichst trockenen Untergrund und hocken Sie sich über den Boden, wobei Sie die Füße eng nebeneinanderstellen und nur mit ihnen den Grund berühren. Fassen Sie sich nicht gegenseitig an den Händen, um Kriechströme durch den Körper zu vermeiden.
Höhlen sollten Sie nur bei ausreichender Größe benutzen, d.h. wenn Sie in der Hocke mindestens 1 m Abstand vom Eingang und 2 m Abstand von den Wänden halten können.

Unterkünfte

Alle Preise in Euro, soweit nicht anders angegeben, und pro Person und Nacht. EZ = Einzelzimmer, DZ = Doppelzimmer, MBL = Mehrbettzimmer oder Lager. »Mitglieder« sind die des Deutschen oder Österreichischen Alpenvereins, des Schweizer Alpen Clubs, des Österreichischen Touristenklubs und der Naturfreunde. Nicht alle Mitgliedschaften werden wechselseitig anerkannt. Ggf. bei Reservierung nachfragen. Sämtliche Angaben ohne Gewähr.

Almen, Gasthöfe, Hotels und Hütten außerhalb geschlossener Ortschaften (alphabetisch nach Namen)

A. Proksch Haus, Inhaber, Warte oder Wirtsleute: Familie Hinterhölzl, Österreich, Tel: (0)6466 / 673, Email: walter.hinterhoelzl@anton-proksch-haus.at, www.anton-proksch-haus.at. Bemerkungen: Nur im Sommer bewirtschaftet. Genaue Zeiten der Bewirtschaftung und Preise für Übernachtungen auf Anfrage bzw. auf der Webseite.
Acherbergalm, Inhaber, Warte oder Wirtsleute: Gotthard u. Elli Frischmann, Hauptstraße 62, 6433 Oetz, Österreich, Tel: (0)664 / 1317585, Fax: (0)650 / 231 7585, Email: geraldfrischmann@hotmail.com. Bemerkungen: Übernachtung nur im äußersten Notfall möglich, z.B. bei schlechter Witterung. Nachts kein Strom; kein Warmwasser.
Adamek Hütte, Inhaber, Warte oder Wirtsleute: Hans Gapp, 4824 Gosau 695, Österreich, Tel: (0)664 / 5473481, Email: reservierung@adamek.at, www.adamek.at. Bemerkungen: Genaue Zeiten der Bewirtschaftung und Preise für Übernachtungen auf Anfrage bzw. auf der Webseite. Reservierung per Email erst nach Bestätigung gültig, da auf der Hütte kein PC. Adresse ist die des Hüttenpächers im Tal.
Ascher Hütte, Inhaber, Warte oder Wirtsleute: Bruno Ladner, Gande 100, 6553 See, Österreich, Tel: (0)5441 / 8330, Email: pfaffenhofen-asch@t-online.de, www.dav-pfaffenhofen-asch.de. Übernachtungen: MBL ÜF: Nichtmitglieder: 16,50, Mitglieder: 13,50, MBL HP: Nichtmitglieder: 32,- Mitglieder: 29,-, bewirtschaftet: Anfang Juli bis Ende September, Bemerkungen: Adresse ist die des Hüttenwirts im Tal.
Bergerhube, Inhaber, Warte oder Wirtsleute: Hubert Berger, Triebental 29, 8785 Hohentauern-Triebental, Österreich, Tel: (0)3618 / 382. Bemerkungen: Genaue Zeiten der Bewirtschaftung und Preise für Übernachtungen auf Anfrage.
Berggasthaus Murgsee, Postfach 3, 8882 Unterterzen, Schweiz, Tel: 00871 / 762 / 826 / 352 (Satellitentelefon, Nummer nur innerhalb der Schweiz gültig), Fax: 00871 / 762 / 826 / 354 (Satellitenfax, s. Telefon), www.murgsee.ch. Übernachtungen: MBL ÜF: Lager: SFr 39,-, MBL

HP: Lager: SFr 62,-, bewirtschaftet: 10. Mai bis Ende Oktober, Bemerkungen: Nachlässe bei Übernachtung und Verpflegung von Kindern. Telefon außerhalb der Zeit der Bewirtschaftung: (0)79 / 341 66 50.

Berghaus Hochschneeberg, Inhaber, Warte oder Wirtsleute: Jaroslav Stastny, 2734 Puchberg, Österreich, Tel: (0)2636 / 2257, Fax: (0)2636 / 2257, Email: berghaus.hochschneeberg@aon.at, bewirtschaftet: Ende April bis Anfang November, Bemerkungen: Preise für Übernachtung auf Anfrage.

Berghaus Jochpass, Inhaber, Warte oder Wirtsleute: Alpgenossenschaft Trübsee, Erwin Gabriel, Jochpass, 6390 Engelberg, Schweiz, Tel: (0)637 / 11 87, Fax: (0)637 / 35 33, Email: info@jochpass.ch, www.jochpass.ch. Übernachtungen: EZ ÜF: SFr 80,-, EZ HP: SFr 110,-, DZ ÜF: SFr 80,-, DZ HP: SFr 110,-, MBL ÜF: SFr 50,-, MBL HP: SFr 75,-, bewirtschaftet: 21. Juni bis 19. Oktober, Bemerkungen: Reservierung telefonisch oder per Kontaktformular auf der Webseite. Übernachtungspreise sind die für die erste Nacht. Nachlässe für die folgenden Nächte SFr 5,- und Preis für die Kinder in Halbpension SFr 4,- pro Alterjahr.

Berghotel Schmittenhöhe, Schmittenhöhe 20, 5700 Zell am See, Österreich, Tel: (0)6542 / 72489, Email: mail@berghotel-schmitten.at, www.berghotel-schmitten.at.

Blackenalp, Inhaber, Warte oder Wirtsleute: Karl Muheim, Tel: (0)79 / 642 38 05. Übernachtungen: MBL ÜF: SFr 18,-, bewirtschaftet: Juni bis September, Bemerkungen: Kleinere Mahlzeiten werden serviert. Keine Postadresse.

Blümlisalphütte, Inhaber, Warte oder Wirtsleute: Bernhard & Vreni Mani, Rufenen, 3723 Kiental, Schweiz, Tel: (0)33 / 676 14 37, Email: gbmani@bluewin.ch, www.bluemlisalphuette.com, bewirtschaftet: Anfang Juli bis Ende September, Bemerkungen: Preise für Übernachtungen auf Anfrage bzw. auf der Webseite. Adresse ist die des Wirtsehepaares im Tal. Telefon Tal: (0)33 / 676 22 91.

Bounavaux, Inhaber, Warte oder Wirtsleute: Alfred Sauteur, Av de Tivoli 3, 1700 Fribourg, Schweiz, Tel: (0)79 / 603 68 78, www.casgruyere.ch/cabanes/bounavaux.htm, bewirtschaftet: Juli bis August durchgängig, Juni und September an den Wochenenden, Bemerkungen: Für die Übernachtung ist eine Reservierung unbedingt erforderlich. Die Bergsteiger müssen ihre Verpflegung mitbringen; »pas de Restauration«. Preise für Übernachtung auf Anfrage.

Brünner Hütte, Österreich, bewirtschaftet: Mitte Juni bis Anfang Oktober, Bemerkungen: Pächterwechsel. Nähere Informationen bei: info@abenteuerpark.at

Bürglhütte, Inhaber, Warte oder Wirtsleute: Familie Voithofer, Am Gaisstein, Bam 9, 5724 Stuhlfelden, Österreich, Tel: (0)676 / 943 9141, Fax: (0)6562 / 4526 4, www.almgasthaus.de/buerglhuette/, Übernach-

tungen: DZ ÜF: 20,-, DZ HP: 30,-, MBL ÜF: 15,-, MBL HP: 25,-, bewirtschaftet: Anfang Juni bis Anfang Oktober.
Dachsteinalm, Inhaber, Warte oder Wirtsleute: Michael Haid, Winkl 31, 4831 Obertraun, Österreich, Tel: (0)6131 / 596 oder (0)664 / 918 41 74, Fax: (0)66477 / 918 41 74, Email: service@dachsteinalm.at, www.dachsteinalm.at. Übernachtungen: EZ ÜF: 33,-, EZ HP: 45,-, DZ ÜF: 28,-, DZ HP: 40,-, MBL ÜF: Bett: 26,-; Lager: 21,-, MBL HP: Bett: 38,-; Lager: 33,-, bewirtschaftet: ganzjährig, Bemerkungen: Adresse ausschließlich für Post. Ermäßigungen für Kinder, Jugendliche und Studenten.
Darmstädter Hütte, Inhaber, Warte oder Wirtsleute: Albert Weiskopf, Adresse für Post: Darmstädter Hütte, 6580 St. Anton a.A., Österreich, Tel: (0)699 / 1544 6313, Fax: (0)5442 / 67525, Email: darmstaedter.huette@gmx.net, www.alpenverein-darmstadt.de. Übernachtungen: MBL ÜF: 8,20 - 27,-, MBL HP: 23,50 - 42,50, bewirtschaftet: Anfang Juli bis Mitte September, Bemerkungen: Adresse ist die des Hüttenwirts im Tal.
Dortmunder Hütte, Inhaber, Warte oder Wirtsleute: Tabernigg Monika, Kühtai 2, 6183 Kühtai, Österreich, Tel: (0)5239 / 5202, Fax: (0)5239 / 21619, Email: info@dortmunderhuette.at, www.dortmunderhuette.at, bewirtschaftet: Juni bis Ende Oktober, Bemerkungen: Preise für Übernachtung auf der Webseite.
Erich Hütte, Inhaber, Warte oder Wirtsleute: Maria Bürgler, Berg 26, 5652 Dienten, Österreich, Tel: (0)664 / 26 43 553, Email: alpenverein.lend.dienten@sbg.at, bewirtschaftet: Mitte Mai bis Ende Oktober, Bemerkungen: Preise auf Anfrage.
Erla Hütte, Österreich, Tel: (0)663 / 563 94 oder (0)664 / 224 9548. Bemerkungen: Hütte verfügt über insgesamt 3 Matratzenlager. Konditionen und Preise für eine Übernachtung auf Anfrage. Keine Postadresse.
Franzlbauer, Inhaber, Warte oder Wirtsleute: Erich Nestelbacher, 8765 St. Johann am Tauern-Bärntal, Österreich, Tel: (0)664 / 903 00 21, bewirtschaftet: Mai bis Oktober, Bemerkungen: Preise für Übernachtung auf Anfrage.
Fromatthütte, Inhaber, Warte oder Wirtsleute: Gottfried Trachsel, Am Bach-Weg 5, 3771 Blankenburg, Schweiz, Tel: (0)33 / 722 20 03, Email: HuettenchefFromatt@sac-wildhorn.ch. Bemerkungen: Adresse ist die des Hüttenwarts. Hütte ist immer geschlossen, der Schlüssel muß beim Hüttenwart reserviert und abgeholt werden. Nach Benutzung der Hütte kann man den Schlüssel per Post zurückschicken. Die Hütte ist nur auf Anfrage bewartet. Preise auf Anfrage.
Fuchswirt, 6131 Kelchsau, Österreich, Tel: (0)5335 / 7171, Fax: (0)5335 / 7171 4. Bemerkungen: Pächterwechsel. Nähere Informationen beim Infobüro Kelchsau.

Gamssteiner Nestl (im Gamststeinhaus), Inhaber, Warte oder Wirtsleute: Kaspar Tourist Service KEG (Holzgasse 17, 6020 Innsbruck), Loasweg 11, 6130 Pill, Österreich, Tel: (0)664 / 6559948, Fax: (0)512 / 266696, Email: kontakt@gamsstein.at, bewirtschaftet: Selbstversorgerunterkunft ganzjährig, 17,- pro Person und Nacht, Minimum pro Nacht und Gruppe 77,-. Bis zu 17 Personen, mit Stube, Küche, Bad, WC, Schlaflager.

Gamssteinhaus, Inhaber, Warte oder Wirtsleute: Kaspar Tourist Service KEG (Holzgasse 17, 6020 Innsbruck), Loasweg 11, 6130 Pill, Österreich, Tel: (0)664 / 6559948, Fax: (0)512 / 266696, Email: kontakt@gamsstein.at, www.gamsstein.at. Übernachtungen: EZ ÜF: 22,-, EZ HP: 28,-, DZ ÜF: 22,-, DZ HP: 28,-, MBL ÜF: 22,-, MBL HP: 28,-, bewirtschaftet: für Gruppen ganzjährig.

Gasthaus Moderstock, Inhaber, Warte oder Wirtsleute: Fam. Feller Helga und Bianca, Langer Grund 30, 6361 Kelchsau, Österreich, Tel: (0)664 / 9201959, bewirtschaftet: ganzjährig, Mittwoch Ruhetag, Bemerkungen: Preise für Übernachtung auf Anfrage.

Gasthaus zum Bergkreuz, Inhaber, Warte oder Wirtsleute: Irmgard und Karl Reichart, Walchen 44, 8960 Öblarn, Österreich, Tel: (0)3684 / 2129, Email: info@ghzb.at. Bemerkungen: Genaue Zeiten der Bewirtschaftung und Preise für Übernachtungen auf Anfrage.

Göriacher Alm - Gasthaus, Inhaber, Warte oder Wirtsleute: Herwig Strobl, Graßnitz 15, 8624 Au, Österreich, Tel: (0)3863 / 2192, bewirtschaftet: Durchgehend geöffnet von Juni bis Mitte September; im Oktober an den Wochenenden, Bemerkungen: Nur Mehrbettzimmer/Lager. Preise auf Anfrage, Hunde erlaubt.

Graf Meran Schutzhaus, Inhaber, Warte oder Wirtsleute: Franz Saubart, Klein Veitsch 101, 8663 Klein Veitsch, Österreich, Tel: (0)664 / 151 3220, www.oetk.at/index.htm?/huetten/17.htm, bewirtschaftet: durchgehend von Mitte Mai bis Mitte Oktober, Bemerkungen: Nur Mehrbettzimmer/Lager. Preise auf Anfrage.

Grimmi Alphütte, Inhaber, Warte oder Wirtsleute: Jakob u. Ida Erb, Grunholz , 3757 Schwenden, Schweiz, Tel: (0)33 / 684 15 48 oder (0)79 / 442 66 19, www.diemtigtal-tourismus.ch/Unterkuenfte/restaurant.html#schwende, bewirtschaftet: Mitte Juni bis Ende September, Bemerkungen: Preise für Übernachtung auf Anfrage. Adresse ist die der Besitzer im Tal.

Große Scheidegg, Inhaber, Warte oder Wirtsleute: Familie Müller-Ugolini, 3818 Grindelwald, Schweiz, Tel: (0)33 / 853 67 16, Fax: (0)33 / 853 67 19, Email: info@grosse-scheidegg.ch, www.grossescheidegg.ch.vu. Bemerkungen: Zeiten der Bewirtschaftung und Preise für Übernachtungen auf Anfrage.

Gspaltenhornhütte, Inhaber, Warte oder Wirtsleute: Rosmarie & Christian Bleuer, Steinbillen 12, 3818 Grindelwald, Schweiz, Tel: (0)33 / 676

16 29, Email: info@gspaltenhornhuette.ch, www.gspaltenhornhuette.ch. Übernachtungen: MBL ÜF: 36,-, MBL HP: 59,-, bewirtschaftet: Mitte Juni bis Anfang Oktober, Bemerkungen: Adresse ist die der Hüttenwirte im Tal.
Halleranger Alm, Inhaber, Warte oder Wirtsleute: Fam. Schallhart, Tel: (0)5213 / 5277, www.halleranger-alm.at. Übernachtungen: MBL: Bett: ohne Frühstück: 11,-, mit Frühstück: 18,-; Lager: ohne Frühstück: 7,-, mit Frühstück: 14,- 24,-, MBL HP: Bett: 29,-; Lager: 24,-, Bemerkungen: Zeiten der Bewirtschaftung auf der Webseite. Reservierung für Übernachtungen über Online-Formular.
Halleranger Haus, Inhaber, Warte oder Wirtsleute: Anni & Georg Seger, Mauern 66, 6150 Steinach, Österreich, Tel: (0)5213 / 5326, Fax: (0)5213 / 5326, Email: office@hallerangerhaus.at, www.halleranger haus.at. Bemerkungen: Zeiten der Bewirtschaftung und Preise für Übernachtungen auf Anfrage bzw. auf der Webseite. Adresse ist die der Hüttenwirte im Tal.
Häuselalm, St. Ilgen 115, 8621 St. Ilgen, Österreich, Tel: (0)664 / 950 3352, bewirtschaftet: Anfang Juni bis Ende Oktober, Bemerkungen: Preise für Übernachtungen auf Anfrage.
Heilbronner Hütte, Inhaber, Warte oder Wirtsleute: Manfred Immler, Inner Tobel 106 C, 6793 Gaschurn, Österreich, Tel: (0)5446 / 2954, Fax: (0)5558 / 8729, Email: info@heilbronnerhuette.at, www.heilbronner huette.at. Übernachtungen: DZ ÜF: Übernachtungsgebühr des DAV zzgl. 7,-, DZ HP: Übernachtungsgebühr des DAV zzgl. 21,-, MBL ÜF: Übernachtungsgebühr des DAV zzgl. 7,-, MBL HP: Übernachtungsgebühr des DAV zzgl. 21,-, bewirtschaftet: generell Mitte Juni bis Anfang Oktober, abhängig von der Witterung. Bemerkungen: Adresse ist die des Hüttenwirts im Tal.
Hofpürgl Hütte, Inhaber, Warte oder Wirtsleute: Dipl. Ing. Heinz Sudra, Passauerstrasse 9, 4190 Bad Leonfelden, Österreich, Tel: (0)6453 / 8304 oder (0)676 / 3718566, Fax: (0)6453 / 8304, Email: heinz.sudra@jku.at, www.alpenverein.at/linz/Huetten/110_hofpuergl huette.php. Übernachtungen: MBL ÜF: Bett: Nichtmitglieder: 22,-, Mitglieder: 10,50; Lager: Nichtmitglieder: 16,-, Mitglieder: 7,50, bewirtschaftet: Anfang Juni bis Ende September, Bemerkungen: Adresse ist die des Pächters im Tal. Preise für Halbpension auf Anfrage.
Hotel Engstlenalp, Inhaber, Warte oder Wirtsleute: Fam. Fritz Immer, 3862 Innertkirchen, Schweiz, Tel: (0)33 / 975 1161, Fax: (0)33 / 975 1361, Email: hotel@engstlenalp.ch, www.engstlenalp.ch. Übernachtungen: EZ ÜF: SFr 140,- (Doppelzimmer als Einzelzimmer), EZ HP: SFr 165,- (Doppelzimmer als Einzelzimmer), DZ ÜF: SFr 90,-, DZ HP: SFr 115,-, MBL ÜF: Bett: SFr 65,-, Lager: SFr 38,-, MBL HP: Bett: SFr 90,-, Lager: SFr 63,-, bewirtschaftet: Anfang Mai bis Ende Oktober, Bemerkungen: Adresse ist ausschließlich für Post. Übernachtungsprei-

se sind die für die erste Nacht. Nachlässe für die folgenden Nächte und für Kinder.

Hotel Rosenlaui, Inhaber, Warte oder Wirtsleute: Fam. Andreas und Christine Kehrli-Moser, 3860 Rosenlaui, Schweiz, Tel: (0)33 / 971 29 12, Email: info@rosenlaui.ch, www.rosenlaui.ch. Übernachtungen: EZ HP: SFr 125,-, DZ HP: SFr 105,-, MBL HP: SFr 70,- (Schlafsack und Handtücher mitbringen), bewirtschaftet: Anfang Mai bis Mitte Oktober, Bemerkungen: Übernachtungspreise gelten bei einer Übernachtung, bei mehrtägigen Aufenthalten SFr 15,- pro Person Nachlaß.

Hotel-Restaurant Oeschinensee, Inhaber, Warte oder Wirtsleute: David Wandfluh, 3718 Kandersteg, Schweiz, Tel: (0)33 / 675 1119, Fax: (0)33 / 675 1666, Email: info@oeschinensee.ch, www.oeschinensee.ch/kategorie/sommer_de/3/. Übernachtungen: EZ ÜF: Woche: SFr 90,-, Wochenende: SFr 100,-, DZ ÜF: Woche: SFr 75,-, Wochenende: 85,-, MBL ÜF: Lager: Sfr 43,-, Bemerkungen: Genaue Zeiten der Bewirtschaftung auf Anfrage.

Jausenstation Gamperhütte, Inhaber, Warte oder Wirtsleute: Perchthaler Günter, Bretstein vor der Kirche 4, 8763 Bretstein, Österreich. Übernachtungen: MBL ÜF: 20,-, bewirtschaftet: Anfang Juni bis Ende September, Bemerkungen: Adresse ist die des Wirtes im Dorf.

Karwendelrast, Inhaber, Warte oder Wirtsleute: Eduard Astner, Vomperberg 55, 6134 Vomp, Österreich, Tel: (0)5242 / 62251. Bewirtschaftet: Montag und Dienstag Ruhetag, Bemerkungen: Preise für Übernachtung auf Anfrage.

Klöntaler See, Zeltplatz Güntlenau, Inhaber, Warte oder Wirtsleute: Gaby Berzel und Hanspeter Spörri, Postfach 920, 8750 Glarus, Schweiz, Tel: (0)55 / 640 4408, Email: guentlenau@zgl.ch, www.zkgl.ch/ZKG/Guentlenau.html, offen: Anfang Mai bis Ende September, Bemerkungen: Preise auf Anfrage.

Konstanzer Hütte, Inhaber, Warte oder Wirtsleute: Fam. Jankowitsch, Augasse 1c, 6719 Bludesch, Österreich, Tel: (0)664 / 5124787, Fax: (0)5550 / 24588, Email: konstanzerhuette@aon.at, www.konstanzerhuette.at. Übernachtungen: MBL ÜF: Bett: Nichtmitglieder: 18,20, Mitglieder: 9,10; Lager: Nichtmitglieder: 12,40, Mitglieder: 6,20, MBL HP: Bett: Nichtmitglieder: 39,20, Mitglieder: 30,10; Lager: Nichtmitglieder: 33,40, Mitglieder: 27,20, bewirtschaftet: witterungsabhängig, Bemerkungen: Preise für Einzel- und Doppelzimmer auf Anfrage. Aktuelle Informationen zur Bewirtschaftung auf der Webseite. Adresse ist die der Pächter im Tal.

La Forcla, Inhaber, Warte oder Wirtsleute: Fam. Heinrich von Grünigen, 3777 Saanenmöser, Schweiz, Tel: (0)4179 / 656 6044. Übernachtungen: MBL ÜF: Lager: 13,-, bewirtschaftet: Mitte Juni bis Mitte September, Bemerkungen: Adresse ist die eines der Besitzer im Tal.

Labalm, Inhaber, Warte oder Wirtsleute: Familie Hanni & Harald Klingsbigl, 6365 Kirchberg i.T., Aschau-Spertental, Österreich, Tel: (0)5357 / 2158, Fax: (0)5357 / 2158 21, Email: office@labalm.at, www.labalm.at, bewirtschaftet: Mai bis Oktober, Bemerkungen: Preise für Übernachtung auf Anfrage.

Landecker Schihütte, Inhaber, Warte oder Wirtsleute: Wolfgang Büsel, Innstraße 42b, 6500 Landeck, Österreich, Tel: (0)676 / 56 41 365, Email: landecker-schihuette@utanet.at, www.skl.co.at/huette/huette.htm, bewirtschaftet: Selbstversorger, Schlüssel ganzjährig über den Hüttenkoordinator erhältlich. Bemerkungen: Adresse ist die des Schihüttenkoordinators im Tal. Vermietung des unteren Raumes auch an Nichtmitglieder.

Les Marindes, Inhaber, Warte oder Wirtsleute: Jean Barras, La Gottaz, 1648 Hauteville, Schweiz, Tel: (0)26 / 915 31 07 oder (0)79 / 751 88 85, Email: webmaster@cas-gruyere.ch, www.cas-gruyere.ch/cabanes/marindes.htm, bewirtschaftet: Ende Juni bis Ende August durchgängig, darüber hinaus Mitte Mai bis Oktober an den Wochenenden, Bemerkungen: Adresse ist die eines der Warte im Tal. Die Bergsteiger müssen ihre Verpflegung mitbringen, »pas de Restauration«.

Lidernen Hütte, Inhaber, Warte oder Wirtsleute: Irène Kamer und Pius Fähndrich, Neudorfstrasse 1, 6312 Steinhausen, Schweiz, Tel: (0)741 / 12 07, Hütte: (0)41 / 820 29 70, Fax: (0)741 / 12 07, Email: info@lidernenhuette.ch, www.lidernenhuette.ch/home.htm. Übernachtungen: MBL ÜF: Mitglieder: SFr 32.-, Nichtmitglieder: SFr 43,-, MBL HP: Mitglieder: SFr 55.-, Nichtmitglieder: SFr 66,-, bewirtschaftet: Mitte Juni bis Mitte Oktober, Bemerkungen: Adresse ist die der Warte/Pächter im Tal. Reservierung auch über Kontaktformular auf der Webseite möglich.

Lindauer Hütte, Inhaber, Warte oder Wirtsleute: Thomas Beck, Haus Zirma , 6708 Brand, Österreich, Tel: (0)664 / 503 3456, Email: lindauerhuette@aon.at, www-Adresse: http://members.aon.at/lindauerhuette. Übernachtungen: MBL ÜF: Bett: Nichtmitglieder: 23,80, Mitglieder: 16,30; Lager: Nichtmitglieder: 17,80, Mitglieder: 12,80, MBL HP: Bett: Nichtmitglieder: 31,80, Mitglieder: 22,80; Lager: Nichtmitglieder: 25,80, Mitglieder: 19,30, bewirtschaftet: Ende Mai bis Mitte Oktober, Bemerkungen: Adresse ist die des Pächters im Tal. Halbpension setzt sich zusammen aus Übernachtung, Frühstück und Bergsteigeressen.

Matras Haus, Inhaber, Warte oder Wirtsleute: Roman Kurz, Postadresse: Matrashaus, 5505 Mühlbach am Hochkönig, Österreich, Tel: (0)6467 / 7566, www.matrashaus.at. Übernachtungen: MBL ÜF: Bett: Nichtmitglieder: 26,20, Mitglieder: 20,50; Lager: Nichtmitglieder: 20,50, Mitglieder: 16,20, bewirtschaftet: Juni bis Mitte oder Ende Oktober, Bemerkungen: Reservierungsanfragen nur über Telefon. Abendessen um 18 Uhr (ein Gericht), bis 17 Uhr Speiseauswahl von der Karte.

Mörsbachhütte, Inhaber, Warte oder Wirtsleute: Cornelia Ott, Hötzelweg 7, 4451 Garsten, Österreich, Tel: (0)3680 / 240, Email: graz@sektion.alpenverein.at, bewirtschaftet: Anfang Juni bis Ende Oktober, Bemerkungen: Adesse ist die der Pächterin im Tal. Preise auf Anfrage.
Neue Bielefelder Hütte, Inhaber, Warte oder Wirtsleute: Werner Schöpf, Tel: (0)5252 / 6926, Email: huette@alpenverein-bielefeld.de, www.alpenverein-bielefeld.de/huette/index.php, bewirtschaftet: 15. Juni bis Ende September, Bemerkungen: Preise für Übernachtung auf Anfrage bzw. auf der Webseite. Keine Postadresse.
Ostpreußen Hütte, Inhaber, Warte oder Wirtsleute: Roman Fantur, Reitsam, Postfach 16, 5450 Werfen, Österreich, Tel: (0)6468 / 7146, Email: ostpreussenhuette@aon.at, www.ostpreussenhuette.at, bewirtschaftet: Anfang Mai bis Ende Oktober, Bemerkungen: Frühstücksbuffet: 4,- (Kinder), 7,- (Erwachsene). Abendessen von der Karte. Preise der Schlafplätze siehe Homepage (AV-Hütte).
Ottohaus, Inhaber, Warte oder Wirtsleute: Fritz Scharfegger, Hauptstrasse 43, 2651 Reichenau, Österreich, Tel: (0)2666 / 52402, Email: bernd.scharfegger@raxseilbahn.at, bewirtschaftet: Anfang Mai bis Anfang November, Bemerkungen: Adresse ist die des Pächters im Tal. Preise für Übernachtung auf Anfrage.
Paß Thurn - Ferienhotel, Inhaber, Warte oder Wirtsleute: Familie Schöppl-Obermoser, Pass Thurn 11, 5370 Mittersill, Österreich, Tel: (0)6562 / 8377, Fax: (0)6562 / 8377 90, Email: passthurn@adis.at, www.passthurn.at. Übernachtungen: EZ ÜF: 39,-, EZ HP: 49,-, DZ ÜF: 39,-, DZ HP: 49,-, bewirtschaftet: ganzjährig.
Pfeis Hütte, Inhaber, Warte oder Wirtsleute: Gstrein Serafin, Seestraße 10, 6450 Sölden, Österreich, Tel: (0)512 / 292 333, Tal: (0)5254 / 30354, Email: info@seldon.at, www.pfeishuette.at. Übernachtungen: MBL ÜF: Bett im Zimmer: Nichtmitglieder: 24,50, Mitglieder: 15,20; Lager: Nichtmitglieder: 21,50, Mitglieder: 13,70, MBL HP: Bett im Zimmer: Nichtmitglieder: 39,50, Mitglieder: 30,20; Lager: Nichtmitglieder: 36,50, Mitglieder: 28,70, bewirtschaftet: Ende Mai bis Mitte Oktober, Bemerkungen: Halbpension: Dreigängiges Abendmenue und Marschtee. Zweibettzimmer auf Anfrage.
Pinzgauer Hütte, Inhaber, Warte oder Wirtsleute: Familie Torghele, Golfstrasse 5, 5700 Zell am See, Österreich, Tel: (0)6549 / 7861, Fax: (0)549 /7861, Email: pinzgauer-huette@sbg.at, www.pinzgauer-huette.at. Übernachtungen: DZ ÜF: Nichtmitglieder: 25,-, Mitglieder: 21,-, MBL ÜF: Nichtmitglieder: 21,-, Mitglieder: 18,-, bewirtschaftet: Anfang Juni bis Mitte Oktober, Bemerkungen: Preise DZ sind auch diejenigen für Vierbettzimmer.
Reichensteinhütte, Inhaber, Warte oder Wirtsleute: Monika Pilat, Waasenplatz 5-6, 8700 Leoben, Österreich, Tel: (0)664 / 983 6164, Email:

leoben@sektion.alpenverein.at, www.alpenverein.at/leoben. Übernachtungen: EZ ÜF: Nichtmitglieder: ab 26,40, Mitglieder: ab 16,40, DZ ÜF: Nichtmitglieder: ab 26,40, Mitglieder: ab 16,40, bewirtschaftet: Ende Mai bis Mitte Oktober, Bemerkungen: Anmeldung nur telefonisch, kein Email auf der Hütte. Keine Halbpension, Hauptspeisen ab 6,-.
Rotstockhütte, Inhaber, Warte oder Wirtsleute: Skiclub Stechelberg, 3824 Stechelberg, Schweiz, Tel: (0)33 / 855 24 64, Email: info@rotstockhuette.ch. Übernachtungen: MBL ÜF: ab SFr 18,-, bewirtschaftet: Anfang Juni bis Ende September, Bemerkungen: HP-Preise bei Drucklegung nicht bekannt.
Schesaplana Hütte, Inhaber, Warte oder Wirtsleute: Hans und Erna Gansner, Bühel, 7212 Seewis Dorf, Schweiz, Tel: (0)81 / 325 1163 oder (0)79 / 647 66 80, Fax: (0) 81 / 325 3524, Email: haga@schesaplana-huette.ch, www.schesaplana-huette.ch. Übernachtungen: DZ HP: SFr 65,-, MBL ÜF: Nichtmitglieder: SFr 35,-, Mitglieder: SFr 32,-, MBL HP: Nichtmitglieder: SFr 53,-, Mitglieder: SFr 50,-, Bemerkungen: Kurzfristige Reservierungen nur telefonisch. Genaue Zeiten der Bewirtschaftung auf Anfrage bzw. auf der Webseite. Preisänderungen möglich!
Seebergalm, Inhaber, Warte oder Wirtsleute: Johann Wurzenberger, Seebergalm 28, 8636 Seewiesen, Österreich, Tel: (0)3863 / 8112, bewirtschaftet: ganzjährig, Bemerkungen: Preise auf Anfrage. Ausschließlich Doppelzimmer, die nur im Sommer an Wanderer vermietet werden. Hunde erlaubt.
Simony Hütte, Inhaber, Warte oder Wirtsleute: Michael Haid, Schildlehen 79, 8972 Ramsau, Österreich, Tel: (0)3622 / 52322 oder (0)664 / 918 41 74, Fax: (0)66477 / 918 41 74, Email: service@bergzentrum.at, www.bergzentrum.at. Übernachtungen: EZ ÜF: Nichtmitglieder: 58,- Mitglieder: 45,-, EZ HP: Nichtmitglieder: 70,- Mitglieder: 57,-, DZ ÜF: Nichtmitglieder: 43,- Mitglieder: 30,-, DZ HP: Nichtmitglieder: 55,-, Mitglieder: 42,-, MBL ÜF: Bett: Nichtmitglieder: 31,- Mitglieder: 18,-, Lager: Nichtmitglieder: 25,-, Mitglieder: 15,-, MBL HP: Bett: Nichtmitglieder: 51,-, Mitglieder: 38,-; Lager: Nichtmitglieder: 45,-; Mitglieder: 35,-, bewirtschaftet: ganzjährig, Bemerkungen: Hüttenwirt ist Bergführer und kann genaue alpine Auskunft geben. Vielfältige vegetarische Küche. Adresse ist ausschließlich für Post.
Solstein Haus, Inhaber, Warte oder Wirtsleute: Fankhauser Robert, Schulweg 5a, 6167 Neustift im Stubaital, Österreich, Tel: (0)5232 / 81557, Fax: (0)5232 / 81557, Email: robert@fankhauser.at, www.solsteinhaus.com, bewirtschaftet: nur im Sommer, Bemerkungen: Genaue Zeiten der Bewirtschaftung und Preise für Übernachtungen auf Anfrage bzw. auf der Webseite. Adresse ist die des Wirtes im Tal.
Spitzmeilenhütte, Inhaber, Warte oder Wirtsleute: Anita Neff Gadient und Paul Gadient, Strazza Clevelau, 8894 Flumserberg Saxli, Schweiz,

Tel: (0)79 / 607 71 25 oder (0)81 / 733 22 32, Email: spitzmeilen@sac-piz-sol.ch, www.sac-piz-sol.ch/huetten. Bemerkungen: Genaue Zeiten der Bewirtschaftung und Preise für Übernachtungen auf Anfrage bzw. auf der Webseite.

Statzer Haus, Aberg 31, 5761 Maria Alm, Österreich, Tel: (0)6542 / 74438, www.oetk.at/index.htm?/huetten/40.htm, bewirtschaftet: Pfingsten bis Oktober durchgehend, Bemerkungen: Preise für Übernachtung auf Anfrage.

Steinberghaus - Gasthaus Steinberg, Inhaber, Warte oder Wirtsleute: Josef Grafl, Hinterwindau 54, 6363 Westendorf, Österreich, Tel: (0)5334 / 2534 (Tal), Fax: (0)5334 / 6958, Email: gh.steinberg@a1.net, www.gasthaus-steinberg.at. Übernachtungen: EZ ÜF: 27,-, EZ HP: 35,-, DZ ÜF: 25,-, DZ HP: 33,-, MBL ÜF: 25,-, MBL HP: 33,-, bewirtschaftet: Anfang Mai bis Ende Oktober, Bemerkungen: Mittwoch Ruhetag, warme Küche von 11.30-14.00 und 18.00-20.30.

Totalp Hütte, Inhaber, Warte oder Wirtsleute: Helmut Gasser, Tobler Viehweide 10, 6850 Dornbirn, Österreich, Tel: (0)664 / 2400260, www-Adresse: http://members.aon.at/totalphuette. Übernachtungen: MBL ÜF: Nichtmitglieder: 17,20, Mitglieder: 12,20, MBL HP: Nichtmitglieder: 24,-, Mitglieder: 18,40, bewirtschaftet: etwa Mai bis Anfang Oktober, Bemerkungen: Adresse ist die des Wirts im Tal. Halbpension setzt sich aus Übernachtung, großem Frühstück und Bergsteigeressen zusammen.

Venetalm, Inhaber, Warte oder Wirtsleute: Grall Alexandra, Imsterberg 8, 6460 Imst, Österreich, Tel: Tal: (0)5412 / 67870, Hütte: (0)5412 / 64455. Übernachtungen: MBL ÜF: ca. 16,-, MBL HP: ca. 26,-, Bemerkungen: Matzratzenlager. Nur im Sommer bewirtschaftet, genaue Zeiten bitte telefonisch erfragen.

Weichtalhaus, Inhaber, Warte oder Wirtsleute: Manfred Rottensteiner, Hirschwang 109, 2651 Reichenau an der Rax, Österreich, Tel: (0)2666 / 53620, Email: weichtalhaus@gmx.at, weichtalhaus@naturfreunde.at, www-Adresse: http://members.aon.at/weichtalhaus/. Übernachtungen: MBL ÜF: Bett: Nichtmitglieder: 18,50, Mitglieder: 15,50, Lager: Nichtmitglieder: 15,50, Mitglieder: 12,50, bewirtschaftet: Ostern bis Allerseelen, Bemerkungen: Adresse ist die Privatadresse des Wirts.

Wormser Hütte, Inhaber, Warte oder Wirtsleute: Manfred Zwischenbrugger, Lustenauer Straße 1, 6845 Hohenems, Österreich, Tel: (0)664 / 1320325, Email: huette@dav-worms.de, www.dav-worms.de, bewirtschaftet: Mitte Juni bis Mitte Oktober, Bemerkungen: Preise für Übernachtung auf Anfrage bzw. auf der Webseite. Adresse ist die des Hüttenwirts im Tal.

Unterkünfte und Zeltplätze innerhalb geschlossener Ortschaften (alphabetisch nach Orten)

Adelboden

Hotels

Adler Sporthotel, Inhaber oder Wirtsleute: Käthi u. Lothar Loretan und das Adler-Ferienteam, Dorfstraße 19, 3715 Adelboden, Schweiz, Tel.: (0)33 / 673 41 41, Fax: (0)33 / 673 42 39, Email: info@AdlerAdelboden.ch, www.adlerAdelboden.ch. Übernachtungen: EZ ÜF: 70,- - 87,-, EZ HP: plus 26,-, DZ ÜF: 57,- - 73,50, DZ HP: plus 26,-, bewirtschaftet: ganzjährig. Bemerkungen: Ortsteil »Dorf«. Preise nur für Sommersaison. Schwankungen zwischen Haupt- und Nebensaison möglich.

Hotel Bären, Inhaber oder Wirtsleute: Christine und Peter Willen, Dorfstraße 22, 3715 Adelboden, Schweiz, Tel.: (0)33 / 673 21 51, Fax: (0)33 / 673 21 90, Email: hotel@baeren-adelboden.ch, www.baeren-adelboden.ch. Übernachtungen: EZ ÜF: 49,- - 52,-, EZ HP: plus 23,-, DZ ÜF: 48,50 - 61,50, DZ HP: plus 23,-, bewirtschaftet: ganzjährig. Bemerkungen: Ortsteil »Dorf«. Preise nur für Sommersaison. Schwankungen zwischen Haupt- und Nebensaison möglich.

Hotel Beau-Site, Inhaber oder Wirtsleute: Markus Luder, Dorfstraße 5, 3715 Adelboden, Schweiz, Tel.: (0)33 / 673 22 22, Fax: (0)33 / 673 33 33, Email: hotelbeausite@bluewin.ch, www.hotelbeausite.ch. Übernachtungen: EZ HP: 78,- - 124,-, DZ HP: 75,- - 94,50, bewirtschaftet: ganzjährig. Bemerkungen: Ortsteil »Dorf«. Preise nur für Sommersaison. Schwankungen zwischen Haupt- und Nebensaison möglich.

Hotel Bernerhof garni, Inhaber oder Wirtsleute: Thomas Müller, Dorfstraße 68, 3715 Adelboden, Schweiz, Tel.: (0)33 / 673 14 31, Fax: (0)33 / 673 41 10, Email: info@bernerhof-adelboden.ch, www.bernerhof-adelboden.ch. Übernachtungen: EZ HP: 41,- - 43,-, DZ HP: 41,- - 43,-, bewirtschaftet: ganzjährig. Bemerkungen: Ortsteil »Dorf«. Preise nur für Sommersaison. Schwankungen zwischen Haupt- und Nebensaison möglich.

Hotel Crystal, Inhaber oder Wirtsleute: Eva und Donald Wick, Schlegelistraße 2, 3715 Adelboden, Schweiz, Tel.: (0)33 / 673 92 92, Fax: (0)33 / 673 92 72, Email: info@crystal-adelboden.ch, www.crystal-adelboden.ch. Übernachtungen: EZ HP: 87,- - 97,-, DZ HP: 73,50 - 83,50, bewirtschaftet: ganzjährig. Bemerkungen: Ortsteil Schlegeli. Preise nur für Sommersaison. Schwankungen zwischen Haupt- und Nebensaison möglich.

Hotel Hari im Schlegeli, Inhaber oder Wirtsleute: Fam. Bernd Zanker, Gartenweg 5, 3715 Adelboden, Schweiz, Tel.: (0)33 / 673 19 66, Fax: (0)33 / 673 22 90, Email: schlegeli@bluewin.ch, www.hotelhari.ch. Übernachtungen: EZ HP: 80,- - 95,-, DZ HP: 50,50 - 55,50, bewirtschaftet: ganzjährig. Bemerkungen: Ortsteil Schlegeli. Preise nur für Sommersaison. Schwankungen zwischen Haupt- und Nebensaison möglich.
Hotel Regina, Dorfstraße 7, 3715 Adelboden, Schweiz, Tel.: (0)33 / 673 83 83, Fax: (0)33 / 673 83 80, Email: Adelboden@solishotels.com. Übernachtungen: EZ ÜF: auf Anfrage, EZ HP: auf Anfrage, DZ ÜF: auf Anfrage, DZ HP: auf Anfrage, bewirtschaftet: ganzjährig. Bemerkungen: Ortsteil »Dorf«.
Hotel Viktoria Eden, Inhaber oder Wirtsleute: Hanni und Edi Pieren-Reber und Team, Dorfstraße 15, 3715 Adelboden, Schweiz, Tel.: (0)33 / 673 88 88, Fax: (0)33 / 673 88 89, Email: office@viktoria-eden.ch, www.viktoria-eden.ch. Übernachtungen: EZ ÜF: 68,-, EZ HP: plus 20,-, DZ ÜF: 55,-, DZ HP: plus 20,-, bewirtschaftet: ganzjährig. Bemerkungen: Ortsteil »Dorf«. Preise nur für Sommersaison. Schwankungen zwischen Haupt- und Nebensaison möglich.

Privatunterkünfte
Alpengruss, Inhaber oder Wirtsleute: Ruth und Peter Klopfenstein, Alpenweg 6, 3715 Adelboden, Schweiz, Tel.: (0)33 / 673 34 83, Fax: (0)33 / 673 34 65, Email: alps.fun@tcnet.ch. Übernachtungen: DZ ÜF: 16,50 - 22,50, bewirtschaftet: ganzjährig. Bemerkungen: Nichtraucherzimmer. Preise nur für Sommersaison.

Zeltplätze
Camping Albo, Inhaber oder Wirtsleute: Heinz und Cathrine Burn, Landstraße 68, 3715 Adelboden, Schweiz, Tel.: (0)33 / 673 12 09, Email: info@albo-adelboden.ch, www.albo-adelboden.ch, bewirtschaftet: Anfang Juni bis Ende Oktober. Zelt: SFr 6,- - 9,- pro Nacht, Erwachsene: SFr 5,50 p. Pers., Kinder frei.

Altdorf
Gasthöfe
Berggasthaus Eggberge, Inhaber oder Wirtsleute: Familie Rickenbacher, Eggberge, 6460 Altdorf, Schweiz, Tel.: (0)41 / 870 28 66, Fax: (0)41 / 870 28 66, Email: berggasthaus.eggberge@bluemail.ch. Übernachtungen: EZ ÜF: 50,-, MBL ÜF: 18,- - 36,-, bewirtschaftet: Angaben f.d. Sommer bitte erfragen, über Winter zu. Bemerkungen: Preisänderungen vorbehalten!

Unterkünfte 235

Berggasthaus Seeblick, Inhaber oder Wirtsleute: Familie Karrer, Eggberge, 6460 Altdorf, Schweiz, Tel.: (0)41 / 870 36 66, Fax: (0)41 / 871 15 22, Email: seeblickeggberge@tiscali.ch. Übernachtungen: EZ ÜF: 50,-, MBL ÜF: 30,-, bewirtschaftet: Angaben f.d. Sommer bitte erfragen, über Winter zu. Bemerkungen: Preisänderungen vorbehalten!

Hotels

Hotel Bahnhof, Inhaber oder Wirtsleute: E. und R. Jacober, Bahnhof Altdorf, 6460 Altdorf, Schweiz, Tel.: (0)41 / 870 10 32, Fax: (0)41 / 870 99 32, Email: info@bahnhof-altdorf.ch, www.bahnhof-altdorf.ch. Übernachtungen: EZ ÜF: 50,-, DZ ÜF: 45,-, MBL ÜF: auf Anfrage. Bemerkungen: Preisänderungen vorbehalten!

Hotel Goldener Schlüssel, Inhaber oder Wirtsleute: Fabian Lombris, Schützengasse 9, 6460 Altdorf, Schweiz, Tel.: (0)41 / 871 20 02, Fax: (0)41 / 870 11 67, Email: info@hotelschluessel.ch, www.hotelschluessel.ch. Übernachtungen: EZ ÜF: 110,-, DZ ÜF: 80,-, MBL ÜF: Familienzimmer auf Anfrage. Bemerkungen: Preisänderungen vorbehalten!

Hotel Höfli, Inhaber oder Wirtsleute: Familie Schuler-Schuppisser, Hellgasse 20, 6460 Altdorf, Schweiz, Tel.: (0)41 / 875 02 75, Fax: (0)41 / 875 02 95, Email: info@hotel-hoefli.ch, www.hotel-hoefli.ch. Übernachtungen: EZ ÜF: 80,-/100,-, DZ ÜF: 65,-/77,50, MBL ÜF: Familienzimmer auf Anfrage. Bemerkungen: Preisänderungen vorbehalten!

Hotel Reiser, Inhaber oder Wirtsleute: Familie Lusser-Ryter, Beim Telldenkmal, 6460 Altdorf, Schweiz, Tel.: (0)41 / 870 10 66, Fax: (0)41 / 870 21 27, Email: hotel@reiser.ch, www.reiser.ch. Übernachtungen: EZ ÜF: 130,-/150.-, DZ ÜF: 80,-/110,-. Bemerkungen: Preisänderungen vorbehalten!

Privatunterkünfte

Haus im Zopfgarten, Inhaber oder Wirtsleute: Arnold Martha und Boi Robert, Bahnhofstrasse 20, 6460 Altdorf, Schweiz, Tel.: (0)41 / 870 26 42 oder (0)76 404 70 44. Übernachtungen: DZ ÜF: 60,-, bewirtschaftet: April bis Oktober. Bemerkungen: keine Tiere, eigener Parkplatz.

Baumann Lina, Eggberge, 6460 Altdorf, Schweiz, Tel.: (0)41 / 870 69 76 / G: (0)41 / 871 08 08, Email: waserag@bluewin.ch. Übernachtungen: DZ ÜF: 27,-. Bemerkungen: keine Tiere, Endreinigung ausgeschlossen.

Lustenberger-Seitz Franz, Eggberge, 6460 Altdorf, Schweiz, Tel.: (0)41 / 761 10 74. Übernachtungen: DZ ÜF: 60,-. Bemerkungen: Endreinigung ausgeschlossen, eigener Parkplatz.

Zeltplätze

Remo Camp, Inhaber oder Wirtsleute: Werner Kalbermatter, Moosbad, 6460 Altdorf, Schweiz, Tel.: (0)41 / 870 85 41, Fax: (0)41 / 870 81 61, bewirtschaftet: ganzjährig. Erwachsene 7,-, Kinder 4,-, Zelt 5,-, Wohnwagen 5,-.

Arzl im Pitztal

Gasthöfe/Hotels

Alpengasthof Plattenrain, Inhaber oder Wirtsleute: Günter Scheibel, Timmls 18, 6471 Arzl im Pitztal, Österreich, Tel.: (0)5412 / 63101, Fax: (0)5412 / 65540, Email: info@plattenrainalm.com, www.plattenrain alm.com. Übernachtungen: EZ ÜF: ab 20,-, EZ HP: ab 29,-, DZ ÜF: ab 20,-, DZ HP: ab 29,-, MBL ÜF: ab 20,-, MBL HP: ab 29,-. Bemerkungen: Preise sind exkl. Ortstaxe.

Hotel Erika, Inhaber oder Wirtsleute: Familie Staggl, Nr. 165, 6471 Arzl im Pitztal, Österreich, Tel.: (0)5412 / 66547, Email: hotel.erika@pitzi.at, www.pitzi.at. Übernachtungen: DZ ÜF: ca. 30,-, DZ HP: ca. 40,-.

Hotel Montana, Inhaber oder Wirtsleute: Mario Blondeel-Smet, Nr. 212, 6471 Arzl im Pitztal, Österreich, Tel.: (0)5412 / 63141, Email: montana@ping.at, www.skigebiet-montana.at. Übernachtungen: DZ ÜF: ca. 45,-, DZ HP: ca. 60,-.

Hotel Post, Inhaber oder Wirtsleute: Gerhard Siegele, Nr. 1, 6471 Arzl im Pitztal, Österreich, Tel.: (0)5412 / 63111, Email: hotelpost .arzl@tirol.com, www.hotelpost.ws. Übernachtungen: DZ ÜF: ca. 27,-, DZ HP: ca. 35,-.

Privatunterkünfte

Gästehaus Andrea Schöpf, Inhaber oder Wirtsleute: Andrea Schöpf, Nr. 12, 6471 Arzl im Pitztal, Österreich, Tel.: (0)5412 / 63110, Email: schoepf.gaestehaus@aon.at, www.pitztal.com/gaestehaus-schoepf. Übernachtungen: DZ ÜF: ca. 25,-.

Gästehaus Helga, Inhaber oder Wirtsleute: Helga Buelacher, Nr. 172, 6471 Arzl im Pitztal, Österreich, Tel.: (0)5412 / 66778, Email: info@haushelga-pitztal.at, www.pitztal.com/gaestehaus.helga172. Übernachtungen: EZ ÜF: ca. 29,-, DZ ÜF: ca. 24,-.

Gästehaus Schuler, Inhaber oder Wirtsleute: Andrea und Günter Schuler, Leins 14, 6471 Arzl im Pitztal, Österreich, Tel.: (0)5412 / 67834, Fax: (0)5412 / 67834, Email: pen.schuler@pitztalnet.at, www.pensionschuler.at. Übernachtungen: EZ ÜF: ca. 32,-, DZ ÜF: ca. 30,-, MBL ÜF: ca. 30,-. Bemerkungen: Preise sind inkl. Ortstaxe.

Haus Burgstall, Inhaber oder Wirtsleute: Walter Krismer, Nr. 147, 6471 Arzl im Pitztal, Österreich, Tel.: (0)5412 / 64397, Email: haus.burgstall@aon.at, www.haus.burgstall.info.ms. Übernachtungen: DZ ÜF: ca. 26,-.
Haus Christine, Inhaber oder Wirtsleute: Christine Krabichler, Nr. 7, 6471 Arzl im Pitztal, Österreich, Tel.: (0)5412 / 67714, Email: haus-christine@utanet.at, www.haus-christine.at. Übernachtungen: EZ ÜF: ca. 26,-, DZ ÜF: ca. 23,-.
Haus Schnegg, Inhaber oder Wirtsleute: Monika Flir, Nr. 61, 6471 Arzl im Pitztal, Österreich, Tel.: (0)5412 / 61807, Email: moni.flir@aon.at, www.pitztal.com/haus-schnegg. Übernachtungen: DZ ÜF: ca. 25,-.
Puithof, Inhaber oder Wirtsleute: Hildegard und Swen Kopp-Musch, Nr. 51, 6471 Arzl im Pitztal, Österreich, Tel.: (0)5412 / 63122-20, Fax: (0)5412 / 63122-30, Email: puithof@tirol.com, www.pitztal.com/puithof. Übernachtungen: DZ ÜF: ca. 26,-. Bemerkungen: Preise sind exkl. Ortstaxe.

Aschau

Gasthöfe/Pensionen

Gasthof Falkenstein, Inhaber oder Wirtsleute: Hochkogler Heinz, Falkensteinweg 1, 6365 Kirchberg, Österreich, Tel.: (0)5357 / 8116, Fax: (0)5357 / 8116-16, Email: info@falkenstein-aschau.at, www.falkenstein-aschau.at. Übernachtungen: EZ ÜF: 26,-, EZ HP: 35,-, DZ ÜF: 24,-, DZ HP: 33,-, bewirtschaftet: ganzjährig. Bemerkungen: Preisänderungen vorbehalten!
Gasthof Fritzhof, Inhaber oder Wirtsleute: Pletzer Johann, Aschau Dorf 8, 6365 Kirchberg, Österreich, Tel.: (0)5357 / 8119, Fax: (0)5357 / 8222-6, Email: pletzer@hotel-aschauerhof.at, www.hotel-aschauerhof.at. Übernachtungen: EZ ÜF: 16,-, EZ HP: 20,-, DZ ÜF: 16,-, DZ HP: 20,-, bewirtschaftet: ganzjährig. Bemerkungen: Preisänderungen vorbehalten!
Pension Gutensohn, Inhaber oder Wirtsleute: Gutensohn Traudi, Hinteraschau 8, 6365 Kirchberg, Österreich, Tel.: (0)5357 / 8108, Fax: (0)5357 / 8270, Email: info@pension-gutensohn.com, www.pension-gutensohn.com, bewirtschaftet: ganzjährig. Bemerkungen: Preise auf Anfrage. Etagenduschen und Etagen-WC.

Hotels

Hotel Aschauer Hof, Inhaber oder Wirtsleute: Pletzer Johann, Dorf 33, 6365 Kirchberg, Österreich, Tel.: (0)5357 / 8222, Fax: (0)5357 / 8222-6, Email: pletzer@hotel-aschauerhof.at, www.hotel-aschauerhof.at.

Übernachtungen: EZ ÜF: 23,- - 32,-, EZ HP: 30,- - 39,-, DZ ÜF: 23,- - 32,-, DZ HP: 30,- - 39,-, bewirtschaftet: ganzjährig. Bemerkungen: Preisänderungen vorbehalten!

Privatunterkünfte

Appartement Rettenstein, Inhaber oder Wirtsleute: Schießl Julia und Gerhard, Vorderaschau 11, 6365 Kirchberg, Österreich, Tel.: (0)5357 / 2545, Fax: (0)5357 / 2545-7, Email: info@appt-rettenstein.at, www.appt-rettenstein.at, bewirtschaftet: ganzjährig. Übernachtung ohne Frühstück ab 35,-, zuzüglich Ortstaxe. Preisänderungen vorbehalten.

Haus Bergwelt, Inhaber oder Wirtsleute: Müller Ernst, Falkensteinweg 41, 6365 Kirchberg, Österreich, Tel.: (0)5357 / 8125. Übernachtungen: EZ ÜF: 17,-, DZ ÜF: 17,-, bewirtschaftet: ganzjährig. Bemerkungen: Preisänderungen vorbehalten!

Haus Schwarzkogel, Inhaber oder Wirtsleute: Fam. Meulendijks, Dorf 36, 6365 Kirchberg, Österreich, Tel.: (0)5357 / 7102, Fax: (0)5357 / 35143, Email: info@schwarzkogel.at, www.schwarzkogel.at. Bemerkungen: Preise auf Anfrage.

Brand

s. Grindelwald

Bretstein

Gasthöfe

Gasthaus Schaffer, Inhaber oder Wirtsleute: Frederike Schaffer, Bretstein 20, 8763 Möderbrugg, Österreich, Tel.: (0)3576 / 217. Bemerkungen: Preise für Übernachtung auf Anfrage.

Gasthof Jägerheim, Inhaber oder Wirtsleute: Familie Beren, Bretstein 8-9, 8763 Möderbrugg, Österreich, Tel.: (0)3576 / 205. Bemerkungen: Preise für Übernachtung auf Anfrage.

Caux

Privatunterkünfte

»Glion«, Inhaber oder Wirtsleute: Sylviane Collet, La Cocagne, Route de Caux 101, 1823 Caux, Schweiz, Tel.: (0)21 / 963 45 81, Fax: (0)21 / 963 46 07, Email: e.collet@bluewin.ch. Übernachtungen: EZ ÜF: SFr 100,-, DZ ÜF: SFr 50,-.

Villa La Ruche, Inhaber oder Wirtsleute: Ruth et Peter Herzog, Route de Caux 99, 1823 Caux, Schweiz, Tel.: (0)21 / 963 33 21, Fax: (0)21 /

963 33 25, Email: famille.herzog@ness.ch, www.ness.ch/famille.her zog. Übernachtungen: EZ ÜF: SFr 100,- - 115,-, DZ ÜF: SFr 50,- - 62,50. Bemerkungen: Preise für Mehrbettzimmer auf Anfrage.

Villa Pulu Berhala, Inhaber oder Wirtsleute: Ruth et Peter Herzog, Route de Caux 99, 1823 Caux, Schweiz, Tel.: (0)21 / 963 33 21, Fax: (0)21 / 963 33 25, Email: famille.herzog@ness.ch, www.ness.ch/famille.herzog. Übernachtungen: EZ ÜF: SFr 100,- - 115,-, DZ ÜF: SFr 50,- - 62,50. Bemerkungen: Preise für Mehrbettzimmer auf Anfrage.

Dienten

Pensionen

Haus Eva, Dorf 29, 5652 Dienten, Österreich, Tel.: (0)6461 / 265, Fax: (0)6461 / 265. Preise auf Anfrage.

Haus St. Georg, Dorf 62, 5652 Dienten, Österreich, Tel.: (0)6461 / 292, Fax: (0)6461 / 292. Preise auf Anfrage.

Hotels

Vital Hotel Post, Dorf 38, 5652 Dienten, Österreich, Tel.: (0)6461 / 203, Fax: (0)6461 / 402, Email: dienten@vitalhotelpost.at, www.vitalhotelpost.at/. Bemerkungen: Preise auf Anfrage über Kontaktformular auf der Webseite.

Donnersbachwald

Gasthöfe/Pensionen

Gasthof zur Gams, Donnersbachwald 69, 8953 Donnersbachwald, Österreich, Tel.: (0)3680 / 213, Fax: (0)3680 / 40013, Email: office@zurgams.at, www.zurgams.at/. Angebote für Übernachtungen auf der Webseite.

Krispenkeller, 8953 Donnersbachwald, Österreich, Tel.: (0)5288 / 63096. Übernachtungen: DZ ÜF: ab 35,-. Bemerkungen: Preise für Einzelzimmer und Halbpension auf Anfrage.

Privatunterkünfte

Haus Gruber, 8953 Donnersbachwald, Österreich, Tel.: (0)3680 / 326, Email: hausgruber@utanet.at, www.hausgruber.at/. Übernachtungen: EZ ÜF: ab 20,-, DZ ÜF: ab 20,-. Bemerkungen: Weitere Preise für Übernachtung auf Anfrage.

Egg

Hotels

Hotel Spillgerten, Inhaber oder Wirtsleute: Robert Moser, 3757 Egg bei Schwenden, Schweiz, Tel.: (0)33 / 684 12 84, Fax: (0)33 684 / 1224, Email: info@hotel-spillgerten.ch, www.hotel-spillgerten.ch/welcome/ welcome.html. Übernachtungen: EZ ÜF: SFr 60,-, EZ HP: SFr 80,-, DZ ÜF: SFr 60,-, DZ HP: SFr 80,-, MBL ÜF: SFr 35,- zzgl. Endreinigung, MBL HP: SFr 60,- zzgl. Endreinigung, bewirtschaftet: ganzjährig.

Privatunterkünfte

Steppenblüte Communität, Chalet Enzian oder **Chalet Alpenrose**, Grimmialp, 3757 Egg bei Schwenden, Schweiz, Tel.: (0)33 / 684 80 00, Fax: (0)33 / 684 80 01, Email: info@steppenbluete-grimmialp.ch, www.steppenbluete-grimmialp.ch, bewirtschaftet: ganzjährig. Bemerkungen: Die Chalets werden von den Schwestern der Steppenblüte-Communität geführt. Preise und Konditionen für einen Aufenthalt auf Anfrage. Zuschläge für Kurzaufenthalte. Selbstversorgung mit Einkaufsmöglichkeit im Tal.

Eggberge

s. Altdorf

Eisenerz

Gasthöfe/Pensionen

Gasthof Bräustüberl, Inhaber oder Wirtsleute: Familie Hasnhütl, Flutergasse 5, 8790 Eisenerz, Österreich, Tel.: (0)3848 / 2335. Übernachtungen: EZ ÜF: 26,-, DZ ÜF: 23,-.
Gasthof zur Post, Inhaber oder Wirtsleute: Lore Prem, Lindmoserstraße 10, 8790 Eisenerz, Österreich, Tel.: (0)3848 / 2232. Übernachtungen: EZ ÜF: 27,-, DZ ÜF: 22,50.
Pichlerhof, Inhaber oder Wirtsleute: Fam. Ritzinger, Schlingerweg 19a, 8790 Eisenerz, Österreich, Tel.: (0)3848 / 3414, Email: info@pichler hof.at, www.pichlerhof.at. Übernachtungen: EZ ÜF: 27,-, DZ ÜF: 25,-.
Volkskeller, Inhaber oder Wirtsleute: Familie Fruhmann, Vordernbergerstraße 23, 8790 Eisenerz, Österreich, Tel.: (0)3848 / 2250, Fax: (0)3848 / 225020. Preise auf Anfrage.

Privatunterkünfte

Gästehaus Tegelhofer, Inhaber oder Wirtsleute: Familie Tegelhofer, Lindmoserstraße 8, 8790 Eisenerz, Österreich, Tel.: (0)3848 / 2086, Fax: (0)3848 / 2086-4, Email: tegelhofer@twin.at, www.gaestehaus-tegelhofer.at. Übernachtungen: EZ ÜF: 29,-, DZ ÜF: 24,-.
Gästehaus Weninger, Inhaber oder Wirtsleute: Familie Weninger, Krumpentalerstraße 8, 8790 Eisenerz, Österreich, Tel.: (0)3848 / 2258, Fax: (0)3848 / 2258/6, Email: weninger@eisenerz.com, www.gaestehaus-weninger.at. Übernachtungen: EZ ÜF: 29,- - 39,-, DZ ÜF: 29,- - 39,-.
Gästehaus Zarzer, Inhaber oder Wirtsleute: Familie Zarzer, Krumpentalerstraße 22, 8790 Eisenerz, Österreich, Tel.: (0)3848 / 20119, Fax: (0)3848 / 20119-4, Email: zarzer@twin.at. Übernachtungen: EZ ÜF: 35,-, DZ ÜF: 25,-.

Engelberg

Gasthöfe/Pensionen

Hotel Garni Hostatt, Inhaber oder Wirtsleute: Frau Susanne Steger-Kiener, Schweizerhausstrasse 22, 6390 Engelberg, Schweiz, Tel.: (0)41 / 637 17 07, Fax: (0)41 / 637 37 08, Email: hotel@hostatt.ch, www.hostatt.ch. Übernachtungen: EZ ÜF: 60,-, DZ ÜF: 50,-, bewirtschaftet: ganzjährig. Bemerkungen: Preise sind Richtpreise.
Pension St. Jakob, Inhaber oder Wirtsleute: Herr Infanger Josef, Engelbergerstrasse 66, 6390 Engelberg, Schweiz, Tel.: (0)41 / 637 13 88, Fax: (0)41 / 637 15 11, Email: info@st-jakobpension.ch, www.st-jakobpension.ch. ÜF: von 25,- - 60,-, HP: plus 15,-, Bemerkungen: Preise sind Richtpreise.

Hotels

Aktivhotel Schweizerhof, Inhaber oder Wirtsleute: Bergbahnen Engelberg-Titlis AG, Terracestrasse 33, 6390 Engelberg, Schweiz, Tel.: (0)41 / 639 66 66, Fax: (0)41 / 639 66 99, Email: reservation@terrace.ch, www.terrace.ch. Übernachtungen: EZ ÜF: 96,-, EZ HP: plus 23,-, DZ ÜF: 73,-, DZ HP: plus 23,-, bewirtschaftet: ganzjährig. Bemerkungen: Preise sind Richtpreise.
Europäischer Hof Hotel Europe, Inhaber oder Wirtsleute: Frau und Herr Astrid und Thomas Dittrich, Dorfstrasse 40, 6390 Engelberg, Schweiz, Tel.: (0)41 / 639 75 75, Fax: (0)41 / 639 75 76, Email: info@hoteleurope.ch, www.hoteleurope.ch. Übernachtungen: EZ ÜF: 83,-, EZ HP: plus 21,-, DZ ÜF: 70,-, DZ HP: plus 21,-, bewirtschaftet: ganzjährig. Bemerkungen: Preise sind Richtpreise.

Hotel Alpina, Erlenweg 34, 6390 Engelberg, Schweiz, Tel.: (0)41 / 637 13 40, Fax: (0)41 / 637 45 49, Email: alpina-engelberg@gmail.com, www.alpina-engelberg.ch, bewirtschaftet: ganzjährig. Preise nur auf Anfrage.

Hotel Bänklialp, Inhaber oder Wirtsleute: Bänklialp GmbH, Bänklialpweg 25, 6390 Engelberg, Schweiz, Tel.: (0)41 / 639 73 73, Fax: (0)41 / 637 7374, Email: info@baenklialp.ch, www.baenklialp.ch. Übernachtungen: DZ ÜF: 60,-, DZ HP: plus 27,-, bewirtschaftet: ganzjährig. Bemerkungen: Preise sind Richtpreise.

Hotel Bellevue-Terminus, Inhaber oder Wirtsleute: Frau Anita Fontana, Bahnhofplatz, 6390 Engelberg, Schweiz, Tel.: (0)41 / 639 68 68, Fax: (0)41 / 637 44 49, Email: info@bellevue-engelberg.ch, www.bellevue-engelberg.ch. Übernachtungen: EZ ÜF: 60,-, EZ HP: plus 21,-, DZ ÜF: 50,-, DZ HP: plus 21,-, bewirtschaftet: ganzjährig. Bemerkungen: Preise sind Richtpreise. Halbpension im Europäischen Hof Hotel Europe.

Hotel Cathrin, Inhaber oder Wirtsleute: Familie Gobat, Birrenweg 22, 6390 Engelberg, Schweiz, Tel.: (0)41 / 637 44 66, Fax: (0)41 / 637 43 28, Email: info@cathrin-engelberg.ch, www.cathrin-engelberg.ch. Übernachtungen: EZ ÜF: 69,-, EZ HP: plus 21,-, DZ ÜF: 59,-, DZ HP: plus 21,-, bewirtschaftet: ganzjährig. Bemerkungen: Preise sind Richtpreise.

Hotel Central, Inhaber oder Wirtsleute: Frau und Herr Blanca und Hanspeter Ruckstuhl, Dorfstrasse 48, 6390 Engelberg, Schweiz, Tel.: (0)41 / 639 70 70, Fax: (0)41 / 639 70 71, Email: info@central-engelberg.ch, www.central-engelberg.ch. Übernachtungen: EZ ÜF: 77,-, EZ HP: plus 20,-, DZ ÜF: 57,-, DZ HP: plus 20,-, bewirtschaftet: ganzjährig. Bemerkungen: Preise sind Richtpreise.

Hotel Crystal, Inhaber oder Wirtsleute: Familie Eugster, Dorfstrasse 45, 6390 Engelberg, Schweiz, Tel.: (0)41 / 637 21 22, Fax: (0)41 / 637 29 79, Email: info@crystal-engelberg.ch, www.crystal-engelberg.ch. Übernachtungen: EZ ÜF: 77,-, EZ HP: plus 20,-, DZ ÜF: 57,-, DZ HP: plus 20,-, bewirtschaftet: ganzjährig. Bemerkungen: Preise sind Richtpreise.

Hotel Edelweiss, Inhaber oder Wirtsleute: Frau und Herr Susanne und Peter Kuhn, Terracestrasse 10, 6390 Engelberg, Schweiz, Tel.: (0)41 / 639 78 78, Fax: (0)41 / 639 78 88, Email: edelweissengelberg@bluewin.ch, www.edelweissengelberg.ch. Übernachtungen: EZ ÜF: 75,-, EZ HP: plus 23,-, DZ ÜF: 65,-, DZ HP: plus 23,-, bewirtschaftet: ganzjährig. Bemerkungen: Preise sind Richtpreise.

Hotel Engelberg, Inhaber oder Wirtsleute: Frau und Herr Rosmarie und Robert Infanger, Dorfstrasse 14, 6390 Engelberg, Schweiz, Tel.: (0)41 / 639 79 79, Fax: (0)41 / 639 79 69, Email: mail@hotel-engelberg.ch, www.hotel-engelberg.ch. Übernachtungen: DZ ÜF: 67,-, DZ HP: plus 27,-, bewirtschaftet: ganzjährig. Bemerkungen: Preise sind Richtpreise.

Hotel Garni Belmont, Inhaber oder Wirtsleute: Familie Kuster-Cathomen, Dorfstrasse 54, 6390 Engelberg, Schweiz, Tel.: (0)41 / 637 24 23, Fax: (0)41 / 637 29 23, Email: info@belmont-engelberg.ch, www.belmont-engelberg.ch. Übernachtungen: EZ ÜF: 70,-, DZ ÜF: 57,-, bewirtschaftet: ganzjährig. Bemerkungen: Preise sind Richtpreise.

Hotel Schweizerhof, Inhaber oder Wirtsleute: Frau und Herr Iris und Hansruedi Burch, Dorfstrasse 42, 6390 Engelberg, Schweiz, Tel.: (0)41 / 637 11 05, Fax: (0)41 / 637 41 47, Email: info@schweizerhof-engelberg.ch, www.schweizerhof-engelberg.ch. Übernachtungen: EZ ÜF: 104,-, EZ HP: plus 21,-, DZ ÜF: 77,-, DZ HP: plus 21,-, bewirtschaftet: ganzjährig. Bemerkungen: Preise sind Richtpreise.

Hotel Waldegg, Inhaber oder Wirtsleute: Frau und Herr Klara und Josef Inderbitzin, Schwandstrasse 91, 6390 Engelberg, Schweiz, Tel.: (0)41 / 637 18 22, Fax: (0)41 / 637 43 21, Email: info@waldegg-engelberg.ch, www.waldegg-engelberg.ch. Übernachtungen: EZ ÜF: 133,-, EZ HP: plus 28,-, DZ ÜF: 66,50, DZ HP: plus 28,-, bewirtschaftet: ganzjährig. Bemerkungen: Preise sind Richtpreise.

Ramada Hotel Regina Titlis, Inhaber oder Wirtsleute: Frau Renate Stocker, Dorfstrasse 33, 6390 Engelberg, Schweiz, Tel.: (0)41 / 639 58 58, Fax: (0)41 / 639 58 59, Email: regina-titlis@ramada-treff.ch, www.ramada-treff.ch/titlis. Übernachtungen: EZ ÜF: 117,-, EZ HP: plus 28,-, DZ ÜF: 97,-, DZ HP: plus 28,-, bewirtschaftet: ganzjährig. Bemerkungen: Preise sind Richtpreise.

Sporthotel Eienwäldli, Inhaber oder Wirtsleute: Familie Bünter, Wasserfallstrasse 108, 6390 Engelberg, Schweiz, Tel.: (0)41 / 637 19 49, Fax: (0)41 / 637 44 23, Email: info@eienwaeldli.ch, www.eienwaeldli.ch. Übernachtungen: EZ ÜF: 87,-, EZ HP: plus 21,-, DZ ÜF: 77,-, DZ HP: plus 21,-, bewirtschaftet: ganzjährig. Bemerkungen: Preise sind Richtpreise.

Zeltplätze

Campingplatz Eienwäldli, Inhaber oder Wirtsleute: Familie Bünter, Wasserfallstrasse 108, 6390 Engelberg, Schweiz, Tel.: (0)41 / 637 19 50, Fax: (0)41 / 637 44 24, Email: info@eienwaeldli.ch, www.eienwaeldli.ch. Bemerkungen: 100 Plätze für Zelte. Preise nur auf Anfrage.

Flums

Hotels

Hotel Spitzmeilen, Inhaber oder Wirtsleute: Susanne Spörry, Marktstrasse 14, 8890 Flums, Schweiz, Tel.: (0)81 / 733 13 04, www.hotel-spitzmeilen.com. Bemerkungen: Preise auf Anfrage.

Glarus

Hotels

Hotel Freihof, Kirchweg 18, 8750 Glarus, Schweiz, Tel.: (0)556 / 453686, Fax: (0)556 / 453688, Email: info@hotel-freihof.ch, www.hotelfreihof.ch. Übernachtungen: EZ Ü: SFr 75,-, DZ Ü: SFr 65,-, bewirtschaftet: ganzjährig. Bemerkungen: kein Frühstück.

Hotel Glarnernhof, Inhaber oder Wirtsleute: Familie Leuenberger, Bahnhofstr. 2, 8750 Glarus, Schweiz, Tel.: (0)556 / 457575, Fax: (0)556 / 457545, Email: info@glarnerhof.ch, www.glarnerhof.ch. Übernachtungen: EZ ÜF: SFr 125,-, DZ ÜF: SFr 85,-, bewirtschaftet: ganzjährig.

Hotel Stadthof, Inhaber oder Wirtsleute: Michaela Eberhard, Kirchweg 2, 8750 Glarus, Schweiz, Tel.: (0)41556 / 403423, Fax: (0)556 / 407440, Email: info@hotelstadthof.ch, www.hotelstadthof.ch. Übernachtungen: EZ ÜF: SFr 90,-, DZ ÜF: SFr 70,-, bewirtschaftet: ganzjährig.

Waage, Inhaber oder Wirtsleute: Ypsch Hösli, Postgasse 36, 8750 Glarus, Schweiz, Tel.: (0)556 / 401153, Fax: (0)556 / 401058, Email: ypsch.hoesli@bluewin.ch. Übernachtungen: DZ ÜF: SFr 70,-, bewirtschaftet: ganzjährig.

Zur alten Brauerei, Inhaber oder Wirtsleute: Ruth Bader, Landstr. 41, 8750 Glarus, Schweiz, Tel.: (0)556 / 406891, Fax: (0)556 / 501934, Email: ruth.bader@swisspublic.com, www.braui-glarus.ch. Übernachtungen: EZ ÜF: SFr 60,-, DZ ÜF: SFr 50,-, bewirtschaftet: ganzjährig.

Glion

s. Caux

Gollrad

Gasthöfe

Gasthof Egger, Inhaber oder Wirtsleute: Familie Egger, 8635 Gollrad 12, Österreich, Tel.: (0)3884 / 206, Fax: (0)3884 / 60012, Email: gasthof.egger@mariazellerland.at, bewirtschaftet: ganzjährig. Bemerkungen: Preise für Übernachtung auf Anfrage.

Grandvillard

Hotels

Hôtel du Vanil Noir, Inhaber oder Wirtsleute: Cristina et Ronald Hostettler Marques, Rue du Vanil-Noir, 1666 Grandvillard, Schweiz,

Tel.: (0)26 / 928 12 65, Fax: (0)26 / 928 21 51, Email: rhostettler1@bluewin.ch, www.vanil-noir.ch, bewirtschaftet: ganzjährig. Bemerkungen: Preise für Übernachtung nur auf Anfrage.

Grindelwald

Hotels

Alpenblick, Inhaber oder Wirtsleute: Vreni und Edi Bucher, 3818 Grindelwald, Schweiz, Tel.: (0)33 / 853 11 05, Fax: (0)33 / 853 44 84, Email: hotel@alpenblick.info, www.alpenblick.info. Übernachtungen: DZ ÜF: 63,- - 103,-, DZ HP: plus 15,-, MBL ÜF: 26,- - 32,-, MBL HP: plus 15,-. Bemerkungen: Preise sind saisonabhängig.

Fiescherblick, Inhaber oder Wirtsleute: Familie J. Brawand, 3818 Grindelwald, Schweiz, Tel.: (0)33 / 854 53 53, Fax: (0)33 / 854 53 50, Email: hotel@fiescherblick.ch, www.fiescherblick.ch. Übernachtungen: EZ ÜF: 65,- - 97,-, EZ HP: plus 26,-, DZ ÜF: 51,50 - 87,-, DZ HP: plus 26,-. Bemerkungen: Preise sind saisonabhängig.

Gletschergarten, Inhaber oder Wirtsleute: E. + F. Breitenstein-Füllemann, 3818 Grindelwald, Schweiz, Tel.: (0)33 / 853 17 21, Fax: (0)33 / 853 29 57, Email: gletschergarten@grindelwald.ch, www.hotel-gletschergarten.ch. Übernachtungen: EZ ÜF: 71,- - 97,-, EZ HP: plus 25,-, DZ ÜF: 61,50 - 90,50, DZ HP: plus 25,-. Bemerkungen: Preise sind saisonabhängig.

Gletscherschlucht, Inhaber oder Wirtsleute: Ruth Meier und Werner Rubi, 3818 Grindelwald, Schweiz, Tel.: (0)33 / 853 60 50, Fax: (0)33 / 853 60 51, Email: gletscherschlucht@bluewin.ch, www.gletscherschlucht.ch. Übernachtungen: EZ ÜF: 45,-, EZ HP: plus 16,-, DZ ÜF: 38,50 - 55,-, DZ HP: plus 16,-. Bemerkungen: Preise sind saisonabhängig.

Lauberhorn, Inhaber oder Wirtsleute: Conny Kaufmann-Frei, 3818 Grindelwald, Schweiz, Tel.: (0)33 / 853 10 82, Fax: (0)33 / 853 15 71, Email: hotel-lauberhorn@grindelwald.ch, www.hotel-lauberhorn.ch. Übernachtungen: EZ ÜF: 39,- - 58,-, DZ ÜF: 35,50 - 51,50. Bemerkungen: Preise sind saisonabhängig.

Residence, Inhaber oder Wirtsleute: H. Rentsch, Dir., 3818 Grindelwald, Schweiz, Tel.: (0)33 / 854 55 55, Fax: (0)33 / 854 55 56, Email: residence@grindelwald.ch, www.residence-grindelwald.ch. Übernachtungen: EZ ÜF: 61,- - 71,-, EZ HP: plus 19,-, DZ ÜF: 51,50 - 61,50, DZ HP: plus 19,-. Bemerkungen: Preise sind saisonabhängig.

Wetterhorn, Inhaber oder Wirtsleute: Familie Lohner-Klossner, 3818 Grindelwald, Schweiz, Tel.: (0)33 / 853 12 18, Fax: (0)33 / 853 58 18, Email: wetterhorn@grindelwald.ch, www.hotel-wetterhorn.ch. Übernachtungen : MBL ÜF: 27,- - 29,-, MBL HP: plus 19,-.

Zeltplätze

Gletscherdorf, Inhaber oder Wirtsleute: Familie Hader, 3818 Grindelwald, Schweiz, Tel.: (0)33 / 853 14 29, Fax: (0)33 / 853 31 29, Email: info@gletscherdorf.ch, www.gletscherdorf.ch. Übernachtungen: Kinder von 6 - 15 und Erwachsene 4,50 pro Pers., Kurtaxen 1,50. Bemerkungen: bewirtschaftet: Mai - Oktober.

Gröbming

Gasthöfe

Gasthof zur Post, Hauptplatz 57, 8962 Gröbming, Österreich, Tel.: (0)3685 / 23241, Fax: (0)3685 / 23241 30, Email: gasth.putz@a1.net, www-Adresse: http://members.a1.net/gasth.putz. Übernachtungen: EZ ÜF: ab 28,-, EZ HP: ab 38,-, DZ ÜF: ab 28,-, DZ HP: ab 38,-. Bemerkungen: Preise für Lager (Selbstversorger) auf Anfrage.

Hotels

Hotel Spanberger, Stoderplatzl 64-65, 8962 Gröbming, Österreich, Tel.: (0)3685 / 221060, Fax: (0)3685 / 2210630, Email: hotel@spanberger.at, www.spanberger.at/. Preise für Übernachtung auf Anfrage.

Privatunterkünfte

Haus Schrempf, Hofmanning 579, 8962 Gröbming, Österreich, Tel.: (0)3685 / 22214, Email: fritzschrempf@aon.at. Übernachtungen: EZ ÜF: ab 24,-, DZ ÜF: ab 24,-. Bemerkungen: Reservierung empfehlenswert. Insgesamt 6 Betten.

Halten

s. Grindelwald

Hatting

Gasthöfe

Gasthof Neurauter, Inhaber oder Wirtsleute: Familie Neurauter, Innstraße 1, 6402 Hatting, Österreich, Tel.: (0)5238 / 88254, Fax: (0)5238 / 88372-6, Email: info@gasthof-neurauter.at, www.gasthof-neurauter.at/. Übernachtungen: EZ ÜF: 40,-, DZ ÜF: 35,-. Bemerkungen: Weitere Preise für Übernachtung auf Anfrage.
Ötztaler Hof, Inhaber oder Wirtsleute: Familie Friedrich Schöpf, Salzstraße 2, 6402 Hatting, Österreich, Tel.: (0)5238 / 88562,

Fax: (0)5238 / 88562, Email: oetztalerhof@utanet.at. Übernachtungen: DZ ÜF: ab 15,60. Bemerkungen: Kurznächtigungszuschlag 2,-.

Hochgallmigg

Gasthöfe

Gasthof Parseierblick, Inhaber oder Wirtsleute: Fam. Pfeifer-Gritsch Karoline, Hochgallmigg 116, 6500 Hochgallmigg, Österreich, Tel.: (0)5449 / 5268, Fax: (0)5449 / 20038, www.tirolwest.at/gasthof.par seierblick, bewirtschaftet: ganzjährig. Preise auf Anfrage.

Gasthof Restaurant Alpenrose, Inhaber oder Wirtsleute: Ruhland Verena u. Gerhard, Hochgallmigg 107, 6500 Hochgallmigg, Österreich, Tel.: (0)5449 / 5261, Fax: (0)5449 / 5261 77, Email: alpenrose.hoch gallmigg@telering.at, www.tirolwest.at/gasthof.alpenrose, bewirtschaftet: ganzjährig. Preise auf Anfrage.

Ischgl

Hotels

Hotel Alpenrose, Inhaber oder Wirtsleute: Herr Bernhard Salner, Nr. 82, 6561 Ischgl, Österreich, Tel.: (0)5444 / 5276, Fax: (0)5444 / 5593, www.hotel-alpenrose-ischgl.at/. Preise für Übernachtung auf Anfrage.

Hotel Patteriol, Inhaber oder Wirtsleute: Familie Hermann Zangerl, Postfach, 6561 Ischgl, Österreich, Tel.: (0)5444 / 5328, Fax: (0)5444 / 5867, Email: info@patteriol.at, www.patteriol.at/. Preise auf Anfrage.

Privatunterkünfte

Haus Alpenhof, Inhaber oder Wirtsleute: Familie Friedrich Kurz, Nr. 57, 6561 Ischgl, Österreich, Tel.: (0)5444 / 20060, Fax: (0)5444 / 20144, Email: alpenhof.ischgl@aon.at. Preise für Übernachtung auf Anfrage.

Höllboden, Inhaber oder Wirtsleute: Familie Oswald Kathrein, Nr. 10, 6561 Ischgl, Österreich, Tel.: (0)5444 / 5205, Fax: (0)5444 / 520584, Email: hotel@solaria.at. Preise für Übernachtung auf Anfrage.

Jenins

Gasthöfe

Landgasthof zur Bündte, Inhaber oder Wirtsleute: Spescha Albert und Annemarie, Jeninserstrasse 6, 7307 Jenins, Schweiz, Tel.: (0)81 / 302 12 23, Fax: (0)81 / 302 64 85, Email: hotelzurbuendte@bluewin.ch,

www.zurbuendte.ch. Bemerkungen: Weitere Angaben auf der Homepage.
Restaurant Traube, Inhaber oder Wirtsleute: Gerber Ursula, Unterdorf 1, 7307 Jenins, Schweiz, Tel.: (0)81 / 302 18 26, Fax: (0)81 / 302 18 26. Bemerkungen: Preise auf Anfrage. Etagenduschen und Etagen-WC.

Kandersteg

Hotels

Hotel Pension Erika, Inhaber oder Wirtsleute: Christian Hari, 3718 Kandersteg, Schweiz, Tel.: (0)33 / 675 11 37, Fax: (0)33 / 675 10 83, Email: hotelerika@hotel-erika.ch, www.hotel-erika.ch. Übernachtungen: EZ ÜF: 32,- - 41,-, EZ HP: plus 13,-, DZ ÜF: 31,50 - 37,50, DZ HP: plus 13,-.
Hotel Alpenblick, Inhaber oder Wirtsleute: Urs und Regula Schmid, 3718 Kandersteg, Schweiz, Tel.: (0)33 / 675 11 29, Fax: (0)33 / 675 21 29, Email: hotel.alpenblick@gmx.ch, www.alpenblick-kandersteg.ch. Übernachtungen: EZ ÜF: 35,- - 41,-, EZ HP: plus 16,-, DZ ÜF: 34,50 - 41,-, DZ HP: plus 16,-.
Hotel des Alpes, Inhaber oder Wirtsleute: Elsbeth und Burkhard Prentler, Hauptstrasse 126, 3718 Kandersteg, Schweiz, Tel.: (0)33 / 675 11 12, Fax: (0)33 / 675 11 01, Email: info@desalpes-kandersteg.ch, www.desalpes-kandersteg.ch. Übernachtungen: EZ ÜF: 35,- - 40,-, EZ HP: plus 12,-, DZ ÜF: 34,50 - 39,50, DZ HP: plus 12,-.
Hotel zur Post, Inhaber oder Wirtsleute: Thomas Zimmermann und Peter Weis, 3718 Kandersteg, Schweiz, Tel.: (0)33 / 675 12 58, Fax: (0)33 / 675 22 58, Email: info@hotel-zur-post.ch, www.hotel-zur-post.ch. Übernachtungen: EZ ÜF: 30,- - 43,-, EZ HP: plus 14,-, DZ ÜF: 30,- - 36,50, DZ HP: plus 14,-.

Privatunterkünfte

Backpackers Gemmi Lodge, Inhaber oder Wirtsleute: Familie Stoller, 3718 Kandersteg, Schweiz, Tel.: (0)33 / 615 85 85, Fax: (0)33 / 675 85 80, Email: info@gemmi-lodge.com, www.gemmi-lodge.com. Übernachtungen: EZ ÜF: 29,-, DZ ÜF: 25,-, MBL ÜF: 16,- - 25,-.

Zeltplätze

Camping Rendez-Vous, Inhaber oder Wirtsleute: Familie Ryter, 3718 Kandersteg, Schweiz, Tel.: (0)33 / 675 15 34, Fax: (0)33 / 675 17 37, Email: rendez-vous.camping@bluewin.ch, www.camping-kandersteg.ch. Preise: SFr 8,- - 16,- pro Zelt ; Erw. SFr 7,50, Kinder SFr 3,60.

Unterkünfte 249

Kelchsau

Gasthöfe/Pensionen

Moser, Inhaber oder Wirtsleute: Johann Moser, Innerkelchsau 34, 6361 Kelchsau, Österreich, Tel.: (0)5335 / 8201, Fax: (0)5335 / 8201, Email: pension-moser-kelchsau@aon.at, www.pension-moser-kelchsau.at. Übernachtungen: EZ ÜF: 26,-, DZ ÜF: 22,-, MBL ÜF: 22,-, bewirtschaftet: ganzjährig.

Achrainer, Inhaber oder Wirtsleute: Achrainer Cilli, Unterdorf 85, 6361 Kelchsau, Österreich, Tel.: (0)5335 / 8143, Fax: (0)5335 / 8143, Email: cilli.achrainer@aon.at, www.hohe-salve.com. Übernachtungen: EZ ÜF: 21,-, DZ ÜF: 21,-, MBL ÜF: 21,-, bewirtschaftet: ganzjährig.

Reiterhof, Inhaber oder Wirtsleute: Familie Treichl, Kelchsauer Straße 48, 6361 Hopfgarten, Österreich, Tel.: (0)5335 / 3512. Preise auf Anfrage. Bemerkungen: Entfernung von Kelchsau ca. 7 km.

Klöntal

Gasthöfe

Gasthaus Richisau, Inhaber oder Wirtsleute: K. + A. Leuzinger, 8750 Klöntal, Schweiz, Tel.: (0)556 / 401085, Fax: (0)556 / 403272, Email: richisau@bluewin.ch, www.richisau.com, bewirtschaftet: 1. Februar bis 1. November. Bemerkungen: Preise auf Anfrage.

Hotels

Hotel Rhodannenberg, Inhaber oder Wirtsleute: Familie van Spundel, 8750 Klöntal, Schweiz, Tel.: (0)556 / 501600, Fax: (0)556 / 501601, Email: reception@rhodannenberg.ch, www.rhodannenberg.ch. Übernachtungen: EZ ÜF: SFr 82,-, DZ ÜF: SFr 66,-, bewirtschaftet: ganzjährig.

Hotel Vorauen, Inhaber oder Wirtsleute: Hans-Peter Freuler, Hinten am See, 8750 Klöntal, Schweiz, Tel.: (0)556 / 401383, Fax: (0)556 / 402821, Email: vorauen@tiscali.ch. Bemerkungen: Preise auf Anfrage.

Zeltplätze

Zeltplatz Vorauen, Hinten am See, 8750 Klöntal, Schweiz, Tel.: (0)556 / 404859, bewirtschaftet: 1. Mai bis 30. September.

Kühtai

Almen

Zirmbachalm, Inhaber oder Wirtsleute: Raich Bruno, Zirmbach 1, 6183 Kühtai, Österreich, Tel.: (0)5239 / 21625, Fax: (0)5239 / 21625, Email: info@zirmbachalm.at, www.zirmbachalm.at, bewirtschaftet: Mitte Juni bis Anfang Oktober, Preise auf Anfrage.

Gasthöfe

Gasthof Schöne Aussicht, Inhaber oder Wirtsleute: Hans Plattner, Kühtai 3, 6183 Kühtai, Österreich, Tel.: (0)5239 / 5203, Fax: (0)5239 / 5317, Email: schoene.aussicht@netway.at, www.schoene-aussicht.info. Übernachtungen: EZ ÜF: 35,-, EZ HP: 45,-, DZ ÜF: 30,-, DZ HP: 40,-, bewirtschaftet: Mitte Mai bis Anfang Oktober.

Hotels

Astoria, Inhaber oder Wirtsleute: Dr. Huter Hotelbetriebsges.m.b.H., Kühtai 33, 6183 Kühtai, Österreich, Tel.: (0)5239 / 5215, Fax: (0)5239 5215-80, Email: astoria.kuehtai@tirol.com, www.hotelastoria.at. Übernachtungen: EZ ÜF: 38,-, EZ HP: 60,-, DZ ÜF: 38,-, DZ HP: 60,-, bewirtschaftet: Ab Mitte Juni bis Mitte September.
Konradin, Inhaber oder Wirtsleute: Familie Schlögl, Kühtai 13, 6183 Kühtai, Österreich, Tel.: (0)5239 / 5220, Fax: (0)5239 / 5293, Email: hotel@konradin.at, www.konradin.at. Übernachtungen: EZ ÜF: 60,-, EZ HP: 65,-, DZ ÜF: 55,-, DZ HP: 60,-, bewirtschaftet: Ende Juni bis Anfang September. Preise für Mehrbettzimmer auf Anfrage.
Silzerhof, Inhaber oder Wirtsleute: Familie Grüner-Menghin, Kühtai 9, 6183 Kühtai, Österreich, Tel.: (0)5239 / 5209, Fax: (0)5239 / 5251-8, Email: info@silzerhof.com, www.silzerhof.com. Übernachtungen: EZ ÜF: 40,-, EZ HP: 78,-, DZ ÜF: 40,-, DZ HP: 78,-, MBL ÜF: 40,-, MBL HP: 78,-, bewirtschaftet: Ende Juni bis Anfang September. Bemerkungen: Kein Einzelzimmerzuschlag.
Sporthotel, Inhaber oder Wirtsleute: Dr. Huter Hotelbetriebsges. m.b.H., Kühtai 20, 6183 Kühtai, Österreich, Tel.: (0)5239 / 5217, Fax: (0)5239 / 5217-80, Email: info@sporthotel-kuehtai.com, www.sporthotel-kuehtai.com. Übernachtungen: EZ HP: 60,-, DZ HP: 56,-, MBL HP: 56,-, bewirtschaftet: Mitte Juni bis Anfang September. Bemerkungen: Nur Übernachtung mit Halbpension.

Privatunterkünfte

Appartements Kühtai, Inhaber oder Wirtsleute: Familie Wopfner, Kühtai 31, 6183 Kühtai, Österreich, Tel.: (0)5239 / 5264, Fax: (0)5239 /

5264-9, Email: info@kuehtai.net, www.kuehtai.net. Übernachtungen: EZ ÜF: Appartements von 42,- - 93,- pro Tag, bewirtschaftet: Juli bis September.
Dorfstadls Landhaus, Inhaber oder Wirtsleute: Familie Haslwanter, Kühtai 39, 6183 Kühtai, Österreich, Tel.: (0)5239 / 5265, Fax: (0)5239 / 5265 66, Email: kuehtai@dorfstadl.at, www.dorfstadl.at. Übernachtungen: EZ ÜF: Appartements von 60,- - 120,- pro Tag, bewirtschaftet: Mitte/Ende Mai bis Anfang Oktober.

Landeck

Gasthöfe/Pensionen

Gasthof Greif, Inhaber oder Wirtsleute: Fam. Straudi Josef, Marktplatz 6, 6500 Landeck, Österreich, Tel.: (0)5442 / 62268, Fax: (0)5442 / 62268 4, Email: info@gasthof-greif.at, www.gasthof-greif.at, bewirtschaftet: ganzjährig.
Pension Can, Inhaber oder Wirtsleute: Fam. Ramazan Can, Herzog-Friedrich-Str. 32, 6500 Landeck, Österreich, Tel.: (0)5442 / 66469, Email: haus_can@hotmail.com, www.tirolwest.at/haus.can, bewirtschaftet: ganzjährig.
Pension Thialblick, Inhaber oder Wirtsleute: Fam. Krüger Bernd, Burschlweg 7, 6500 Landeck, Österreich, Tel.: (0)5442 / 62261, Fax: (0)5442 / 62261, Email: pens.thialblick@utanet.at, www.perfuchs.at/thialblick, bewirtschaftet: ganzjährig.
Pension Tirol, Inhaber oder Wirtsleute: Fam. Staudacher Frieda, Urtlweg 17, 6500 Landeck, Österreich, Tel.: (0)5442 / 63239, www.tirolwest.at/haus.tirol, bewirtschaftet: ganzjährig. Bemerkungen: Angebote und Preise für Übernachtung auf Anfrage.
Pension Vorhofer, Inhaber oder Wirtsleute: Fam. Vorhofer Hans, Maisengasse 10, 6500 Landeck, Österreich, Tel.: (0)5442 / 62476, Fax: (0)5442 / 62476, www.tirolwest.at/haus.vorhofer, bewirtschaftet: ganzjährig. Bemerkungen: Angebote und Preise für Übernachtung auf Anfrage.

Hotels

Hotel Schwarzer Adler, Inhaber oder Wirtsleute: Fam. Gapp Gerhard, Malserstraße 8, 6500 Landeck, Österreich, Tel.: (0)5442 / 62316, Fax: (0)5442 / 62316 50, Email: office@schwarzeradler.at, www.schwarzeradler.at,bewirtschaftet: ganzjährig.
Hotel Sonne, Inhaber oder Wirtsleute: Fam Graber Karl, Herzog-Friedrich-Str. 10, 6500 Landeck, Österreich, Tel.: (0)5442 / 62519,

Fax: (0)5442 / 62519 17, Email: info@hotel-sonne-landeck.at, www.hotel-sonne-landeck.at, bewirtschaftet: ganzjährig.
Hotel-Restaurant Schrofenstein, Inhaber oder Wirtsleute: Fam. Völk Peter, Malserstraße 31, 6500 Landeck, Österreich, Tel.: (0)5442 / 62395, Fax: (0)5442 / 64954 55, Email: info@schrofenstein.at, www.schrofen stein.at, bewirtschaftet: ganzjährig.

Privatunterkünfte

Haus Beer, Inhaber oder Wirtsleute: Fam. Beer Ida, Kreuzbühelgasse 3, 6500 Landeck, Österreich, Tel.: (0)5442 / 66060, Email: eus.moschen@tele2.at, www.tirolwest.at/haus.beer, bewirtschaftet: ganzjährig.
Haus Schuler, Inhaber oder Wirtsleute: Fam. Schuler Walter u. Birgit, Urichstraße 21, 6500 Landeck, Österreich, Tel.: (0)650 / 2061026, Email: pension-schuler@hotmail.com, www.tirolwest.at/haus.schuler, bewirtschaftet: ganzjährig.
Haus Spiss Erwin, Inhaber oder Wirtsleute: Fam. Spiss Erwin, Hasliweg 11, 6500 Landeck, Österreich, Tel.: (0)5442 / 62507, www.tirol west.at/haus.spiss.erwin, bewirtschaftet: ganzjährig. Bemerkungen: Angebote und Preise für Übernachtung auf Anfrage.
Haus Venet, Inhaber oder Wirtsleute: Fam. Stubenböck Stefanie, Urichstraße 7, 6500 Landeck, Österreich, Tel.: (0)5442 / 64216, www.tirolwest.at/haus.venet.stubenboeck, bewirtschaftet: ganzjährig. Bemerkungen: Angebote und Preise für Übernachtung auf Anfrage.
Landhaus Zangerl, Inhaber oder Wirtsleute: Fam. Zangerl, Herzog-Friedrich-Str. 14, 6500 Landeck, Österreich, Tel.: (0)5442 / 62676, Fax: (0)5442 / 62676, Email: landhauszangerl@aon.at, www.tirol west.at/haus.zangerl, bewirtschaftet: ganzjährig.

Zeltplätze

Camping Riffler, Inhaber oder Wirtsleute: Fam. Schimpfössl Candida, Bruggfeldstraße 2, 6500 Landeck, Österreich, Tel.: (0)5442 / 64898, Fax: (0)5442 / 64898 4, Email: lorenz.schimpfoessl@aon.at, www.cam ping-riffler.at, bewirtschaftet: ganzjährig.

Lauterbrunnen

Gasthöfe/Pensionen

Chalet im Rohr, Inhaber oder Wirtsleute: Herr Hans von Allmen, 3822 Lauterbrunnen, Schweiz, Tel.: (0)33 / 855 21 82, Fax: (0)33 / 855 21 82. Bemerkungen: Preise auf Anfrage.

Unterkünfte 253

Hotels

Hotel Crystal, Inhaber oder Wirtsleute: Frau und Herr Marianne & Hans Josi, 3822 Lauterbrunnen, Schweiz, Tel.: (0)33 / 856 90 90, Fax: (0)33 / 856 90 99, Email: info@crystal-lauterbrunnen.ch, www.crystal-lauterbrunnen.ch. Übernachtungen: EZ ÜF: ab 30,-, DZ ÜF: ab 30,-. Bemerkungen: Preisänderungen vorbehalten!

Hotel Horner, Inhaber oder Wirtsleute: Herr Ferdinand Gertsch, 3822 Lauterbrunnen, Schweiz, Tel.: (0)33 / 855 16 73, Fax: (0)33 / 855 46 07, Email: mail@hornerpub.ch, www.hornerpub.ch. Übernachtungen: EZ ÜF: ab 21,-, DZ ÜF: ab 21,-. Bemerkungen: Preisänderungen vorbehalten!

Hotel Jungfrau, Inhaber oder Wirtsleute: Frau Brigitte Melliger, 3822 Lauterbrunnen, Schweiz, Tel.: (0)33 / 855 3434, Fax: (0)33 / 855 25 23, Email: b.melliger@hoteljungfrau.com, www.hoteljungfrau.com. Übernachtungen: EZ ÜF: ab 43,-, DZ ÜF: ab 43,-. Bemerkungen: Preisänderungen vorbehalten!

Hotel Oberland, Inhaber oder Wirtsleute: Herr und Frau Ursula & Marc Nolan, 3822 Lauterbrunnen, Schweiz, Tel.: (0)33 / 855 12 41, Fax: (0)33 / 855 42 41, Email: info@hoteloberland.ch, www.hoteloberland.ch. Übernachtungen: EZ ÜF: ab 39,-, DZ ÜF: ab 39,-. Bemerkungen: Preisänderungen vorbehalten!

Hotel Restaurant Bahnhof, Inhaber oder Wirtsleute: Herr Walter von Allmen, 3822 Lauterbrunnen, Schweiz, Tel.: (0)33 / 855 17 23, Fax: (0)33 / 855 18 47, Email: restaurant-bahnhof@bluewin.ch, www.bahnhof-hotel.ch. Übernachtungen: EZ ÜF: ab 36,-, DZ ÜF: ab 36,-. Bemerkungen: Preisänderungen vorbehalten!

Hotel Schützen, Inhaber oder Wirtsleute: Familien von Allmen, 3822 Lauterbrunnen, Schweiz, Tel.: (0)33 / 855 30 26, Fax: (0)33 / 855 29 50, Email: info@hotelschuetzen.com, www.hotelschuetzen.com. Übernachtungen: EZ ÜF: ab 43,-, DZ ÜF: ab 43,-. Bemerkungen: Preisänderungen vorbehalten!

Hotel Silberhorn, Inhaber oder Wirtsleute: Familie von Allmen, 3822 Lauterbrunnen, Schweiz, Tel.: (0)33 / 856 22 10, Fax: (0)33 / 855 42 13, Email: info@silberhorn.com, www.silberhorn.com. Übernachtungen: EZ ÜF: ab 43,-, DZ ÜF: ab 43,-. Bemerkungen: Preisänderungen vorbehalten!

Hotel Staubbach, Inhaber oder Wirtsleute: Herr und Frau Craig & Corinne Rochin-Müller, 3822 Lauterbrunnen, Schweiz, Tel.: (0)33 / 855 54 54, Fax: (0)33 / 855 54 84, Email: hotel@staubbach.com, www.staubbach.com. Übernachtungen: EZ ÜF: ab 26,-, DZ ÜF: ab 26,-. Bemerkungen: Preisänderungen vorbehalten!

Hotel Steinbock, Inhaber oder Wirtsleute: Herr Rafael Litzler, 3822 Lauterbrunnen, Schweiz, Tel.: (0)33 / 855 12 31, Fax: (0)33 / 855 44 31, Email: steinbock@tcnet.ch. Bemerkungen: Preise auf Anfrage.

Les Echets

s. Caux

Lungötz

Gasthöfe

Bärhof, Inhaber oder Wirtsleute: Familie Anneliese und Bartl Haigermoser, Nr. 15, 5524 Annaberg-Lungötz, Österreich, Tel.: (0)6463 / 8344, Fax: (0)6463 / 811885, Email: baerhof@aon.at. Übernachtungen: EZ HP: ab 13,-. Bemerkungen: Unterkunft liegt nicht am Weg! Preise für Mehrbettzimmer (Ferienwohnung) auf Anfrage.

Meiringen

Gasthöfe

Berggasthof Kaltenbrunnensäge, Inhaber oder Wirtsleute: Oscar und Annerös Baumgartner, 3860 Meiringen, Schweiz, Tel.: (0)33 / 971 19 08, Fax: (0)33 / 971 50 08/09, www.sageli.ch. Übernachtungen: DZ ÜF: 14,-, DZ HP: plus 11,-, MBL ÜF: 14,-, MBL HP: plus 11,-, bewirtschaftet: ganzjährig.
Gasthaus Zwirgi, Inhaber oder Wirtsleute: H. & M. Frutiger-Maurer, Zwirgi, 3860 Meiringen, Schweiz, Tel.: (0)33 / 971 14 22, Fax: (0)33 / 971 14 74, Email: gasthaus@zwirgi.ch, www.zwirgi.ch. Übernachtungen: EZ ÜF: 69,- - 75,-, EZ HP: plus 22,-, DZ ÜF: 56,- - 62,-, DZ HP: plus 22,-, bewirtschaftet: Dezember bis Oktober.

Hotels

Hotel Hof und Post, Inhaber oder Wirtsleute: M. und Ch. Steinacher, 3862 Innertkirchen, Schweiz, Tel.: (0)33 / 971 19 51, Fax: (0)33 / 971 44 17, Email: hof.post@bluewin.ch, www.hotel-hof-post.ch. Übernachtungen: EZ ÜF: 44,-, EZ HP: plus 9,-, DZ ÜF: 31,- - 37,-, DZ HP: plus 9,-.
Hotel Tourist, Inhaber oder Wirtsleute: Martin Schläppi, Willigen, 3860 Meiringen, Schweiz, Tel.: (0)33 / 971 10 44, Fax: (0)33 / 971 64 17, Email: info@hoteltourist.ch, www.hoteltourist.ch. Übernachtungen: EZ ÜF: 41,- - 47,-, EZ HP: plus 16,-, DZ ÜF: 31,- - 37,-, DZ HP: plus 16,-.

Unterkünfte 255

Sporthotel Sherlock Holmes, Inhaber oder Wirtsleute: Panos Perreten, Alpbachallee 3, 3860 Meiringen, Schweiz, Tel.: (0)33 / 972 98 89, Fax: (0)33 / 972 98 88, Email: info@sherlock.ch, www.sherlock.ch. Übernachtungen: EZ ÜF: 55,- - 67,-, EZ HP: plus 20,-, DZ ÜF: 46,- - 55,-, DZ HP: plus 20,-.

Privatunterkünfte

Bed & Breakfast Carina, Inhaber oder Wirtsleute: Koszinowski Carina GmbH, Stapfenweg 19, 3862 Innertkirchen, Schweiz, Tel.: (0)33 / 971 25 15, Fax: (0)33 / 971 20 01, Email: info@carina.ch, www.carina.ch. Übernachtungen: EZ ÜF: 44,- - 47,-, DZ ÜF: 34,- - 37,-, bewirtschaftet: ganzjährig.
Simons Herberge, Inhaber oder Wirtsleute: Simon Frutiger, Alpbachstrasse 17, 3860 Meiringen, Schweiz, Tel.: (0)33 / 971 17 15, Fax: (0)33 / 971 39 19, Email: info@simons-herberge.ch, www.simons-herberge.ch. Übernachtungen: DZ ÜF: 20,-, DZ HP: plus 16,-, MBL ÜF: 20,-, MBL HP: plus 16,-, bewirtschaftet: Mai bis Oktober.

Zeltplätze

Camping Grimselblick, Inhaber oder Wirtsleute: B. und A. Kehrli, Stapfenweg 5, 3862 Innertkirchen, Schweiz, Tel.: (0)33 / 971 37 52, Email: info@camping-grimselblick.ch, www.camping-grimselblick.ch, bewirtschaftet: ganzjährig.

Melchsee-Frutt

Gasthöfe

Berggasthaus Tannalp, Inhaber oder Wirtsleute: Niklaus und Anna Linder, 6068 Melchsee-Frutt, Schweiz, Tel.: (0)669 / 11 47, Fax: (0)669 / 11 47, Email: info@tannalp.ch, www.tannalp.ch. Übernachtungen: DZ ÜF: 70,-, DZ HP: 80,-, MBL ÜF: 55,-, MBL HP: 65,-, bewirtschaftet: Mitte Juni bis Mitte Oktober. Bemerkungen: Preisänderungen vorbehalten.
Bergrestaurant Erzegg, Inhaber oder Wirtsleute: André Fischer, 6068 Melchsee-Frutt, Schweiz, Tel.: (0)669 / 06 00, Fax: (0)669 / 06 01, Email: bergrestaurant@erzegg.ch, www.erzegg.ch. Übernachtungen: MBL ÜF: 65,-, MBL HP: 75,-, bewirtschaftet: Mitte Juni bis Mitte Oktober. Bemerkungen: Preisänderungen vorbehalten.

Hotels

Berghotel Bonistock, Inhaber oder Wirtsleute: Noldi Hess, 6068 Melchsee-Frutt, Schweiz, Tel.: (0)669 / 12 30, Fax: (0)669 / 14 61,

Email: hotel@bonistock.ch, www.bonistock.ch. Übernachtungen: MBL ÜF: 50,-, MBL HP: 75,-, bewirtschaftet: Mitte Juni bis Mitte Oktober. Bemerkungen: Preisänderungen vorbehalten.

Montreux

Hotels

Hotel du Pont, Inhaber oder Wirtsleute: Mme Marléne Pfanner & Cie, Rue du Pont 12, 1820 Montreux, Schweiz, Tel.: (0)421 / 963 2249, Fax: (0)421 / 963 2249, Email: hoteldupont@hotmail.com. Übernachtungen: EZ ÜF: ab 47,-, DZ ÜF: ab 40,-.

Privatunterkünfte

Helene Aviolat, Avenue del Belmont 34, 1820 Montreux, Schweiz, Tel.: (0)21 / 963 4640, Fax: (0)21 / 963 4640. Übernachtungen: EZ ÜF: ab 34,-, DZ ÜF: ab 34,-. Bemerkungen: Preisänderungen möglich!
Maison Klaus & Mad. I. Klaus, Ruelle du Chauderon 1, 1820 Montreux, Schweiz, Tel.: (0)21 / 963 7891, Fax: (0)21 / 963 7891. Übernachtungen: EZ ÜF: ab 23,-, DZ ÜF: ab 17,-. Bemerkungen: Preisänderungen möglich!

Muotathal

Hotels

Hotel Post, Inhaber oder Wirtsleute: A. Gwerder, Hauptstraße 29, 6436 Muotathal, Schweiz, Tel.: (0)41 / 830 1162, Fax: (0)41 / 830 2181, Email: hotel.post@bluewin.ch. Übernachtungen: EZ ÜF: ab 40,-, DZ ÜF: ab 38,-. Bemerkungen: Preisänderungen möglich!
Hotel Tell, Inhaber oder Wirtsleute: Fam. Imhof-Arnold, Hauptstraße 97, 6436 Muotathal, Schweiz, Tel.: (0)41 / 830 1126, Fax: (0)41 / 830 2320, Email: mail@hotel-tell.ch, www.hotel-tell.ch. Übernachtungen: EZ ÜF: ab 40,-, DZ ÜF: ab 40,-. Bemerkungen: Preisänderungen möglich!

Mürren

Almen

Oberer Dürrenberg, Inhaber oder Wirtsleute: Familie Studer, 3723 Kiental, Schweiz, Tel.: (0)33 / 676 24 94. Übernachtungen: MBL ÜF: SFr 14,-, MBL HP: SFr 20,-, bewirtschaftet: ca. Juli bis August.

Unterkünfte 257

Gasthöfe/Pensionen

Berggasthaus Golderli, Inhaber oder Wirtsleute: Familie Georges und Beatrice Jost, 3723 Kiental, Schweiz, Tel.: (0)33 / 676 21 92, Email: mail@golderli.ch, www.golderli.ch. Übernachtungen: EZ HP: SFr 85,-, DZ HP: SFr 95,-, MBL HP: SFr 62,-, bewirtschaftet: Mitte Mai bis Mitte Oktober.
Pension Suppenalp, Inhaber oder Wirtsleute: Herr Kofi Brunner, 3825 Mürren, Schweiz, Tel.: (0)33 / 855 17 26, Email: info@suppenalp.ch, www.suppenalp.ch. Übernachtungen: EZ HP: SFr 80,-, DZ HP: SFr 80,-, MBL HP: SFr 60,-, bewirtschaftet: Mitte Juni bis Mitte September.

Hotels

Alpenblick, Inhaber oder Wirtsleute: Familie Heidi und Franz Fitz, 3825 Mürren, Schweiz, Tel.: (0)33 / 855 13 27, Fax: (0)33 / 855 13 91, Email: alpenblick@muerren.ch, www.muerren.ch/alpenblick. Übernachtungen: EZ ÜF: SFr 90,-, EZ HP: SFr 120,-, DZ ÜF: SFr 75,-, DZ HP: SFr 105,-, bewirtschaftet: Juni bis Oktober.
Jungfrau, Inhaber oder Wirtsleute: Familie Götschi, 3825 Mürren, Schweiz, Tel.: (0)33 / 856 64 64, Fax: (0)33 / 856 64 65, Email: mail@hoteljungfrau.ch, www.hoteljungfrau.ch. Übernachtungen: EZ ÜF: SFr 100,-, EZ HP: SFr 140,-, DZ ÜF: SFr 95,-, DZ HP: SFr 135,-, bewirtschaftet: Juni bis Mitte Oktober.

Privatunterkünfte

Familie Therese und Fritz Abbühl, 3826 Gimmelwald, Schweiz, Tel.: (0)33 / 855 37 22, bewirtschaftet: ganzjährig. Bemerkungen: Preise auf Anfrage.

Zeltplätze

Camping Breithorn, Inhaber oder Wirtsleute: Frau Silvia von Allmen, 3824 Stechelberg, Schweiz, Tel.: (0)33 / 855 12 25, Fax: (0)33 / 855 35 61, Email: breithorn@stechelberg.ch, www.campingbreithorn.ch, bewirtschaftet: ganzjährig. Bemerkungen: Preise auf Anfrage.

Neuberg/Mürz

Gasthöfe/Pensionen

Gasthof Hubert Holzer, Inhaber oder Wirtsleute: Holzer Hubert, Hauptstraße 9, 8692 Neuberg/Mürz, Österreich, Tel.: (0)3857 / 8332, Email: gasthof@hubertholzer.com, www.gasthofholzer.com. Bemerkungen: Preise auf Anfrage.

Landgasthof Holzer Anna, Inhaber oder Wirtsleute: Holzer Anna, Hauptstraße 65, 8692 Neuberg/Mürz, Österreich, Tel.: (0)3857 / 8369. Bemerkungen: Preise auf Anfrage.
Gesundheitshof Neuberg, Hauptstraße 40, 8692 Neuberg/Mürz, Österreich, Tel.: (0)3857 / 8600, Fax: (0)3857 / 8600 600, Email: office@mayrkur-neuberg.com, www.mayrkur-neuberg.com. Bemerkungen: Preise auf Anfrage.
Pension Scheealpe, Inhaber oder Wirtsleute: Neudecker Cilli, Eichtfeldweg 2, 8692 Neuberg/Mürz, Österreich, Tel.: (0)3857 / 8214. Bemerkungen: Preise auf Anfrage.

Privatunterkünfte

Fressner Grete, Inhaber oder Wirtsleute: Fressner Grete, Roseggerstraße 19, 8692 Neuberg/Mürz, Österreich, Tel.: (0)3857 / 8528. Bemerkungen: Preise auf Anfrage.
Haus zur Linde, Inhaber oder Wirtsleute: Fam. Schrittwieser, Neudörflstraße 10, 8692 Neuberg/Mürz, Österreich, Tel.: (0)3857 / 8408. Übernachtungen: EZ ÜF: 22,-, DZ ÜF: 20,-. Bemerkungen: Preise auf Anfrage.
Hinterleitner Gottfried, Inhaber oder Wirtsleute: Hinterleitner Gottfried, Arzbach 16, 8692 Neuberg/Mürz, Österreich, Tel.: (0)3857 / 8709. Bemerkungen: Preise auf Anfrage.
Kubath Hermine, Inhaber oder Wirtsleute: Kubath Hermine, Roseggerstraße 21, 8692 Neuberg/Mürz, Österreich, Tel.: (0)3857 / 8628. Bemerkungen: Preise auf Anfrage.
Lechner Friedrich, Inhaber oder Wirtsleute: Lechner Friedrich, Erzgasse 3a, 8692 Neuberg/Mürz, Österreich, Tel.: (0)3857 / 8581, Email: fblechner@ednnet.at. Übernachtungen: EZ ÜF: 55,-. Bemerkungen: Ferienwohnung für 4 Personen.
Lechnerhof, Inhaber oder Wirtsleute: Fam. Tautscher, Lechen 3, 8692 Neuberg/Mürz, Österreich, Tel.: (0)3857 / 8371, Email: eva.tautscher@planetuniqa.at. Bemerkungen: Preise auf Anfrage.
Marxbauernhaus, Inhaber oder Wirtsleute: Fam. Van der Hulst, Neudörflstraße 17-19, 8692 Neuberg/Mürz, Österreich, Tel.: (0)3857 / 8884, Email: office@marxbauernhaus.com, www.marxbauernhaus.com. Bemerkungen: Preise auf Anfrage.
Michlbauer, Inhaber oder Wirtsleute: Fam. Holzer Manfred und Brigitte, Greith 1, 8692 Neuberg/Mürz, Österreich, Tel.: (0)3857 / 8457, Fax: (0)3857 / 8457 4, Email: urlaub@michlbauer-holzer.at, www.michlbauer-holzer.at. Übernachtungen: EZ ÜF: 29,- - 49,-, EZ HP: 39,- - 59,-. Bemerkungen: Ferienwohnung.

Paier Johann & Regina, Inhaber oder Wirtsleute: Paier Johann und Regina, Arzbach 40, 8692 Neuberg/Mürz, Österreich, Tel.: (0)3857 / 8817, Email: regina.paier@gmx.at. Bemerkungen: Preise auf Anfrage.
Piller Gottfried, Inhaber oder Wirtsleute: Piller Gottfried, Wiesenweg 3, 8692 Neuberg/Mürz, Österreich, Tel.: (0)3857 / 8743. Bemerkungen: Preise auf Anfrage.
Pöll Hans und Grete, Inhaber oder Wirtsleute: Pöll Hans und Grete, Roseggerstraße 14, 8692 Neuberg/Mürz, Österreich, Tel.: (0)3857 / 8536. Bemerkungen: Preise auf Anfrage.
Schwab Grete, Inhaber oder Wirtsleute: Schwab Grete, Roseggerstraße 16, 8692 Neuberg/Mürz, Österreich, Tel.: (0)3857 / 8623. Bemerkungen: Preise auf Anfrage.
Schweighofer Johann, Inhaber oder Wirtsleute: Schweighofer Johann, Hauptstraße 88, 8692 Neuberg/Mürz, Österreich, Tel.: (0)3857 / 8476, Email: hausschweighofer@hotmail.com. Bemerkungen: Preise auf Anfrage.
Zöchling Frieda, Inhaber oder Wirtsleute: Zöchling Frieda, Roseggerstraße 17, 8692 Neuberg/Mürz, Österreich, Tel.: (0)3857 / 8627. Bemerkungen: Preise auf Anfrage.

Oetz

Gasthöfe/Pensionen

Gästehaus Fiegl, Hauptstraße 61, 6433 Oetz, Österreich, Tel.: (0)5252 / 6231, Fax: (0)5252 / 6231 24, Email: info.fiegl@aon.at. Übernachtungen: DZ ÜF: ab 30,-. Bemerkungen: Preise für Halbpension auf Anfrage.
Gasthof Stern, Kirchweg 6, 6433 Oetz, Österreich, Tel.: (0)5252 / 6323, Fax: (0)5252 / 6323 4, Email: gasthof.stern@utanet.at. Bemerkungen: Preise auf Anfrage.
Haus Marita, Hauptstraße 96, 6433 Oetz, Österreich, Tel.: (0)5252 / 6383, Fax: (0)5252 / 6383 6, Email: hausmarita@aon.at, www.hausmarita.at. Übernachtungen: EZ ÜF: ab 27,-, DZ ÜF: ab 25,-. Bemerkungen: Preise sind saisonabhängig. Mehrbettzimmer auf Anfrage.

Hotels

Hotel Drei Mohren, Hauptstraße 54, 6433 Oetz, Österreich, Tel.: (0)5252 / 6301, Fax: (0)5252 / 2464, Email: fam.haid@hotel3mohren.at, www.hotel3mohren.at. Übernachtungen: EZ ÜF: 40,-, EZ HP: ab 44,-, DZ ÜF: 36,-, DZ HP: ab 44,-. Bemerkungen: Preise sind saisonabhängig.

Zeltplätze

Ötztaler Naturcamping, Inhaber oder Wirtsleute: Kuprian Ernst, Huben 241, 6444 Längenfeld, Österreich, Tel.: (0)5253 / 5855, Fax: (0)5253 / 5538, Email: info@oetztalernaturcamping.com. Bemerkungen: Preise auf Anfrage.

Pfarrwerfen

Gasthöfe/Pensionen

Gästehaus Burger, Dorfwerfen 152, 5452 Pfarrwerfen, Österreich, Tel.: (0)6468 / 5274, Fax: (0)6468 / 5274, Email: burger.c@sbg.at, www.hausburger.at/. Übernachtungen: DZ ÜF: ab 20,50. Bemerkungen: Preise für Dreibettzimmer auf Anfrage. Transfer vom Bahnhof Pfarrwerfen.

Scheibenhubhof, Maier 4, 5452 Pfarrwerfen, Österreich, Tel.: (0)6468 / 8505, Fax: (0)6468 / 8505, Email: scheibenhub@sbg.at, www.sbg.at/nitsch/. Übernachtungen: EZ ÜF: ab 19,-, DZ ÜF: ab 19,-.

Ried im Zillertal

Gasthöfe

Gasthof Schönblick, Inhaber oder Wirtsleute: Fam. Schweiberer, Riedberg 52a, 6272 Ried im Zillertal, Österreich, Tel.: (0)5283 / 2496, Fax: (0)5283 / 29160, Email: gasthofschoenblick@aon.at, www.zillertal-online.at/schoenblick. Übernachtungen: EZ ÜF: 21,- - 26,-, EZ HP: 28,- - 33,-, DZ ÜF: 19,- - 22,-, DZ HP: 26,- - 29,-, MBL ÜF: 19,- - 22,-, MBL HP: 26,- - 29,-.

Hotels

Hotel Almhof Lackner, Inhaber oder Wirtsleute: Fam. Wildauer, Ried 25b, 6272 Ried im Zillertal, Österreich, Tel.: (0)5283 / 2374, Fax: (0)5283 / 3293, Email: almhof.lackner@aon.at, www.almhof-lackner.at. Übernachtungen: EZ ÜF: 39,- - 42,-, EZ HP: 49,- - 52,-, DZ ÜF: 32,- - 35,-, DZ HP: 42,- - 45,-, MBL ÜF: 32,- - 35,-, MBL HP: 42,- - 45,-.

Privatunterkünfte

Gästehaus Eberharter, Inhaber oder Wirtsleute: Magdalena Eberharter, Ried 101, 6272 Ried im Zillertal, Österreich, Tel.: (0)5283 / 2646, Fax: (0)5283 / 2646 3. Übernachtungen: DZ ÜF: 20,-, MBL ÜF: 20,-.

Stieglerhof, Inhaber oder Wirtsleute: Fam. Jäger Johann, Ried 24, 6272 Ried im Zillertal, Österreich, Tel.: (0)5283 / 3239, Fax: (0)5283 / 3239. Übernachtungen: EZ ÜF: 24,-, DZ ÜF: 18,-, MBL ÜF: 18,-.

Zeltplätze

Camping Hochzillertal, Inhaber oder Wirtsleute: Arnold Holaus, Kaltenbach 1, 6272 Kaltenbach, Österreich, Tel.: (0)650 / 733 33 98, Fax: (0)5282 / 3982, Email: info@camping-hochzillertal.at, www.camping-hochzillertal.at.

Sargans

Hotels

Hotel Löwen Städtli, Städtchenstraße 60, 7320 Sargans, Schweiz, Tel.: (0)81 / 723 7103, Fax: (0)81 / 723 5690, Email: zunfthaus @spin.ch/loewen. Übernachtungen: EZ ÜF: ab 45,-, DZ ÜF: ab 45,-. Bemerkungen: Preisänderungen möglich!

Hotel Pizol, Inhaber oder Wirtsleute: R. & Chr. Blundi, Bahnhofstrasse 8, 7320 Sargans, Schweiz, Tel.: (0)81 / 710 0971, Fax: (0)81 / 710 0970. Übernachtungen: DZ ÜF: ab 30,-. Bemerkungen: Preisänderungen möglich!

Hotel Sarganserhof, Inhaber oder Wirtsleute: O. Blesch, Zürcherstrasse 75, 7320 Sargans, Schweiz, Tel.: (0)81 / 723 2264, Fax: (0)81 / 723 2264. Übernachtungen: EZ ÜF: ab 35,-, DZ ÜF: ab 31,-. Bemerkungen: Preisänderungen möglich!

Hotel zum Ritterhof, Inhaber oder Wirtsleute: Familie Züger, Bahnhofstrasse 12, 7320 Sargans, Schweiz, Tel.: (0)81 / 710 68 30, www.hotel-ritterhof.ch. Bemerkungen: Preise auf Anfrage.

Schruns

Gasthöfe/Pensionen

Hochjochstübli, Inhaber oder Wirtsleute: Fam. Stemer, Bergbahnstraße 18, 6780 Schruns, Österreich, Tel.: (0)5556 / 72417, Fax: (0)5556 / 72417, Email: info@hochjochstoebli.at, www.hochjochstoebli.at. Übernachtungen: DZ ÜF: 27,- - 32,-, DZ HP: 35,- - 39,-, bewirtschaftet: Anfang Juni bis Ende September. Bemerkungen: Einzelzimmerzuschlag.

Kropfen, Inhaber oder Wirtsleute: Fam. Amann, Gamplaschgerweg 83, 6780 Schruns, Österreich, Tel.: (0)5556 / 72065, Fax: (0)5556 / 74350, Email: gaushaus-kropfen@aon.at, www.montafon.com/gasthaus-kropfen, bewirtschaftet: Anfang Juni bis Mitte Oktober. Bemerkungen: Ferienwohnung mit Gasthausanschluß. Preise auf Anfrage.

Rhätikon, Inhaber oder Wirtsleute: Fam. Zint, Rätikonstraße 6, 6780 Schruns, Österreich, Tel.: (0)5556 / 72171, Fax: (0)5556 / 721714, Email: gasthof.rhaetikon@montafon.com, www.montafon.

com/Gasthof-Rhaetikon. Übernachtungen: DZ ÜF: 28,- - 32,-, DZ HP: 28,- - 32,-, bewirtschaftet: Anfang Juni bis Ende September. Bemerkungen: Einzelzimmerzuschlag.

Hotels

Taube, Inhaber oder Wirtsleute: Fam. Nels, Silvrettastraße 1, 6780 Schruns, Österreich, Tel.: (0)5556 / 72384, Fax: (0)5556 / 721458, Email: hotel.taube@cable.vol.at, www.tiscover.at/hotel-taube. Übernachtungen: DZ ÜF: 32,- - 49,-, DZ HP: 42,- - 59,-, bewirtschaftet: Anfang Juni bis Ende September.
Zimba, Inhaber oder Wirtsleute: Fam. Ladurner, Veltlinerweg 2, 6780 Schruns, Österreich, Tel.: (0)5556 / 72630, Fax: (0)5556 / 72630 45, Email: info@hotel-zimba.at, www.Hotel-Zimba.at. Übernachtungen: EZ ÜF: 51,- - 55,-, DZ ÜF: 47,- - 55,-, DZ HP: 57,- - 65,-, bewirtschaftet: Ende Mai bis Ende Oktober.

Zeltplätze

Thöny, Inhaber oder Wirtsleute: Fam. Thöny, Flurstraße 4, 6780 Schruns, Österreich, Tel.: (0)5556 / 78266, Fax: (0)5556 / 76087, Email: sepplstoba@cable.vol.at, www.sepplstoba.at, bewirtschaftet: Anfang Juni bis Ende September. Bemerkungen: Preise auf Anfrage.

Schwaz

Gasthöfe/Pensionen

Alpengasthof Pfitscherhof, Inhaber oder Wirtsleute: Familie Nöckl, Zintberg 23, 6130 Schwaz, Österreich, Tel.: (0)5242 / 63505, bewirtschaftet: ganzjährig. Bemerkungen: Preise auf Anfrage.
Pension Clara, Inhaber oder Wirtsleute: Birgitt Böck, Winterstellerstraße 20, 6130 Schwaz, Österreich, Tel.: (0)5242 / 63911, bewirtschaftet: ganzjährig. Bemerkungen: Preise auf Anfrage.

Privatunterkünfte

Gästehaus Anfang, Inhaber oder Wirtsleute: Gottfried Anfang, Pirchanger 72, 6130 Schwaz, Österreich, Tel.: (0)5242 / 63454, Fax: (0)5242 / 65117, bewirtschaftet: ganzjährig. Bemerkungen: Preise auf Anfrage.
Gästehaus Kreidl, Inhaber oder Wirtsleute: Familie Johann Kreidl, Husslstraße 28, 6130 Schwaz, Österreich, Tel.: (0)5242 / 62623, Fax: (0)5242 / 62623, bewirtschaftet: ganzjährig. Bemerkungen: Preise auf Anfrage.

Gästehaus Hupfauf, Inhaber oder Wirtsleute: Helga Hupfauf, Arzberg 72, 6130 Schwaz, Österreich, Tel.: (0)5242 / 65161, bewirtschaftet: ganzjährig. Bemerkungen: Preise auf Anfrage.
Legerer, Inhaber oder Wirtsleute: Trude Häusler, Pirchanger 87, 6130 Schwaz, Österreich, Tel.: (0)5242 / 63972, bewirtschaftet: ganzjährig. Bemerkungen: Bauernhof mit privater Zimmervermietung. Preise auf Anfrage.
Schrottenhof, Inhaber oder Wirtsleute: Familie Eberl, Dr. Weißgattererstr. 16, 6130 Schwaz, Österreich, Tel.: (0)5242 / 71256, bewirtschaftet: ganzjährig. Bemerkungen: Bauernhof mit privater Zimmervermietung. Preise auf Anfrage.
Stoixnerhof, Inhaber oder Wirtsleute: Familie Thummer, Dr. Körnerstr. 8, 6130 Schwaz, Österreich, Tel.: (0)5242 / 62604, Fax: (0)5242 / 62604, bewirtschaftet: ganzjährig. Bemerkungen: Bauernhof mit privater Zimmervermietung. Preise auf Anfrage.
Vereinshaus Schwaz, Inhaber oder Wirtsleute: Reiter Robert, Geschäftsstelle SC Schwaz, Paulinumweg 5, 6130 Schwaz, Österreich, Tel.: (0)5242 / 20444, Handy: (0)676 / 836 972 31, Email: geschaeftsstelle@sc.schwaz.at, bewirtschaftet: ganzjährig. Bemerkungen: Preise auf Anfrage.

St. Johann am Tauern

Gasthöfe

Gasthof Selan, Sonnseite 32, 8765 St. Johann, Österreich, Tel.: (0)3575 / 227, Fax: (0)3575 / 227, Email: gasthof.selan@utanet.at. Bemerkungen: Preise für Übernachtung auf Anfrage.
Steinberger Hof, Schattseite 6, 8765 St. Johann, Österreich, Tel.: (0)3575 / 20023, Email: HansSt.Johann@aon.at. Bemerkungen: Hof liegt ca. 2 km südlich von St. Johann. Preise für Übernachtung auf Anfrage.

Treglwang

Gasthöfe

Treglwangerhof, Inhaber oder Wirtsleute: Ewald und Hilde Ploderer, Nr. 5, 8782 Treglwang, Österreich, Tel.: (0)3617 / 2252, Email: ploderer@ctc.at. Bemerkungen: Preise auf Anfrage.

Privatunterkünfte

Christöfl Friederik, Nr. 43, 8782 Treglwang, Österreich, Tel.: (0)3617 / 2345. Bemerkungen: Preise auf Anfrage.

Gierl Josef, Nr. 32, 8782 Treglwang, Österreich, Tel.: (0)3617 / 2284. Bemerkungen: Preise auf Anfrage.
Kaltenbrunner Waltraud, Nr. 19, 8782 Treglwang, Österreich, Tel.: (0)3617 / 2366. Bemerkungen: Preise auf Anfrage.
Maislinger Doris, Nr. 32, 8782 Treglwang, Österreich, Tel.: (0)3617 / 2625. Bemerkungen: Preise auf Anfrage.
Schausberger Roswitha, Nr. 7, 8782 Treglwang, Österreich, Tel.: (0)3617 / 2640. Bemerkungen: Preise auf Anfrage.

Tschagguns

Gasthöfe/Pensionen

Drei Türme, Inhaber oder Wirtsleute: Fam. Claassen-Peters, Latschaustraße 15, 6774 Tschagguns, Österreich, Tel.: (0)5556 / 20243, Email: info@drei-tuerme.com, www.drei-tuerme.com. Übernachtungen: DZ ÜF: 27,- - 30,-, DZ HP: 42,- - 45,-, bewirtschaftet: Anfang Juni bis Ende September.
Löwen, Inhaber oder Wirtsleute: Fam. Tschohl, Kreuzgasse, 6774 Tschagguns, Österreich, Tel.: (0)5556 / 71000, Fax: (0)5556 / 71006, Email: info@montafonerhof.com, www.montafonerhof.com. Übernachtungen: DZ ÜF: 36,- - 44,-, bewirtschaftet: Anfang Juli bis Anfang Juni.
Montiel, Inhaber oder Wirtsleute: Fam. Tyro, Latschaustraße 6, 6774 Tschagguns, Österreich, Tel.: (0)5556 / 72478, Fax: (0)5556 / 72478, Email: pension.montiel@aon.at, www.montafon.com/pension-montiel. Übernachtungen: DZ ÜF: 28,- - 35,-, DZ HP: 41,- - 48,-, bewirtschaftet: Ende Mai bis Ende Oktober. Bemerkungen: Einzelzimmerzuschlag 5,-.
Sulzfluh, Inhaber oder Wirtsleute: Fam. Salzgeber, Latschaustraße 41, 6774 Tschagguns, Österreich, Tel.: (0)5556 / 73376, Fax: (0)5556 / 733764, Email: sulzfluh@aon.at, www.sulzfluh.at. Übernachtungen: DZ ÜF: 27,- - 29,-, MBL ÜF: 26,- - 28,-, bewirtschaftet: Anfang Juni bis Ende September.

Hotels

Montabella, Inhaber oder Wirtsleute: Fam. Gabrielli, Gauertalweg 2, 6774 Tschagguns, Österreich, Tel.: (0)5556 / 73384, Fax: (0)5556 / 733842, Email: info@montabella.at, www.montabella.at. Übernachtungen: DZ ÜF: 37,50 - 43,50, DZ HP: 45,- - 51,50, bewirtschaftet: Anfang Juni bis Ende September. Bemerkungen: Einzelzimmer auf Anfrage (Zuschlag).

Unterkünfte 265

Zell am See

Gasthöfe/Pensionen

Gästehaus Sonne, Inhaber oder Wirtsleute: Familie Hollaus, Dorfplatz 10, 5700 Zell am See, Österreich, Tel.: (0)6542 / 72187, Fax: (0)6542 / 72187, Email: gaestehaus-sonne@sbg.at, www.sbg.at/sonne. Übernachtungen: EZ ÜF: ab 26,-, DZ ÜF: ab 23,-, bewirtschaftet: ganzjährig. Bemerkungen: Preisänderungen vorbehalten.
Hotel Garni Villa Klothilde, Inhaber oder Wirtsleute: Daniela Vitzthum, Skiliftstraße 2-4, 5700 Zell am See, Österreich, Tel.: (0)6542 / 72660, Fax: (0)6542 / 72660 60, Email: info@villa-klothilde.at, www.villa-klothilde.at. Übernachtungen: EZ ÜF: ab 35,-, DZ ÜF: ab 30,-, bewirtschaftet: ganzjährig. Bemerkungen: Preisänderungen vorbehalten.
Pension Alpenrose, Inhaber oder Wirtsleute: Familie Gruber, Schmittenstraße 22, 5700 Zell am See, Österreich, Tel.: (0)6542 / 72570, Fax: (0)6542 / 72570 35, Email: pension-alpenrose@sbg.at, www.pension-alpenrose.at. Übernachtungen: EZ ÜF: ab 26,-, DZ ÜF: ab 26,-, bewirtschaftet: ganzjährig. Bemerkungen: Preisänderungen vorbehalten.

Hotels

Grand Hotel, Inhaber oder Wirtsleute: Dr. Wilfried Holleis, Esplanade 4-6, 5700 Zell am See, Österreich, Tel.: (0)6542 / 788, Fax: (0)6542 / 788, Email: info@grandhotel-zellamsee.com, www.grandhotel.cc. Übernachtungen: EZ ÜF: ab 77,-, EZ HP: ab 87,-, DZ ÜF: ab 62,-, DZ HP: ab 72,-, bewirtschaftet: ganzjährig. Bemerkungen: Preisänderungen vorbehalten.
Hotel Grüner Baum, Inhaber oder Wirtsleute: Fr. Halbmayr-Schultes, Seegasse 1, 5700 Zell am See, Österreich, Tel.: (0)6542 / 771 0, Fax: (0)6542 / 47188, Email: hotel@gruener-baum.at, www.gruener-baum.at. Übernachtungen: EZ ÜF: ab 36,-, EZ HP: ab 45,-, DZ ÜF: ab 33,-, DZ HP: ab 42,-, bewirtschaftet: ganzjährig. Bemerkungen: Preisänderungen vorbehalten.
Hotel Heitzmann, Inhaber oder Wirtsleute: Familie Heitzmann, Weißbergasse 1, 5700 Zell am See, Österreich, Tel.: (0)6542 / 72 152, Fax: (0)6542 / 72 152 33, Email: office@zellamsee-hotel.at, www.zellamsee-hotel.at. Übernachtungen: EZ ÜF: ab 70,-, EZ HP: ab 85,-, DZ ÜF: ab 60,-, DZ HP: ab 65,-, bewirtschaftet: ganzjährig. Bemerkungen: Preisänderungen vorbehalten.
Seevilla Freiberg, Inhaber oder Wirtsleute: Familie Euler-Rolle, Esplanade 22, 5700 Zell am See, Österreich, Tel.: (0)6542 / 72643, Fax: (0)6542 / 74059 45, Email: info@seehotel-freiberg.at, www.seehotel-

freiberg.at. Übernachtungen: EZ ÜF: ab 62,-, EZ HP: ab 84,-, DZ ÜF: ab 49,-, DZ HP: ab 66,50, bewirtschaftet: ganzjährig. Bemerkungen: Preisänderungen vorbehalten.

Privatunterkünfte

Haus Buchner, Inhaber oder Wirtsleute: Herta C. Fischer, Seegasse 12, 5700 Zell am See, Österreich, Tel.: (0)6542 / 72636, Fax: (0)6542 / 72636. Übernachtungen: EZ ÜF: ab 29,-, DZ ÜF: ab 27,-, bewirtschaftet: ganzjährig. Bemerkungen: Preisänderungen vorbehalten.

Zirl

Hotels

Tyrolis, Inhaber oder Wirtsleute: Familie Rasinger, Meilstraße 36, 6170 Zirl, Österreich, Tel.: (0)5238 / 515 54, Fax: (0)5238 / 515 52, Email: hotel@tyrolis.com, www.tyrolis.cc. Übernachtungen: EZ ÜF: 58,-, DZ ÜF: 51,-, bewirtschaftet: ganzjährig.

Pensionen

Bergland, Inhaber oder Wirtsleute: Familie Hochenegger, Sonnenstraße 1, 6170 Zirl, Österreich, Tel.: (0)5238 / 53679, Fax: (0)5238 / 54607, Email: haus-bergland.zirl@aon.at. Übernachtungen: EZ ÜF: 30,-, DZ ÜF: 26,-, bewirtschaftet: ganzjährig.

Margret, Inhaber oder Wirtsleute: Familie Kranebitter, Geistbühelweg 5, 6170 Zirl, Österreich, Tel.: (0)5238 / 52559, Fax: (0)5238 / 52149. Übernachtungen: EZ ÜF: 35,-, DZ ÜF: 30,-, bewirtschaftet: ganzjährig.

Zweisimmen

Gasthöfe/Hotels

Gasthof Derby, Inhaber oder Wirtsleute: V. & O. Zaugg-Witschi, Lenkstraße 20, 3770 Zweisimmen, Schweiz, Tel.: (0)33 / 722 1438, Fax: (0)33 / 722 7022, Email: gasthof-derby@bluewin.ch. Übernachtungen: EZ ÜF: ab 33,-, DZ ÜF: ab 33,-. Bemerkungen: Preisänderungen möglich!

Hotel Bergmann, Inhaber oder Wirtsleute: S. & B. Stalder, Lenkstraße 1, 3770 Zweisimmen, Schweiz, Tel.: (0)33 / 722 1814, Fax: (0)33 / 722 2511, Email: b-stalden@bluewin.ch, www.hotel-bergmann.ch. Übernachtungen: EZ ÜF: ab 36,-, DZ ÜF: ab 36,-. Bemerkungen: Preisänderungen möglich!

Unterkünfte 267

Privatunterkünfte

Ferienlager Musikhaus, Inhaber oder Wirtsleute: R. & E. Ambiel, Unters Tüll 2, 3770 Zweisimmen, Schweiz, Tel.: (0)33 / 722 2188, Fax: (0)33 / 722 7000. Bemerkungen: Nur Lager. Preise für Übernachtung auf Anfrage.

Zeltplätze

Fankhauser, Inhaber oder Wirtsleute: René Egli, 3770 Zweisimmen, Schweiz, Tel.: (0)33 / 722 1356, Fax: (0)33 / 722 1351, Email: info@camping-frankhauser.ch, www.camping-fankhauser.ch. Bemerkungen: Preise auf Anfrage bzw. auf der Webseite.

Dank an ...

... meine Ehefrau Sonja, die mich sowohl bei der Vorbereitung und Durchführung der Wanderung, als auch der Herausgabe aller Veröffentlichungen, die der Traumreise folgten, unterstützt hat. Einen besonderen Dank an das Ehepaar Langensiepen aus Dresden, das die gesamte Strecke in den Jahren 2005-2007 nicht nur nachgewandert ist, sondern mir für die Neuausgabe mit seinen Erfahrungen beiseite gestanden, viele seiner Fotos beigesteuert und mir bei der Korrektur des Textes geholfen hat. Dank an die phantastische Pauline Smith und die realistische Gabrielle Tydd für die typographische Gestaltung, an Adrian Dreyer für die professionelle Aufbereitung der Fotos, sowie an Bodo Hell und Matthias Dollt für ihre konstruktiven Vorschläge.

* * *

Alpines Notsignal

Binnen einer Minute sechsmal ein Zeichen (Signalpfeife, Taschenlampe, rufen). Eine Minute warten. Wieder von vorne anfangen. Antwort: Dreimal in der Minute ein Zeichen.